COLLECTION MICHEL LÉVY

LA
BOHÈME GALANTE

ŒUVRES
DE
GÉRARD DE NERVAL

PARUES DANS LA COLLECTION MICHEL LÉVY

LES FILLES DU FEU. . . . . 1 vol.
LES MARQUIS DE FAYOLLES. . . . . 1 —
SOUVENIRS D'ALLEMAGNE. . . . . 1 —
LA BOHÈME GALANTE. . . . . 1 —

Coulommiers. — Imprimerie de A. MOUSSIN.

LA BOHÈME GALANTE

PAR

GÉRARD DE NERVAL

NOUVELLE ÉDITION

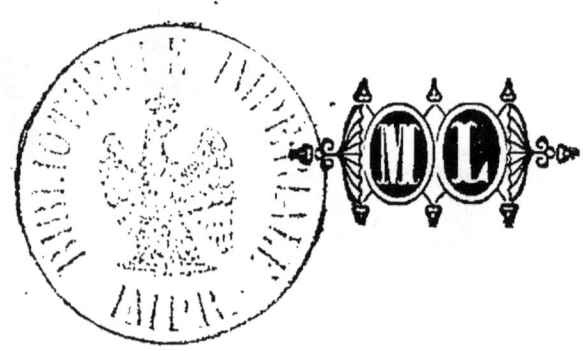

PARIS

MICHEL LÉVY FRÈRES, LIBRAIRES-ÉDITEURS

RUE VIVIENNE, 2 BIS

—

1861

Tous droits réservés

La grande famille littéraire a suivi pieusement le convoi funèbre de Gérard de Nerval. A quoi bon répéter les circonstances de sa fin tragique? Cette âme si douce n'est pas responsable de la mort violente qui l'a délivrée; la fatalité a tout fait. Imitons les anciens, qui jetaient un voile sur la tête des victimes désignées par le sort au sacrifice. Ne faisons pas de bruit autour de la tombe de celui dont la vie fut si muette, si vague, si glissante... O terre! sois-lui légère! dit une épitaphe grecque, il a si peu pesé sur toi!

Qui n'a connu parmi nous, et qui n'a aimé à première vue ce poëte au sourire d'enfant qui regardait le monde avec des yeux aussi lointains que les étoiles?

La poésie n'était pas pour lui ce qu'elle est, ce qu'elle doit être pour les autres, une lyre qu'on prend, et qu'on dépose pour vaquer aux choses extérieures; elle était le souffle, l'essence, la respiration même de sa nature.

Lorsque la première jeunesse est passée, il vient un moment où la Muse, comme la nourrice de Juliette, frotte d'absinthe le bout de ses seins, pour sevrer ceux que son lait enivre, les avertir que tout n'est pas poésie en ce monde, et les renvoyer aux soins et aux soucis de la vie active. Gérard de Nerval ne connut jamais cet amer sevrage des désillusions. Ses amis les plus intimes nous le montrent commençant presque au sortir du collége cette existence fantastique qui planait sur la réalité, sans s'y reposer. Jamais il ne s'inquiéta de l'avenir, du lendemain, du pain quotidien; l'argent était trop lourd pour sa main fébrile; elle ne savait tenir que cette chose légère comme l'oiseau dont elle est tombée: la plume du poëte et du conteur. On eût dit qu'il avait fait vœu de pauvreté, avant d'entrer dans la vie, entre les mains de la divinité du rêve.

Dès ce temps-là, on remarquait en lui un instinct mobile et nomade qui depuis ne fit que grandir et se développer. Il aimait le voyage, le changement de lieu, la course aventureuse et sans but; il s'enfonçait avec volupté dans la fuite, ses départs ressemblaient à des évasions. On le cherchait, on le demandait, on s'inquiétait de son absence; quelque temps après on le voyait revenir souriant, effaré, ravi, comme s'il revenait du pays des fées.

Il alla de bonne heure en Allemagne; il y retourna souvent; il en parlait la langue, il savait par cœur ses poëtes et ses philosophes; ce fut là, peut-être, un des malheurs de sa destinée. Il faut avoir la tête forte et l'équilibre sûr pour descendre impunément dans le puits de la science germanique; il en sort des vapeurs qui troublent et qui enivrent. L'Allemagne est le pays des hallucinations de l'intelligence; l'ombre de ses antiques forêts contemporaines de Tacite obscurcit encore son génie; elle y a laissé des traînées de vertige et d'obscurité. Gérard, si disposé déjà aux idées mystiques, subit l'influence de ses doctrines ténébreuses; son esprit s'enfuma de mystagogie et de sciences occultes; il sortit des universités et des tavernes de la jeune Allemagne dans l'égarement de l'écolier du *Faust*, après la consultation que vient de lui donner Méphisto.

Plus tard, il partit pour l'Orient avec quelques pièces d'or dans sa poche; mais plus sa bourse était légère, plus il allait vite. Il avait la confiance touchante de ces premiers croisés qui partaient, eux aussi, pour la Palestine, sans vivres, sans armes, sans vaisseau, et demandaient, dans leur simplicité, à chaque bourgade qu'ils apercevaient : « N'est-ce pas là cette Jérusalem où nous allons? » Il a raconté lui-même, dans un livre qui est un chef-d'œuvre, les fantasques aventures de ce pèlerinage. D'autres relations complètent son récit, et nous le montrent s'acclimatant en Égypte au fatalisme et à la frugalité du désert, errant comme les derviches des *Mille et une Nuits*, couchant dans les bazars parmi les chameliers des caravanes, s'enivrant de soleil, de paresse et de liberté.

Là encore l'air du lieu lui fut malsain et funeste. Son séjour au Caire, la capitale du magisme et de la cabale de l'Orient, exalta ses tendances vers l'inconnu. La vieille Égypte communiqua à ses idées la plaie des ténèbres dont Moïse l'a frappée jadis. Les sphinx du Nil achevèrent ce que les fées du Rhin avaient commencé. Ses rêves s'embrouillèrent, son imagination tomba dans l'incohérence; les dieux païens, les génies arabes, les démons du Talmud, les esprits des légendes, tous les revenants des mythologies défuntes, vinrent y faire leur sabbat, comme sur les ruines d'un temple écroulé.

Il y a douze ans, la maladie spirituelle qui couvait en lui éclata au dehors par une explosion violente et soudaine. La science parvint à le calmer ; mais il ne guérit jamais bien de cette première crise. Ce don fatal d'abstraction de la terre qu'il possédait à un si haut degré, son mélancolique parti pris de vivre en dehors de la vie réelle, des lectures, des études, des recherches et des idées fixes bizarres, surexcitèrent de plus en plus ses dispositions maladives. Il ne fuyait pas le monde, mais il vivait sur la lisière, pour ainsi dire, rôdant autour de la société d'un air étranger, et toujours ayant derrière lui un champ de liberté vaste comme la mer, dans lequel il s'échappait au moindre froissement, comme un captif qui s'éloigne d'une côte hostile à force de rames. Ses amis avaient beau le suivre du cœur et du regard, ils le perdaient de vue pendant des semaines, des mois, des années. Puis, un beau jour, on le retrouvait par hasard dans une ville de l'étranger, ou de la province, ou plus souvent encore en pleine campagne, songeant tout haut, rêvant les yeux ouverts, attentif à la chute d'une feuille, au vol d'un insecte, au passage d'un oiseau, à la forme d'un nuage, au jeu d'un rayon, à tout ce qui passe par les airs de vague et de ravissant. Jamais on ne vit folie plus douce, délire plus tendre, excentricité plus inoffensive et plus amicale. S'il se réveillait de son sommeil, c'était pour reconnaître ses amis, les aimer, les servir, redoubler envers eux de dévouement et de bienvenue, comme s'il avait voulu les dédommager de ses longues absences par un surcroît de tendresse.

Chose étrange ! au milieu du désordre intellectuel qui l'envahissait, son talent resta net, intact, accompli. Les fantaisies de son imagination prenaient, en se reflétant sur le papier, des

formes aussi pures que les empreintes des camées antiques. Il
dessinait ses rêves avec un crayon presque raphaélesque d'élégance et de légèreté. Vous souvenez-vous de cette jeune fille de
Sycione à laquelle Plutarque attribue l'invention de la peinture?
Un soir, elle vit l'ombre de son amant vaciller sur le mur, à la
clarté de la lampe; elle prit un charbon éteint dans le trépied
domestique, courut à la vague image et l'enferma dans un pur
contour. Ainsi Gérard dessinait nos chimères, colorait des fantômes, mais d'une main toute grecque et d'un style sobre et
clair comme la ligne d'une fresque de Pompeïa. On devine
pourtant le point de vue fantastique sous lequel il peignait les
figures de ses romans et de ses poëmes, à je ne sais quel jour
de lune qui les éclaire. Ses *Femmes du Caire*, ses *Filles du Feu*,
elles vivent, elles sont charmantes; mais l'impondérable légèreté de leur démarche trahit leur surnaturelle origine. Elles
vous apparaissent baignées et flottantes dans le fluide diaphane
de l'évocation magnétique; leurs yeux brillent de l'étrange scin-
tillation des étoiles; leurs pieds rasent la terre, leurs gestes ex-
priment des signes mystérieux, leurs costumes mêmes tiennent
de la nuée et de l'arc-en-ciel. *Chut!* parlez plus bas, ou,
comme la fiancée de l'Albano de Jean-Paul, elles vont s'évapo-
rer, se fondre, et se résoudre en une larme tiède qui vous tom-
bera sur le cœur.

Cependant, il y a quelques mois, l'esprit de Gérard subit une
seconde éclipse. Dès lors, il fit nuit dans sa tête, mais une nuit
pleine d'astres, de météores, de phénomènes lumineux. Son
existence ne fut plus qu'une vision continue entrecoupée d'ex-
tases et de cauchemars. Lui-même a raconté les mystères de sa
vie rêveuse dans cet étonnant récit intitulé: *Aurélia, ou le Rêve
et la Vie*, qu'une Revue publiait le mois dernier. C'est une apo-
calypse d'amour, le Cantique des cantiques de la fièvre, la dic-

tée d'un fumeur d'opium, l'essor d'une âme qui monte au ciel avec des ailes de chauve-souris, un mélange ineffable de poëmes et de grimoires, de fantasmagories et de ravissements. Pourqui sait lire, il était évident que l'esprit qui concevait de tels rêves n'appartenait plus à ce monde, qu'il avait franchi depuis longtemps la porte d'ivoire; et que, pareil à ce moine espagnol qui sortait la nuit de son sépulcre pour aller achever dans sa cellule une exégèse commencée, lui, s'échappait de l'empire silencieux des songes pour venir les raconter à la terre. Aussi l'admiration qu'éprouvèrent ses amis à la lecture de ce chef-d'œuvre en démence fut-elle mêlée de pressentiment et d'effroi.

Personne cependant ne s'attendait à la catastrophe de sa mort. Son ivresse morale était si douce, si calme, si résignée ! On comptait pour lui sur l'ange qui guide les pas des enfants, et qui promène par la main les somnambules au bord des toits et des précipices. La maladie a trompé la surveillance de l'invisible gardien; elle a profité d'un moment où il détournait la tête pour l'enlever brusquement. Paix à cette âme en peine de l'idéal ! puisse-t-elle avoir passé sans transition des vains songes de beauté qu'elle poursuivait ici-bas à la contemplation de l'éternelle Beauté! puisse cet esprit errant qui ne connut jamais le repos s'être fixé dans la Lumière qui ne s'éteint pas.

Il est mort, on peut le dire, de la nostalgie du monde invisible : ouvrez-vous, portes éternelles! et laissez entrer celui qui a passé son temps terrestre à languir et à se consumer d'attente sur votre seuil.

Que sa triste fin enseigne la sérénité et la force aux rêveurs, aux chercheurs, aux mélancoliques, à tous ceux que la vie dégoûte et qui aspirent aux choses éthérées ! La loi de la pesanteur qui fixe au sol les pieds humains doit gouverner le monde moral comme elle régit l'univers physique. Regardons l'infini, mais ne nous penchons pas trop sur le parapet de réalité qui nous en sépare, l'abîme attire ; il appelle !... Il faut savoir plier à temps son bagage de chimères, et se mettre, dépouillé de rêves, mais tranquille et résigné, à la suite des autres hommes.

PAUL DE SAINT-VICTOR.

LA BOHÈME GALANTE

A ARSÈNE HOUSSAYE

> O Primavera, gioventù de l'anno
> Bella madre di fiori,
> D'herbe novelle e di novelli amori;.
> Tu torni ben, ma teco
> Non tornano i sereni
> E fortunati di delle mie gioie :
> Tù torni ben, tù torni,
> Ma teco altro non torna,
> Che del perduto mio caro tesoro
> Che delle mie care et felici gioie
> La rimembranza misera, e dolente!...
>
> Le cavalier GUARINI (*Pastor fido*).

Mon ami, vous me demandez si je pourrais retrouver quelques-uns de mes anciens vers, et vous vous inquiétez même d'apprendre comment j'ai été poëte, longtemps avant de devenir un humble prosateur. — Ne le savez-vous donc pas? vous, qui avez écrit ces vers :

> Ornons le vieux bahut de vieilles porcelaines
> Et faisons refleurir roses et marjolaines.

Qu'un rideau de lampas embrasse encor ces lits
Où nos jeunes amours se sont ensevelis.

Appendons au beau jour le miroir de Venise;
Ne te semble-t-il pas y voir la Cydalise
Respirant une fleur qu'elle avait à la main
Et pressentant déjà le triste lendemain?

PREMIER CHATEAU

Rebâtissons, ami, ce château périssable
Qu'un premier coup de foudre a jeté sur le sable.
Replaçons le sopha sous les tableaux flamands
Et pour un jour encor relisons nos romans.

C'était dans notre logement commun de la rue du Doyenné que nous nous étions reconnus frères — *Arcades ambo*, bien près de l'endroit où exista l'ancien hôtel de Rambouillet.

Le vieux salon du Doyenné, restauré par les soins de tant de peintres, nos amis, qui sont depuis devenus célèbres, retentissait de nos rimes galantes, traversées souvent par les rires joyeux ou les folles chansons des Cydalises. Le bon Rogier souriait dans sa barbe, du haut d'une échelle, où il peignait sur un des quatre dessus de glace un Neptune, — qui lui ressemblait! Puis, les deux battants d'une porte s'ouvraient avec fracas: c'était Théophile. Il cassait, en s'asseyant, un vieux fauteuil Louis XIII. On s'empressait de lui offrir un escabeau gothique, et il lisait, à son tour, ses premiers vers, — pendant que Cydalise Ire, ou Lorry, ou Victorine, se balançaient nonchalamment dans le hamac de Sarah la blonde, tendu à travers l'immense salon.

Quelqu'un de nous se levait parfois, et rêvait à des vers nouveaux en contemplant, des fenêtres, les façades sculptées de la galerie du Musée, égayée de ce côté par les arbres du manége.

Vous l'avez bien dit :

> Théo, te souviens-tu de ces vertes saisons
> Qui s'effeuillaient si vite en ces vieilles maisons,
> Dont le front s'abritait sous une aile du Louvre?

Ou bien, par les fenêtres opposées, qui donnaient sur l'impasse, on adressait de vagues provocations aux yeux espagnols de la femme du commissaire, qui apparaissaient assez souvent au-dessus de la lanterne municipale.

Quels temps heureux! On donnait des bals, des soupers, des fêtes costumées, — on jouait de vieilles comédies, ou mademoiselle Plessy, étant encore débutante, ne dédaigna pas d'accepter un rôle : — c'était celui de Béatrice dans *Jodelet*. — Et que notre pauvre Édouard Ourliac était comique dans les rôles d'Arlequin[1] !

Nous étions jeunes, toujours gais, quelquefois riches... Mais je viens de faire vibrer la corde sombre : notre palais est rasé. J'en ai foulé les débris l'automne passé. Les ruines

---

[1] Notamment dans le *Courrier de Naples*, du théâtre des grands boulevards.

mêmes de la chapelle, qui se découpaient si gracieusement sur le vert des arbres, et dont le dôme s'était écroulé un jour, au dix-septième siècle, sur onze malheureux chanoines réunis pour dire un office, n'ont pas été respectées. Le jour où l'on coupera les arbres du manége, j'irai relire sur la place la *Forêt coupée* de Ronsard :

> Écoute, bûcheron, arreste un peu le bras :
> Ce ne sont pas des bois que tu jettes à bas ;
> Ne vois-tu pas le sang, lequel dégoutte à force,
> Des nymphes, qui vivaient dessous la dure écorce.

Cela finit ainsi, vous le savez :

> La matière demeure et la forme se perd !

Vers cette époque, je me suis trouvé, un jour, encore assez riche pour enlever aux démolisseurs et racheter en deux lots les boiseries du salon, peintes par nos amis. J'ai les deux dessus de porte de Nanteuil ; le *Watteau* de Vattier, signé ; les deux panneaux longs de Corot, représentant deux *Paysages* de Provence ; le *Moine rouge*, de Châtillon, lisant la Bible sur la hanche cambrée d'une femme nue[1], qui dort ; les *Bacchantes*, de Chassériau, qui tiennent des tigres en laisse comme des chiens ; les deux trumeaux de Rogier, où la Cydalise, en costume régence, — en robe de taffetas feuille morte, — triste présage, — sourit, de ses yeux chinois, en respirant une rose, en face du portrait en pied de Théophile, vêtu à l'espagnole. L'*affreux* propriétaire, qui demeurait au rez-de-chaussée,

---

[1] Même sujet que le tableau qui se trouvait chez Victor Hugo.

mais sur la tête duquel nous dansions trop souvent, après deux ans de souffrances, qui l'avaient conduit à nous donner congé, a fait couvrir depuis toutes ces peintures d'une couche à la détrempe, parce qu'il prétendait que les nudités l'empêchaient de louer à des bourgeois. — Je bénis le sentiment d'économie qui l'a porté à ne pas employer la peinture à l'huile.

De sorte que tout cela est à peu près sauvé. Je n'ai pas retrouvé le *Siége de Lérida*, de Lorentz, où l'armée française monte à l'assaut, précédée par des violons; ni les deux petits *Paysages* de Rousseau, qu'on aura sans doute coupés d'avance; mais j'ai, de Lorentz, une *maréchale* poudrée, en uniforme Louis XV. — Quant à mon lit Renaissance, à ma console Médicis, à mes buffets[1], à mon *Ribeira*[2], à mes tapisseries des *quatre éléments*, il y a longtemps que tout cela s'était dispersé. — Où avez-vous perdu tant de belles choses? me dit un jour Balzac. — Dans les malheurs! lui répondis-je en citant un de ses mots favoris.

II

LE THÉOPHILE

Reparlons de la Cydalise, ou plutôt, n'en disons qu'un mot : — Elle est embaumée et conservée à jamais dans le

---

[1] Heureusement Alphonse Karr possède le buffet aux trois femmes et aux trois satyres, avec des ovales de peintures du temps sur les portes.
[2] La *Mort de saint Joseph* est à Londres, chez Gavarni.

pur cristal d'un sonnet de Théophile, — du Théo, comme nous disions.

Le Théophile a toujours passé pour gras ; il n'a jamais cependant pris de ventre, et s'est conservé tel encore que nous le connaissions. Nos vêtements étriqués sont si absurdes, que l'Antinoüs, habillé d'un habit, semblerait énorme, comme la Vénus, habillée d'une robe moderne : l'un aurait l'air d'un fort de la halle endimanché, l'autre d'une marchande de poisson. L'armature solide du corps de notre ami (on peut le dire, puisqu'il voyage en Grèce aujourd'hui) lui fait souvent du tort près des dames abonnées aux journaux de modes ; une connaissance plus parfaite lui a maintenu la faveur du sexe le plus faible et le plus intelligent ; il jouissait d'une grande réputation dans notre cercle, et ne se mourait pas toujours aux pieds chinois de la Cydalise.

En remontant plus haut dans mes souvenirs, je retrouve un Théophile maigre... Vous ne l'avez pas connu. Je l'ai vu, un jour, étendu sur un lit, — long et vert, — la poitrine chargée de ventouses. Il s'en allait rejoindre, peu à peu, son pseudonyme, Théophile de Viau, dont vous avez décrit les amours panthéistes, — par le chemin ombragé de l'*Allée de Sylvie*. Ces deux poëtes, séparés par deux siècles, se seraient serré la main, aux champs Élysées de Virgile, beaucoup trop tôt.

Voici ce qui s'est passé à ce sujet :

Nous étions plusieurs amis, d'une Bohème antérieure, qui menions gaiement l'existence que nous menons encore quoique plus rassis. Le Théophile, mourant, nous faisait peine, — et nous avions des idées nouvelles d'hygiène, que nous communiquâmes aux parents. Les parents comprirent, chose rare ; mais ils aimaient leur fils.

On renvoya le médecin, et nous dîmes à Théo : « Lèvetoi... et viens boire. » La faiblesse de son estomac nous inquiéta d'abord. (Il s'était endormi et senti malade à la première représentation de *Robert le Diable*.) On rappela le médecin. Ce dernier se mit à réfléchir, et, le voyant plein de santé au réveil, dit aux parents : « Ses amis ont peut-être raison. »

Depuis ce temps-là, le Théophile refleurit. — On ne parla plus de ventouses, et on nous l'abandonna. La nature l'avait fait poëte, nos soins le firent presque immortel. Ce qui réussissait le plus sur son tempérament, c'était une certaine préparation de cassis sans sucre, que ses sœurs lui servaient dans d'énormes amphores en grés de la fabrique de Beauvais; Ziégler a donné depuis des formes capricieuses à ce qui n'était alors que de simples cruches au ventre lourd. Lorsque nous nous communiquions nos inspirations poétiques, on faisait, par précaution, garnir la chambre de matelas, afin que le *paroxysme*, dû quelquefois au Bacchus du cassis, ne compromît pas nos têtes avec les angles des meubles.

Théophile, sauvé, n'a plus bu que de l'eau rougie et un doigt de champagne dans les petits soupers.

III

LA REINE DE SABA

Revenons-y. — Nous avions désespéré d'attendrir la femme du commissaire. — Son mari, moins farouche qu'elle, avait répondu, par une lettre fort polie, à l'invitation collective que nous leur avions adressée. Comme il était impossible de dormir dans ces vieilles maisons, à cause des suites chorégraphiques de nos soupers, — munis du silence complaisant des autorités voisines, — nous invitions tous les locataires distingués de l'impasse, et nous avions une collection d'attachés d'ambassades, en habits bleus à boutons d'or, de jeunes conseillers d'État [1], de référendaires en herbe, dont la nichée d'hommes déjà sérieux, mais encore aimables, se développait dans ce pâté de maisons, en vue des Tuileries et des ministères voisins. Ils n'étaient reçus qu'à condition d'amener des femmes du monde, protégées, si elles y tenaient, par des dominos et des loups.

Les propriétaires et les concierges étaient seuls condamnés à un sommeil troublé — par les accords d'un orchestre de guinguette choisi à dessein, et par les bonds éperdus d'un galop monstre, qui, de la salle aux escaliers et des escaliers à l'impasse, allait aboutir nécessairement à une petite place entourée d'arbres, — où un cabaret s'était abrité sous les ruines imposantes de la chapelle du Doyenné. Au clair de lune, on admirait encore les restes de la vaste coupole italienne qui s'était écroulée, au dix-septième siècle, sur les onze malheureux chanoines, — accident duquel le cardinal Mazarin fut un instant soupçonné.

Mais vous me demanderez d'expliquer encore, en pâle prose, ces quatre vers de votre pièce intitulée : *Vingt ans*.

D'où vous vient, ô Gérard ! cet air académique ?
Est-ce que les beaux yeux de l'Opéra-Comique

---

[1] L'un d'eux s'appelait Van Daël, jeune homme charmant, mais dont le nom a porté malheur à notre château.

S'allumeraient ailleurs ? La *reine du Sabbat*,
Qui, depuis deux hivers, dans vos bras se débat,
Vous échapperait-elle ainsi qu'une chimère?
Et Gérard répondait : « Que la femme est amère! »

Pourquoi *du Sabbat*... mon cher ami? et pourquoi jeter maintenant de l'absinthe dans cette coupe d'or, moulée sur un beau sein?

Ne vous souvenez-vous plus des vers de votre *Cantique des Cantiques*, où l'Ecclésiaste nouveau s'adresse à cette même reine du matin :

La grenade qui s'ouvre au soleil d'Italie
N'est pas si gaie encore, à mes yeux enchantés,
Que ta lèvre entr'ouverte, ô ma belle folie!
Où je bois à longs flots le vin des voluptés.

Nous reprendrons plus tard ce discours littéraire et philosophique.

IV

UNE FEMME EN PLEURS

La reine de Saba, c'était bien celle, en effet, qui me préoccupait alors, — et doublement. — Le fantôme éclatant de la fille des Hémiarites tourmentait mes nuits sous les hautes colonnes de ce grand lit sculpté, acheté en Touraine, et qui n'était pas encore garni de sa brocatelle rouge à ramages. Les salamandres de François Ier me versaient leur flamme du haut des corniches, où se jouaient des amours imprudents. Elle m'apparaissait radieuse, comme au jour où Salomon l'admira s'avançant vers lui dans les splendeurs pourprées du matin [1]. Elle venait me proposer l'éternelle énigme que le Sage ne put résoudre, et ses yeux, que la malice animait plus que l'amour, tempéraient seuls la majesté de son visage oriental. — Qu'elle était belle ! non pas plus belle cependant qu'une autre reine du matin dont l'image tourmentait mes journées.

Cette dernière réalisait vivante mon rêve idéal et divin. Elle avait, comme l'immortelle Balkis, le don communiqué par la huppe miraculeuse. Les oiseaux se taisaient en entendant ses chants, — et l'auraient certainement suivie à travers les airs.

La question était de la faire débuter à l'Opéra. Le triomphe de Meyerbeer devenait le garant d'un nouveau succès. J'osai en entreprendre le poëme. J'aurais réuni ainsi dans un trait de flamme les deux moitiés de mon double amour. — C'est pourquoi, mon ami, vous m'avez vu si préoccupé dans une de ces nuits splendides où notre Louvre était en fête. — Un mot de Dumas m'avait averti que Meyerbeer nous attendait à sept heures du matin.

Je ne songeais qu'à cela au milieu du bal. Une femme, que vous vous rappelez sans doute, pleurait à chaudes larmes dans un coin du salon, et ne voulait, pas plus que moi, se résoudre à danser. Cette belle éplorée ne pouvait parvenir à cacher ses peines. Tout à coup elle me prit le bras et me dit : « Ramenez-moi, je ne puis rester ici. »

Je sortis en lui donnant le bras. Il n'y avait pas de voiture sur la place. Je lui conseillai de se calmer et de sécher

---

[1] Vous connaissez le beau tableau de Gleyre, qui représente la scène.

ses yeux, puis de rentrer ensuite dans le bal; elle consentit seulement à se promener sur la petite place. Je savais ouvrir une certaine porte en planches qui donnait sur le manége, et nous causâmes longtemps au clair de lune, sous les tilleuls. Elle me raconta longuement tous ses désespoirs.

Celui qui l'avait amenée s'était épris d'une autre; de là une querelle intime; puis elle avait menacé de s'en retourner seule ou accompagnée; il lui avait répondu qu'elle pouvait bien agir à son gré. De là les soupirs, de là les larmes.

Le jour ne devait pas tarder à poindre. La grande sarabande commençait. Trois ou quatre peintres d'histoire, peu danseurs de leur nature, avaient fait ouvrir le petit cabaret et chantaient à gorge déployée : *Il était un raboureur*, ou bien : *C'était un calonnier qui revenait de Flandre*, souvenir des réunions joyeuses de la mère Saguet [1]. — Notre asile fut bientôt troublé par quelques masques qui avaient trouvé ouverte la petite porte. On parlait d'aller déjeuner à Madrid, — au Madrid du bois de Boulogne, — ce qui se faisait quelquefois. Bientôt le signal fut donné, on nous entraîna, et nous partîmes à pied, les uns se trompant de femmes et se trompant de chemin, — vous vous en souvenez, — les autres escortés par trois gardes françaises, dont deux étaient simplement MM. d'Egmont et de Beauvoir; — le troisième, c'était Giraud, le peintre ordinaire des gardes françaises.

Les sentinelles des Tuileries ne pouvaient comprendre cette apparition inattendue qui semblait le fantôme d'une scène d'il y a cent ans, où des gardes françaises auraient mené au violon une troupe de masques tapageurs. De plus,

---

[1] Les soirées chez la mère Saguet seront publiées sous ce titre : *La Vieille Bohême*.

l'une des deux petites marchandes de tabac si jolies qui faisaient l'ornement de nos bals n'osa se laisser emmener à Madrid sans prévenir son mari, qui gardait la maison. Nous l'accompagnâmes à travers les rues. Elle frappa à sa porte. Le mari parut à la fenêtre de l'entresol. Elle lui cria : « Je vais déjeuner avec ces messieurs. » Il répondit : « Va-t'en au diable ! c'était bien la peine de me réveiller pour cela ! »

La belle désolée faisait une résistance assez faible pour se laisser entraîner à Madrid, et moi je faisais mes adieux à Rogier en lui expliquant que je voulais aller travailler à mon *scenario :* « Comment ! tu ne nous suis pas ; cette dame n'a plus d'autre cavalier que toi... et elle t'avait choisi pour la reconduire. — Mais j'ai rendez-vous à sept heures chez Meyerbeer, entends-tu bien ! »

Rogier fut pris d'un fou rire. Un de ses bras était pris par la Cydalise ; il offrit l'autre à la belle dame, qui me salua d'un petit air moqueur. J'avais servi du moins à faire succéder un sourire à ses larmes.

J'avais quitté la proie pour l'ombre... comme toujours !

V

INTERRUPTION

Nous conterons le reste de l'aventure. Mais vous m'avez rappelé, mon cher Houssaye, qu'il s'agissait de causer poésie, et j'y arrive incidemment. — Reprenons cet *air académique* que vous m'avez reproché.

Je crois bien que vous vouliez faire allusion au Mémoire que j'ai adressé autrefois à l'Institut, à l'époque où il s'agissait d'un concours sur l'histoire de la poésie au seizième siècle. J'en ai retrouvé quelques fragments qui intéresseront peut-être les lecteurs de l'*Artiste*, comme le sermon que le bon Sterne mêla aux aventures macaroniques de Tristam Shandy.

VI

LES POËTES DU SEIZIÈME SIÈCLE

Il faut l'avouer, avec tout le respect possible pour les auteurs du grand siècle, ils ont trop resserré le cercle des compositions poétiques ; sûrs pour eux-mêmes de ne jamais manquer d'espace et de matériaux, ils n'ont point songé à ceux qui leur succéderaient, ils ont *dérobé leurs neveux*, selon l'expression du Métromane : au point qu'il ne nous reste que deux partis à prendre, ou de les surpasser, ainsi que je viens de dire, ou de poursuivre une littérature d'imitation servile qui ira jusqu'où elle pourra ; c'est-à-dire qui ressemblera à cette suite de dessins si connue, où, par des copies successives et dégradées, on parvient à faire du profil d'Apollon une tête hideuse de grenouille.

De pareilles observations sont bien vieilles, sans doute, mais il ne faut pas se lasser de les remettre devant les yeux du public, puisqu'il y a des gens qui ne se lassent pas de répéter les sophismes qu'elles ont réfutés depuis longtemps.

En général, on paraît trop craindre, en littérature, de redire sans cesse les bonnes raisons ; on écrit trop pour ceux qui savent ; et il arrive de là que les nouveaux auditeurs qui surviennent tous les jours à cette grande querelle, ou ne comprennent point une discussion déjà avancée, ou s'indignent de voir tout à coup, et sans savoir pourquoi, remettre en question des principes adoptés depuis des siècles.

Il ne s'agit donc pas (loin de nous une telle pensée !) de déprécier le mérite de tant de grands écrivains à qui la France doit sa gloire ; mais, n'espérant point faire mieux qu'eux, de chercher à faire autrement, et d'aborder tous les genres de littérature dont ils ne se sont point emparés.

Et ce n'est pas à dire qu'il faille pour cela imiter les étrangers ; mais seulement suivre l'exemple qu'ils nous ont donné, en étudiant profondément nos poëtes primitifs, comme ils ont fait des leurs.

Car toute littérature primitive est nationale, n'étant créée que pour répondre à un besoin, et conformément au caractère et aux mœurs du peuple qui l'adopte ; d'où il suit que, de même qu'une graine contient un arbre entier, les premiers essais d'une littérature renferment tous les germes de son développement futur, de son développement complet et définitif.

Il suffit, pour faire comprendre ceci, de rappeler ce qui s'est passé chez nos voisins : après des littératures d'imitation étrangère, comme était notre littérature dite classique, après le siècle de Pope et d'Adisson, après celui de Vieland et de Lessing, quelques gens à courte vue ont pu croire que tout était dit pour l'Angleterre et pour l'Allemagne....

Tout ! Excepté les chefs-d'œuvre de Walter Scott et de Byron, excepté ceux de Schiller et de Gœthe ; les uns, produits spontanés de leur époque et de leur sol ; les autres, nouveaux et forts rejetons de la souche antique : tous abreuvés à la source des traditions, des inspirations primitives de leur patrie, plutôt qu'à celle de l'Hippocrène.

Ainsi, que personne ne dise à l'art : Tu n'iras pas plus loin ! au siècle : Tu ne peux dépasser les siècles qui t'ont précédé !... C'est là ce que prétendait l'antiquité en posant les bornes d'Hercule : le moyen âge les a méprisées, et il a découvert un monde.

Peut-être ne reste-t-il plus de mondes à découvrir ; peut-être le domaine de l'intelligence est-il au complet aujourd'hui et peut-on en faire le tour, comme du globe ; mais il ne suffit pas que tout soit découvert ; dans ce cas même, il faut cultiver, il faut perfectionner ce qui est resté inculte ou imparfait. Que de plaines existent que la culture aurait rendues fécondes ! que de riches matériaux, auxquels il n'a manqué que d'être mis en œuvre par des mains habiles ! que de ruines de monuments inachevés... Voilà ce qui s'offre à nous, et dans notre patrie même, à nous qui nous étions bornés si longtemps à dessiner magnifiquement quelques jardins royaux, à les encombrer de plantes et d'arbres étrangers conservés à grands frais, à les surcharger de dieux de pierre, à les décorer de jets d'eau et d'arbres taillés en portiques.

Mais arrêtons-nous ici, de peur qu'en combattant trop vivement le préjugé qui défend à la littérature française, comme mouvement rétrograde, un retour d'étude et d'investigation vers son origine, nous ne paraissions nous escrimer contre un fantôme, ou frapper dans l'air comme Entelle : le principe était plus contesté au temps où un célèbre écrivain allemand envisageait ainsi l'avenir de la poésie française :

« Si la poésie (nous traduisons M. Schlegel) pouvait plus tard refleurir en France, je crois que cela ne serait point par l'imitation des Anglais ni d'aucun autre peuple, mais par un retour à l'esprit poétique en général, et en particulier à la littérature française des temps anciens. L'imitation ne conduira jamais la poésie d'une nation à son but définitif, et surtout l'imitation d'une littérature étrangère parvenue au plus grand développement intellectuel et moral dont elle est susceptible : mais il suffit à chaque peuple de remonter à la source de sa poésie et à ses traditions populaires pour y distinguer et ce qui lui appartient en propre et ce qui lui appartient en commun avec les autres peuples. Ainsi l'inspiration religieuse est ouverte à tous, et toujours il en sort une poésie nouvelle, convenable à tous les esprits et à tous les temps : c'est ce qu'a compris Lamartine, dont les ouvrages annoncent à la France une nouvelle ère poétique, » etc.

Mais avions-nous en effet une littérature avant Malherbe ? observent quelques irrésolus, qui n'ont suivi de cours de littérature que celui de la Harpe. — Pour le vulgaire des lecteurs, non ! Pour ceux qui voudraient voir Rabelais et Montaigne mis en français moderne, pour ceux à qui le style de la Fontaine et de Molière paraît tant soit peu négligé, non ! Mais pour ces intrépides amateurs de poésie et de langue française que n'effraye pas un mot vieilli, que n'égaye pas une expression triviale ou naïve, que ne démontent point les *oncques*, les *ainçois* et les *ores*, oui ! Pour les étrangers qui ont puisé tant de fois à cette source, oui !... Du reste, ils ne craignent point de le reconnaître[1],

---

[1] Tous les critiques étrangers s'accordent sur ce point. Citons entre mille un passage d'une revue anglaise, rapporté tout récemment par le

et rient bien fort de voir souvent nos écrivains s'accuser humblement d'avoir pris chez eux des idées qu'eux-mêmes avaient dérobées à nos ancêtres.

Nous dirons donc maintenant : Existait-il une littérature nationale avant Ronsard ? mais une littérature complète, capable par elle-même, et à elle seule, d'inspirer des hommes de génie, et d'alimenter de vastes conceptions ? Une simple énumération va nous prouver qu'elle existait : qu'elle existait, divisée en deux parties bien distinctes, comme la nation elle-même, et dont par conséquent l'une, que les critiques allemands appellent *littérature chevaleresque*, semblait devoir son origine aux Normands, aux Bretons, aux Provençaux et aux Francs ; dont l'autre, native du cœur même de la France, et essentiellement populaire, est assez bien caractérisée par l'épithète de *gauloise*.

La première comprend : les poëmes historiques, tels que les romans de *Rou* (Rollon) et du *Brut* (Brutus), la *Philippide*, le *Combat des 30 Bretons*, etc.; les poëmes chevaleresques, tels que le *St-Graal*, *Tristan*, *Partenopex*, *Lancelot*, etc.; les poëmes allégoriques, tels que le roman de la *Rose*, du *Renard*, etc., et enfin toute la poésie légère, chansons, ballades, lais, chants royaux, plus la poésie provençale ou *romane* tout entière.

La seconde comprend les mystères, moralités et farces

Mercure, et qui faisait partie d'un article où notre littérature était fort maltraitée : « Il serait injuste cependant de ne point reconnaître que ce fut aux Français que l'Europe dut sa première impulsion poétique, et que la littérature *romane, qui distingue le génie de l'Europe moderne du génie classique de l'antiquité*, naquit avec les *trouveurs* et les *conteurs* du nord de la France, les *jongleurs* et les *ménestrels* de Provence.

(y compris *Patelin*); les fabliaux, contes, facéties, livres satiriques, noëls, etc.: toutes œuvres où le plaisant dominait, mais qui ne laissent pas d'offrir souvent des morceaux profonds ou sublimes, et des enseignements d'une haute morale parmi des flots de gaieté frivole et licencieuse.

Eh bien! qui n'eût promis l'avenir à une littérature aussi forte, aussi variée dans ses éléments, et qui ne s'étonnera de la voir tout à coup renversée, presque sans combat, par une poignée de novateurs qui prétendaient ressusciter la Rome morte depuis seize cents ans, la Rome romaine, et la ramener victorieuse, avec ses costumes, ses formes et ses dieux, chez un peuple du nord, à moitié composé de nations germaniques, et dans une société toute chrétienne? ces novateurs, c'était Ronsard et les poëtes de son école; le mouvement imprimé par eux aux lettres s'est continué jusqu'à nos jours.

Il serait trop long de nous occuper à faire l'histoire de la haute poésie en France, car elle était vraiment en décadence au siècle de Ronsard; flétrie dans ses germes, morte sans avoir acquis le développement auquel elle semblait destinée; tout cela parce qu'elle n'avait trouvé pour l'employer que des poëtes de cour qui n'en tiraient que des chants de fêtes, d'adulation et de fade galanterie; tout cela faute d'hommes de génie qui sussent la comprendre et en mettre en œuvre les riches matériaux. Ces hommes de génies se sont rencontrés cependant chez les étrangers, et l'Italie surtout nous doit ses plus grands poëtes du moyen âge; mais, chez nous, à quoi avaient abouti les hautes promesses des douzième et treizième siècles? A je ne sais quelle poésie ridicule, où la contrainte métrique, ou des tours de force en fait de rime tenaient lieu de couleur et de poésie;

à de fades et obscurs poëmes allégoriques, à des légendes lourdes et diffuses, à d'arides récits historiques rimés, tout cela recouvert d'un langage poétique plus vieux de cent ans que la prose et le langage usuel, car les rimeurs d'alors imitaient si servilement les poëtes qui les avaient précédés, qu'ils en conservaient même la langue surannée. Aussi tout le monde s'était dégoûté de la poésie dans les genres sérieux, et l'on ne s'occupait plus qu'à traduire les poëmes et romans du douzième siècle dans cette prose qui croissait tous les jours en grâce et en vigueur. Enfin il fut décidé que la langue française n'était pas propre à la haute poésie, et les savants se hâtèrent de profiter de cet arrêt pour prétendre qu'on ne devait plus la traiter qu'en vers latins et en vers grecs.

Quant à la poésie populaire, grâce à Villon et à Marot, elle avait marché de front avec la prose illustrée par les Joinville, les Froissart et les Rabelais; mais, Marot éteint, son école n'était pas de taille à le continuer : ce fut elle cependant qui opposa à Ronsard la plus sérieuse résistance, et certes, bien qu'elle ne comptât plus d'hommes supérieurs, elle était assez forte sur l'épigramme : la *tenaille de Mellin*[1], qui pinçait si fort Ronsard au milieu de sa gloire, a fait proverbe.

Je ne sais si le peu de phrases que je viens de hasarder suffit pour montrer la littérature d'alors dans cet état d'interrègne qui suit la mort d'un grand génie, ou la fin d'une brillante époque littéraire, comme cela s'est vu plusieurs fois depuis; si l'on se représente bien le troupeau des écrivains du second ordre se tournant inquiet à droite et à gauche et cherchant un guide : les uns fidèles à la mé-

---

[1] Mellin de Saint-Gellais.

moire des grands hommes qui ne sont plus, et laissant dans les rangs une place pour leur ombre ; les autres tourmentés d'un vague désir d'innovation qui se produit en essais ridicules ; les plus sages faisant des théories et des traductions... Tout à coup un homme apparaît, à la voix forte, et dépassant la foule de la tête : celle-ci se sépare en deux partis, la lutte s'engage, et le géant finit par triompher, jusqu'à ce qu'un plus adroit lui saute sur les épaules et soit seul proclamé très-grand.

Mais n'anticipons pas : nous sommes en 1549, et à peu de mois de distance apparaissent la *Défense* et *Illustration de la Langue française* [1], et les premières *Odes pindariques* de Pierre de Ronsard.

La défense de la langue française, par J. Dubellay, l'un des compagnons et des élèves de Ronsard, est un manifeste contre ceux qui prétendaient que la langue française était trop pauvre pour la poésie, qu'il fallait la laisser au peuple, et n'écrire qu'en vers grecs et latins ; Dubellay leur répond : « que les langues ne sont pas nées d'elles-mêmes en façon d'herbes, racines et arbres ; les unes infirmes et débiles en leurs espérances, les autres saines et robustes et plus aptes à porter le faix des conceptions humaines, mais que toute leur vertu est née au monde, du vouloir et arbitre des mortels. C'est pourquoi on ne doit ainsi louer une langue et blâmer l'autre, vu qu'elles viennent toutes d'une même source et origine : c'est la fantaisie des hommes ; et ont été formées d'un même jugement à une même fin : c'est pour signifier entre nous les conceptions et intelligences de l'esprit. Il est vrai que, par succession de

---

[1] Par I. D. B. A. (Joachim Dubellay). Paris, Arnoul Angelier, 1549. Le privilége date de 1548.

temps, les unes, pour avoir été curieusement réglées, sont devenues plus riches que les autres ; mais cela ne se doit attribuer à la félicité desdites langues, mais au seul artifice et industrie des hommes. A ce propos, je ne puis assez blâmer la sotte arrogance et témérité d'aucuns de notre nation, qui, n'étant rien moins que grecs ou latins, déprisent ou rejettent d'un sourcil plus que stoïque toutes choses écrites en français. »

Il continue en prouvant que la langue française ne doit pas être appelée *barbare*, et recherche cependant pourquoi elle n'est pas si riche que les langues grecque et latine : « On le doit attribuer à l'ignorance de nos ancêtres, qui, ayant en plus grande recommandation le bien faire que le bien dire, se sont privés de la gloire de leurs bienfaits, et nous du fruit de l'imitation d'iceux, et, par le même moyen, nous ont laissé notre langue si pauvre et nue, qu'elle a besoin des ornements, et, s'il faut parler ainsi, des plumes d'autrui. Mais qui voudrait dire que la grecque et romaine eussent toujours été en l'excellence qu'on les a vues au temps d'Horace et de Démosthènes, de Virgile et de Cicéron ? Et si ces auteurs eussent jugé que jamais, pour quelque diligence et culture qu'on eût pu faire, elles n'eussent su produire plus grand fruit, se fussent-ils tant efforcés de les mettre au point où nous les voyons maintnant ? Ainsi puis-je dire de notre langue qui commence encore à fleurir, sans fructifier ; cela, certainement, non par le défaut de sa nature, aussi apte à engendrer que les autres, mais par la faute de ceux qui l'ont eue en garde et ne l'ont cultivée à suffisance. Que si les anciens Romains eussent été aussi négligés à la culture de leur langue, quand premièrement elle commença à pulluler, pour certain en si peu de temps elle ne fût devenue si grande, mais eux, en guise de bons agriculteurs, l'ont premièrement transmué d'un lieu sauvage dans un lieu domestique, puis, afin que plutôt et mieux elle pût fructifier, coupant à l'entour les inutiles rameaux, l'ont, pour échange d'iceux, restaurée de rameaux francs et domestiques, magistralement tirés de la langue grecque, lesquels soudainement se sont si bien entés et faits semblables à leurs troncs, que désormais ils n'apparaissent plus adoptifs, mais naturels. »

Nous venons de voir ce qu'il pense des faiseurs de vers latins, et des traducteurs ; voici maintenant pour les imitateurs de la vieille littérature : « Et certes, comme ce n'est point chose vicieuse, mais grandement louable, d'emprunter d'une langue étrangère les sentences et les mots, et les approprier à la sienne : aussi est-ce chose grandement à reprendre, voire odieuse à tout lecteur de libérale nature, de voir en une même langue une telle imitation, comme celle d'aucuns savants mêmes, qui s'estiment être des meilleurs plus ils ressemblent à Héroët ou à Marot. Je t'admoneste donc, ô toi qui désires l'accroissement de ta langue et veux y exceller, de n'imiter à pied levé, comme naguère a dit quelqu'un, les plus fameux auteurs d'icelle ; chose certainement aussi vicieuse comme de nul profit à notre vulgaire, vu que ce n'est autre chose, sinon lui donner ce qui était à lui. »

Il jette un regard sur l'avenir, et ne croit pas qu'il faille désespérer d'égaler les Grecs et les Romains : « Et comme Homère se plaignait que de son temps les corps étaient trop petits, il ne faut point dire que les esprits modernes ne sont à comparer aux anciens ; l'architecture, l'art du navigateur et autres inventions antiques, certainement sont admirables, et non si grandes toutefois qu'on doive estimer les cieux et la nature d'y avoir dépensé toute leur vertu, vigueur et industrie. Je ne produirai pour témoins de ce que je dis l'imprimerie, sœur des muses et dixième d'elles, et cette non moins admirable que pernicieuse foudre d'artillerie; avec tant d'autres non antiques inventions qui montrent véritablement que, par le long cours des siècles, les esprits des hommes ne sont point si abâtardis qu'on voudrait bien dire. Mais j'entends encore quelque opiniâtre s'écrier : « Ta langue tarde trop à recevoir sa perfection ; » et je dis que ce retardement ne prouve point qu'elle ne puisse la recevoir ; je dis encore qn'elle se pourra tenir certain de la garder longuement, l'ayant acquise avec si longue peine ; suivant la loi de nature qui a voulu que tout arbre qui naît fleurit et fructifie bientôt, bientôt aussi vieillisse et meure, et au contraire que celui-là dure par longues années qui a longuement travaillé à jeter ses racines. »

Ici finit le premier livre, où il n'a été encore question que de la langue et du style poétique; dans le second, la question est abordée plus franchement, et l'intention de renverser l'ancienne littérature et d'y substituer les formes antiques et exprimée avec plus d'audace :

« Je penserai avoir beaucoup mérité des miens si je leur montre seulement du doigt le chemin qu'ils doivent suivre pour atteindre à l'excellence des anciens : mettons donc pour le commencement ce que nous avons, ce me semble, assez prouvé au premier livre. C'est que, sans l'imitation des Grecs et Romains, nous ne pouvons donner à notre langue l'excellence et lumière des autres plus fameuses. Je sais que beaucoup me reprendront d'avoir osé, le premier des Français, introduire quasi une nouvelle poésie, ou ne se tiendraient pleinement satisfaits, tant pour la brièveté dont j'ai voulu user que pour la diversité des esprits don les uns trouvent bon ce que les autres trouvent mauvais. Marot me plaît, dit quelqu'un, parce qu'il est facile et ne s'éloigne point de la commune manière de parler ; Héroët, dit quelque autre, parce que tous ses vers sont doctes, graves et élaborés ; les autres d'un autre se délectent. Quant à moi, telle superstition ne m'a point retiré de mon entreprise, parce que j'ai toujours estimé notre poésie française être capable de quelque plus haut et merveilleux style que celui dont nous nous sommes si longuement contentés. Disons donc brièvement ce que nous semble de nos poëtes français.

« De tous les anciens poëtes français, quasi un seul, Guillaume de Loris et Jean de Meun [1], sont dignes d'être lus, non tant pour ce qu'il y ait en eux beaucoup de choses qui se doivent imiter des modernes, que pour y voir quasi une première image de la langue française, vénérable pour son antiquité. Je ne doute point que tous les pères crieraient la honte être perdue si j'osais reprendre ou émender quelque chose en ceux que jeunes ils ont appris, ce que je ne veux faire aussi ; mais bien soutiens-je que celui-là est trop grand admirateur de l'ancienneté qui veut défrauder les jeunes de leur gloire méritée : n'estimant rien, sinon ce que la mort a sacré, comme si le temps, ainsi que les vins, rendait les poésies meilleures. Les plus récents, même ceux qui ont été nommés par Clément Marot en une certaine épigramme à Salel, sont assez connus par leurs œuvres ; j'y renvoie les lecteurs pour en faire jugement. »

Il continue par quelques louanges et beaucoup de critiques des auteurs du temps, et revient à son premier dire, qu'il faut imiter les anciens, « et non point les auteurs

---

[1] Auteurs du roman de la *Rose*.

français, pour ce qu'en ceux-ci on ne saurait prendre que bien peu, comme la peau et la couleur, tandis qu'en ceux-là on peut prendre la chair, les os, les nerfs et le sang.

« Lis donc, et relis premièrement, ô poëte futur ! les exemplaires grecs et latins : puis, me laisse toutes ces vieilles poésies françaises aux jeux floraux de Toulouse et et au Puy de Rouan, comme rondeaux, ballades, virelais, chants royaux, chansons et telles autres épiceries qui corrompent le goût de notre langue, et ne servent sinon à porter témoignage de notre ignorance. Jette-toi à ces plaisants épigrammes, non point comme font aujourd'hui un tas de faiseurs de contes nouveaux qui en un dixain sont contents n'avoir rien dit qui vaille aux neuf premiers vers, pourvu qu'au dixième il y ait le petit mot pour rire, mais à l'imitation d'un Martial, ou de quelque autre bien approuvé ; si la lasciveté ne te plaît, mêle le profitable avec le doux ; distille avec un style coulant et non scabreux de tendres élégies, à l'exemple d'un Ovide, d'un Tibulle et d'un Properce ; y entremêlant quelquefois de ces fables anciennes, non petit ornement de poésie. Chante-moi ces odes inconnues encore de la langue française, d'un luth bien accordé au son de la lyre grecque et romaine, et qu'il n'y ait rien où apparaissent quelques vestiges de rare et antique érudition. Quant aux épîtres, ce n'est un poëme qui puisse grandement enrichir notre vulgaire, parce qu'elles sont volontiers des choses familières et domestiques, si tu ne les voulais faire à l'imitation d'élégies comme Ovide, ou sentencieuses et graves comme Horace : autant te dis-je des satires que les Français, je ne sais comment, ont nommées coq-à-l'âne, auxquelles je te conseille aussi peu t'exercer, si ce n'est à l'exemple des anciens en vers héroïques, et, sous ce nom de satire, y taxer modestement les vices de son temps et pardonner aux noms des personnes vicieuses. Tu as pour ceci Horace, qui, selon Quintilien, tient le premier lieu entre les satiriques. *Sonne-moi ces beaux sonnets* [1] ; non moins docte que plaisante invention italienne, pour lequel tu as Pétrarque et quelques modernes Italiens. Chante-moi d'une musette bien résonnante les plaisantes églogues rustiques, à l'exemple de Théocrite et de Virgile. Quant aux comédies et tragédies, si les rois et les républiques les voulaient restituer en leur ancienne dignité qu'ont usurpée les farces et moralités, je serais bien d'opinion que tu t'y employasses, et, si tu le veux faire pour l'ornement de la langue, tu sais où tu en dois trouver les archetypes. »

Je ne crois pas qu'on me reproche d'avoir cité tout entier ce chapitre où la révolution littéraire est si audacieusement proclamée ; il est curieux d'assister à cette démolition complète d'une littérature du moyen âge au profit de tous les genres de composition de l'antiquité, et la réaction analogue qui s'opère aujourd'hui doit lui donner un nouvel intérêt.

Dubellay conseille encore l'introduction dans la langue française de mots composés du latin et du grec, recommandant principalement de s'en servir dans les arts et sciences libérales. Il recommande, avec plus de raison, l'étude du langage figuré, dont la poésie française avait jusqu'alors peu de connaissance ; il propose de plus quelques nouvelles alliances de mots accueillies depuis en

---

[1] *Sonne-moi ces sonnets* : ceci est un trait du mauvais goût d'alors, auquel le jeune novateur n'a pu entièrement se soustraire. Nous trouvons plus haut : *Distille* avec un *style*. Ronsard lui-même a cédé quelquefois à ce plaisir de jouer sur les mots : *Dorat* qui *redore* le langage français ; *Mellin* aux paroles de *miel*, etc.

partie : « d'user hardiment de l'infinitif pour le nom, comme l'*aller*, le *chanter*, le *vivre*, le *mourir*; de l'adjectif substantivé, comme le *vide de l'air*, le *frais de l'ombre*, l'*épais des forêts*; des verbes et des participes, qui de leur nature n'ont point d'infinitifs après eux, avec des infinitifs, comme *tremblant de mourir* pour *craignant de mourir*, etc. Garde-toi encore de tomber en un vice commun, même aux plus excellents de notre langue : c'est l'omission des articles.

« Je ne veux oublier l'émendation, partie certes la plus utile de nos études ; son office est d'ajouter, ôter, ou changer à loisir ce que la première impétuosité et ardeur d'écrire n'avait permis de faire ; il est nécessaire de remettre à part nos écrits nouveau-nés, les revoir souvent, et, en la manière des ours, leur donner forme, à force de lécher. Il ne faut pourtant y être trop superstitieux, ou, comme les éléphants leurs petits, être dix ans à enfanter ses vers. Surtout nous convient avoir quelques gens savants et fidèles compagnons qui puissent connaître nos fautes et ne craignent pas de blesser notre papier avec leurs ongles. Encore te veux-je avertir de hanter quelquefois non-seulement les savants, mais aussi toutes sortes d'ouvriers et gens mécaniques, savoir leurs inventions, les noms des matières et termes usités en leurs arts et métiers pour tirer de là de belles comparaisons et descriptions de toutes choses. »

Les disputes littéraires de ce temps-là n'étaient pas moins animées qu'elles ne le sont aujourd'hui. Dubellay s'écrie qu'il faudrait que tous les rois amateurs de leur langue défendissent d'imprimer les œuvres des poëtes surannés de l'époque.

« Oh ! combien je désire voir sécher ces *printemps*, châtier ces petites jeunesses, rabattre ces *coups d'essais*, tarir ces *fontaines*, bref abolir ces beaux titres suffisants pour dégoûter tout lecteur savant d'en lire davantage ! Je ne souhaite pas moins que ces *dépourvus*, ces *humbles espérants*, ces *bannis de Liesse*, ces *esclaves*, ces *traverseurs*[1], soient renvoyés à la table ronde, et ces belles petites devises aux gentilshommes et damoiselles, d'où on les a empruntées. Que dirai-je plus ? Je supplie à Phébus Apollon que la France, après avoir été si longuement stérile, grosse de lui, enfante bientôt un poëte dont le luth bien résonnant fasse tarir ces enrouées cornemuses, non autrement que les grenouilles quand on jette une pierre en leur marais[2]. »

Après une nouvelle exhortation aux Français d'écrire en leur langue, Dubellay finit ainsi : « Or, nous voici, grâce à Dieu, après beaucoup de périls et de flots étrangers, rendus au port à sûreté. Nous avons échappé du milieu des Grecs et au travers des escadrons romains, pénétré jusqu'au sein de la France, France tant désirée. Là, donc, Français, marchez courageusement vers cette superbe cité romaine, et de ses serves dépouilles ornez vos temples et autels. Ne craignez plus ces oies criardes, ce fier Manlie et ce traître Camille, qui sous ombre de bonne foi vous surprennent tous nus comptant la rançon du Capitole.

---

[1] Allusion aux ridicules surnoms que prenaient les poëtes du temps : l'*humble Espérant* (Jehan le Blond) ; le *Banni de Liesse* (François Habert) ; l'*Esclave fortuné* (Michel d'Amboise) ; le *Traverseur des voies périlleuses* (Jehan Bouchet). Il y avait encore le *Solitaire* (Jehan Gohorry) ; l'*Esperonnier de discipline* (Antoine de Saix), etc., etc.

[2] Il s'agit là de Pierre de Ronsard, annoncé comme le Messie par ce nouveau saint Jean. Dubellay a-t-il voulu équivoquer sur le prénom de Ronsard avec cette figure de la *pierre ?* Ce serait peut-être aller trop loin que de le supposer.

Donnez en cette Grèce menteresse et y semez encore un coup la fameuse nation des Gallo-Grecs. Pillez-moi sans conscience les sacrés trésors de ce temple Delphique, ainsi que vous avez fait autrefois, et ne craignez plus ce muet Apollon ni ses faux oracles. Vous souvienne de votre ancienne Marseille, seconde Athènes; et de votre Hercule gallique tirant les peuples après lui par leurs oreilles avec une chaîne attachée à sa langue. »

C'est un livre bien remarquable que ce livre de Dubellay ; c'est un de ceux qui jettent le plus de jour sur l'histoire de la littérature française, et peut-être aussi le moins connu de tous les traités écrits sur ce sujet. Je n'aurais pas hasardé cette longue citation si je ne la regardais comme l'histoire la plus exacte que l'on puisse faire de l'école de Ronsard.

En effet, tout est là : à voir comme les réformes prêchées, les théories développées dans la *Défense et Illustration de la langue française*, ont été fidèlement adoptées depuis et mises en pratique dans tous leurs points, il est même difficile de douter qu'elle ne soit l'œuvre de cette école tout entière : je veux dire de Ronsard, Ponthus de Thiard, Remi Belleau, Etienne Jodelle, J. Antoine de Baïf, qui, joints à Dubellay, composaient ce qu'on appela depuis la *Pléiade*[1]. Du reste, la plupart de ces auteurs avaient déjà écrit beaucoup d'ouvrages dans le système prêché par Dubellay, bien qu'ils ne les eussent point fait encore imprimer : de plus, il est question des *odes* dans l'*Illustration*, et Ronsard dit plus tard dans une préface

---

[1] Il est à remarquer que l'*Illustration* ne parle nominativement d'aucun d'entre eux ; plusieurs cependant étaient déjà connus. Il me semble que Dubellay n'aurait pas manqué de citer ses amis s'il eût porté seul la parole.

avoir le premier introduit le mot *ode* dans la langue française ; ce qu'on n'a jamais contesté.

Mais, soit que ce livre ait été de plusieurs mains, soit qu'une seule plume ait exprimé les vœux et les doctrines de toute une association de poëtes, il porte l'empreinte de la plus complète ignorance de l'ancienne littérature française ou de la plus criante injustice. Tout le mépris que Dubellay professe, à juste titre, envers les poëtes de son temps, imitateurs des vieux poëtes, y est, à grand tort, reporté aussi sur ceux-là qui n'en pouvaient mais. C'est comme si, aujourd'hui, on en voulait aux auteurs du grand siècle de la platitude des rimeurs modernes qui marchent sous leur invocation.

Se peut-il que Dubellay, qui recommande si fort d'enter sur le tronc national prêt à périr des branches étrangères, ne songe point même qu'une meilleure culture puisse lui rendre la vie et ne le croie pas capable de porter des fruits par lui-même? Il conseille de faire des mots d'après le grec et le latin, comme si les sources eussent manqué pour en composer de nouveaux d'après le vieux français seul ; il appuie sur l'introduction des odes, élégies, satires, etc., comme si toutes ces formes poétiques n'avaient pas existé déjà sous d'autres noms ; du poëme antique, comme si les chroniques normandes et les romans chevaleresques n'en remplissaient pas toutes les conditions, appropriées de plus au caractère et à l'histoire du moyen âge ; de la tragédie, comme s'il eût manqué aux mystères autre chose que d'être traités par des hommes de génie pour devenir la tragédie du moyen âge, plus libre et plus vraie que l'ancienne. Supposons, en effet, un instant, les plus grands poëtes étrangers et les plus opposés au système classique de l'antiquité, nés en France au seizième siècle, et dans la même situation que Du Bellay et ses amis. Croyez-vous qu'ils n'eussent pas été là, et avec les seules ressources et les éléments existant alors dans la littérature française, ce qu'ils furent à différentes époques et dans différents pays? Croyez-vous que l'Arioste n'eût pas aussi bien composé son *Roland furieux* avec nos fabliaux et nos poëmes chevaleresques; Shakspeare, ses drames avec nos romans, nos chroniques, nos farces et même nos mystères; le Tasse, sa *Jérusalem* avec nos livres de chevalerie et les éblouissantes couleurs poétiques de notre littérature romane, etc.? Mais les poëtes de la réforme classique n'étaient point de cette taille, et peut-être est-il injuste de vouloir qu'ils aient vu dans l'ancienne littérature française ce que ces grands hommes y ont vu avec le regard du génie, et ce que nous n'y voyons aujourd'hui sans doute que par eux. Au moins rien ne peut-il justifier ce superbe dédain qui fait prononcer aux poëtes de la Pléiade qu'il n'y a absolument rien avant eux, non-seulement dans les genres sérieux, mais dans tous; ne tenant pas plus compte de Rutebœuf que de Charles d'Anjou, de Villon que de Charles d'Orléans, de Clément Marot que de Saint-Gelais, et de Rabelais que de Joinville et de Froissart dans la prose. Sans cette ardeur d'exclure, de ne rebâtir que sur des ruines, on ne peut nier que l'étude et même l'imitation momentanée de la littérature antique n'eussent pu être, dans les circonstances d'alors, très-favorables aux progrès de la nôtre et de notre langue aussi; mais l'excès a tout gâté: de la forme on a passé au fond: on ne s'est pas contenté d'introduire le poëme antique, on a voulu qu'il dît l'histoire des anciens et non la nôtre; la tragédie, on a voulu qu'elle ne célébrât que les infortunes des illustres familles d'OEdipe et d'Agamemnon : on a amené la poésie à ne reconnaître et n'invoquer d'autres dieux que ceux de la mythologie : en un mot, cette expédition, présentée si adroitement par Dubellay comme une conquête sur les étrangers, n'a fait, au contraire, que les amener vainqueurs dans nos murs ; elle a tendu à effacer petit à petit notre caractère de nation, à nous faire rougir de nos usages et même de notre langue au profit de l'antiquité ; à nous amener, en un mot, à ce comble de ridicule, que nous ayons représenté longtemps nos rois et nos héros en costumes romains, et que nous ayons employé le latin pour les inscriptions de nos monuments. C'est certainement à ce défaut d'accord et de sympathie de la littérature classique avec nos mœurs et notre caractère national qu'il faut attribuer, outre les ridicules anomalies que je viens de citer en partie, le peu de popularité qu'elle a obtenu.

Voici une digression qui m'entraîne bien loin : j'y ai jeté au hasard quelques raisons déjà rebattues ; il y en a des volumes de beaucoup meilleures, et cependant que de gens refusent encore de s'y rendre ! Une tendance plus raisonnable se fait, il est vrai, remarquer depuis quelques années : on se met à lire un peu d'histoire de France ; et, quand dans les colléges on sera parvenu à la savoir presque aussi bien que l'histoire ancienne, et quand aussi on consacrera à l'étude de la langue française quelques heures arrachées au grec et au latin, un grand progrès sera sans doute accompli pour l'esprit national, et peut-être s'ensuivra-t-il moins de dédain pour la vieille littérature française, car tout cela se tient.

J'ai accusé l'école de Ronsard de nous avoir imposé une littérature classique, quand nous pouvions fort bien nous en passer, et surtout de nous l'avoir imposée si exclusive, si dédaigneuse de tout le passé qui était à nous ; mais, à considérer ses travaux et ses innovations sous un autre point de vue, celui des progrès du style et de la couleur poétique, il faut avouer que nous lui devons beaucoup de reconnaissance ; il faut avouer que, dans tous les genres qui ne demandent pas une grande force de création, dans tous les genres de poésie gracieuse et légère, elle a surpassé et les poëtes qui l'avaient précédée, et beaucoup de ceux qui l'ont suivie. Dans ces sortes de compositions aussi l'imitation classique est moins sensible : les petites odes de Ronsard, par exemple, semblent la plupart inspirées, plutôt par les chansons du douzième siècle, qu'elles surpassent souvent encore en naïveté et en fraîcheur ; ses sonnets aussi, et quelques-unes de ses élégies sont empreintes du véritable sentiment poétique, si rare quoi qu'on dise, que tout le dix-huitième siècle, si riche qu'il soit en poésies diverses, semble en être absolument dénué.

Il n'est pas en littérature de plus étrange destinée que celle de Ronsard : idole d'un siècle éclairé ; illustré de l'admiration d'hommes tels que les de Thou, les L'Hospital, les Pasquier, les Scaliger ; proclamé plus tard par Montaigne l'égal des plus grands poëtes anciens, traduit dans toutes les langues, entouré d'une considération telle, que le Tasse, dans un voyage à Paris, ambitionna l'avantage de lui être présenté ; honoré à sa mort de funérailles presque royales et des regrets de la France entière, il semblait devoir entrer en triomphateur dans la postérité. Non ! la postérité est venue, et elle a convaincu le seizième siècle de mensonge et de mauvais goût, elle a livré au rire et à l'injure les morceaux de l'idole brisée, et des dieux nouveaux se sont substitués à la trop célèbre Pléiade, en se parant de ses dépouilles.

La Pléiade, soit : qu'importe tous ces poëtes à la suite, qui sont Baïf, Belleau, Ponthus, sous Ronsard ; qui sont Racan, Segrais, Sarrazin, sous Malherbe ; qui sont Desmahis, Bernis, Villette, sous Voltaire, etc. ?... Mais pour Ronsard il y a encore une postérité : et aujourd'hui surtout qu'on remet tout en question, et que les hautes renommées sont pesées, comme les âmes aux enfers, nues, dépouillées de toutes les préventions, favorables ou non, avec lesquelles elles s'étaient présentées à nous, qui sait si Malherbe se trouvera encore de poids à représenter le père de la poésie classique ? Ce ne serait point là le seul arrêt de Boileau qu'aurait cassé l'avenir.

Nous n'exprimons ici qu'un vœu de justice et d'ordre, selon nous, et nous n'avons pas jugé l'école de Ronsard assez favorablement pour qu'on nous soupçonne de partialité. Si notre conviction est erronée, ce ne sera pas faute d'avoir examiné les pièces du procès, faute d'avoir feuilleté des livres oubliés depuis trois cents ans. Si tous les auteurs d'histoires littéraires avaient eu cette conscience, on n'aurait pas vu des erreurs grossières se perpétuer dans mille volumes différents, composés les uns sur les autres ; on n'aurait pas vu des jugements définitifs se fonder sur d'aigres et partiales critiques échappées à l'acharnement momentané d'une lutte littéraire, ni de hautes réputations s'échafauder avec des œuvres admirées sur parole.

Non, sans doute, nous ne sommes pas indulgents envers l'école de Ronsard : et, en effet, on ne peut que s'indigner, au premier abord, de l'espèce de despotisme qu'elle a introduit en littérature, de cet orgueil avec lequel elle prononçait les *odi profanum vulgus,* d'Horace, repoussant toute popularité comme une injure, et n'estimant rien que le noble, et sacrifiant toujours à l'art le naturel et le vrai.

Ainsi aucun poëte n'a célébré davantage et la nature et le printemps que ne l'ont fait ceux du seizième siècle, et croyez-vous qu'ils aient jamais songé à demander des inspirations à la nature et au printemps? Jamais : ils se contentaient de rassembler ce que l'antiquité avait dit de plus gracieux sur ce sujet, et d'en composer un tout, digne d'être apprécié par les connaisseurs ; il arrivait de là qu'ils se gardaient de leur mieux d'avoir une pensée à eux, et cela est tellement vrai, que les savants commentaires dont on honorait leurs œuvres ne s'attachaient qu'à y découvrir le plus possible d'imitations de l'antiquité. Ces poëtes ressemblaient en cela beaucoup à certains peintres qui ne composent leurs tableaux que d'après ceux des maîtres, imitant un bras chez celui-ci, une tête chez cet autre, une draperie chez un troisième, le tout pour la plus grande gloire de l'art, et qui traitent d'ignorants ceux qui se hasardent à leur demander s'il ne vaudrait pas mieux imiter tout bonnement la nature.

Puis, après ces réflexions qui vous affectent désagréablement à la première lecture des œuvres de la Pléiade, une lecture plus particulière vous réconcilie avec elle : les principes ne valent rien ; l'ensemble est défectueux, d'accord ; et faux et ridicule ; mais on se laisse aller à admirer certaines parties des détails ; ce style primitif et verdissant assaisonne si bien de vieilles pensées déjà banales chez les Grecs et les Romains, qu'elles ont pour nous tout le charme de la nouveauté : quoi de plus rebattu, par exemple, que cette espèce de syllogisme sur lequel est fondée l'odelette de Ronsard :

Mignonne, allons voir si la rose.

Eh bien ! la mise en œuvre en fait l'un des morceaux les plus frais et les plus gracieux de notre poésie légère. Celle de Belleau, intitulée *Avril*, toute composée au reste d'idées connues, n'en ravit pas moins quiconque a de la poésie dans le cœur. Qui pourrait dire en combien de façons est retournée dans beaucoup d'autres pièces l'éternelle comparaison des fleurs et des amours qui ne durent qu'un printemps ; et tant d'autres lieux communs que toutes les poésies fugitives nous offrent encore aujourd'hui ? Eh bien ! nous autres Français, qui attachons toujours moins de prix aux choses qu'à la manière dont elles sont dites, nous nous en laissons charmer, ainsi que d'un accord mille fois entendu, si l'instrument qui le répète est mélodieux.

Voici pour la plus grande partie de l'école de Ronsard ; la part du maître doit être plus vaste : toutes ses pensées à lui ne viennent pas de l'antiquité ; tout ne se borne pas dans ses écrits à la grâce et à la naïveté de l'expression : on taillerait aisément chez lui plusieurs poëtes fort remarquables et fort distincts, et peut-être suffirait-il pour cela d'attribuer à chacun d'eux quelques années successives de sa vie. Le poëte pindarique se présente d'abord : c'est au style de celui-là qu'ont pu s'adresser avec le plus de justice les reproches d'obscurité, d'hellénisme, de latinisme et d'enflure qui se sont perpétués sans examen jusqu'à nous de notice en notice ; l'étude des autres poëtes du temps aurait cependant prouvé que ce style existait avant lui : cette fureur de faire des mots d'après les anciens a été attaquée par Rabelais, bien avant l'apparition de Ronsard et de ses amis ; au total, il s'en trouve peu chez eux qui ne fussent en usage déjà. Leur principale affaire était l'introduction des formes classiques, et, bien qu'ils aient aussi recommandé celle des mots, il ne paraît pas qu'ils s'en soient occupés beaucoup, et qu'ils aient même employé les premiers ces doubles mots qu'on a représentés comme si fréquents dans leur style.

Voici venir maintenant le poëte amoureux et anacréontique : à lui s'adressent les observations faites plus haut, et c'est celui-là qui a le plus fait école. Vers les derniers temps, il tourne à l'élégie, et là seulement peu de ses imitateurs ont pu l'atteindre, à cause de la supériorité avec laquelle il y manie l'alexandrin, employé fort peu avant lui, et qu'il a immensément perfectionné.

Ceci nous conduit à la dernière époque du talent de Ronsard, et ce me semble à la plus brillante, bien que la moins célébrée. Ses *Discours* contiennent en germe l'épître et la satire régulière, et, mieux que tout cela, une perfection de style qui étonne plus qu'on ne peut dire. Mais aussi combien peu de poëtes l'ont immédiatement suivi dans cette région supérieure ! Régnier seulement s'y présente longtemps après, et on ne se doute guère de tout ce qu'il doit à celui qu'il avouait hautement pour son maître.

Dans les discours surtout se déploie cet alexandrin fort et bien rempli dont Corneille eut depuis le secret, et qui fait contraster son style avec celui de Racine d'une manière si remarquable : il est singulier qu'un étranger, M. Schlegel, ait fait le premier cette observation : « Je regarde comme incontestable, dit-il, que le grand Corneille appartienne encore à certains égards, pour la langue surtout, à cette ancienne école de Ronsard, ou du moins la rappelle souvent. » On se convaincra bien aisément de cette vérité en lisant les discours de Ronsard, et surtout celui des Misères du temps.

Depuis peu d'années, quelques poëtes, et Victor Hugo surtout, paraissent avoir étudié cette versification énergique et brillante de Ronsard, dégoûtés qu'ils étaient de l'autre : j'entends la versification *racinienne*, si belle à son commencement, et que depuis on a tant usée et aplatie à force de la limer et de la polir. Elle n'était point usée, au contraire, celle de Ronsard et de Corneille, mais rouillée, seulement, faute d'avoir servi.

Ronsard mort, après toute une vie de triomphes incontestés, ses disciples, tels que les généraux d'Alexandre, se partagèrent tout son empire, et achevèrent paisiblement d'asservir ce monde littéraire, dont certainement sans lui ils n'eussent pas fait la conquête. Mais, pour en conserver longtemps la possession, il eût fallu, ou qu'eux-mêmes ne fussent pas aussi secondaires qu'ils étaient, ou qu'un maître nouveau étendît sur tous ces petits souverains une main révérée et protectrice. Cela ne fut pas ; et dès lors on dut prévoir, aux divisions qui éclatèrent, aux prétentions qui surgirent, à la froideur et à l'hésitation du public envers les œuvres nouvelles, l'imminence d'une révolution analogue à celle de 1549, dont le grand souvenir de Ronsard, qui survivait encore craint des uns et vénéré du plus grand nombre, pouvait seul retarder l'explosion de quelques années.

Enfin Malherbe vint ! et la lutte commença. Certes ! il était alors beaucoup plus aisé que du temps de Ronsard et de Dubellay de fonder en France une littérature originale : la langue poétique était toute faite grâce à eux, et, bien que nous nous soyons élevé contre la poésie antique substituée par eux à une poésie du moyen âge, nous ne pensons pas que cela eût nui à un homme de génie, à un véritable réformateur venu immédiatement après eux ; cet homme de génie ne se présenta pas : de là tout le mal ; le mouvement imprimé dans le sens classique, qui eût pu même être de quelque utilité comme secondaire, fut pernicieux, parce qu'il domina tout : la réforme prétendue de Malherbe ne consista absolument qu'à le régulariser, et c'est de cette opération qu'il a tiré toute sa gloire.

On sentait bien dès ce temps-là combien cette réforme annoncée si pompeusement était mesquine et conçue d'après des vues étroites. Régnier surtout, Régnier, poëte d'une tout autre force que Malherbe, et qui n'eut que le tort d'être trop modeste, et de se contenter d'exceller dans un genre à lui, sans se mettre à la tête d'aucune école, tance celle de Malherbe avec une sorte de mépris :

> Cependant leur savoir ne s'étend seulement
> Qu'à regratter un mot douteux au jugement ;
> Prendre garde qu'un *qui* ne heurte une diphthongue,
> Épier si des vers la rime est brève ou longue,
> Ou bien si la voyelle, à l'autre s'unissant,
> Ne rend point à l'oreille un vers trop languissant,
> Et laissent sur le verd le noble de l'ouvrage.
> (Le *Critique outré.*)

Tout cela est très-vrai. Malherbe réformait en grammairien, en éplucheur de mots, et non pas en poëte ; et, malgré toutes ses invectives contre Ronsard, il ne songeait pas même qu'il y eût à sortir du chemin qu'avaient frayé les poëtes de la Pléiade, ni par un retour à la vieille littérature nationale, ni par la création d'une littérature nouvelle, fondée sur les mœurs et les besoins du temps, ce qui, dans ces deux cas, eût probablement amené à un même résultat. Toute sa prétention, à lui, fut de purifier le fleuve qui coulait du limon que roulaient ses ondes, ce qu'il ne put faire sans lui enlever aussi en partie l'or et les germes précieux qui s'y trouvaient mêlés : aussi voyez ce qu'a été la poésie après lui : je dis la poésie.

L'art, toujours l'art, froid, calculé, jamais de douce rêverie, jamais de véritable sentiment religieux, rien que la nature ait immédiatement inspiré : le correct, le beau exclusivement ; une noblesse uniforme de pensées et d'expression ; c'est Midas qui a le don de changer en or tout ce qu'il touche. Décidément le branle est donné à la poésie classique : la Fontaine seul y résistera, aussi Boileau l'oubliera-t-il dans son *Art poétique*.

VII

EXPLICATIONS

Vous le voyez, mon ami — *en ce temps, je ronsardinisais* — pour me servir d'un mot de Malherbe. Considérez, toutefois, le paradoxe ingénieux qui fait le fond de ce travail : il s'agissait alors pour nous, jeunes gens, de rehausser la vieille versification française, affaiblie par les langueurs du dix-huitième siècle, troublée par les brutalités des novateurs trop ardents ; mais il fallait aussi maintenir le droit antérieur de la littérature nationale dans ce qui se rapporte à l'invention et aux formes générales. Cette distinction, que je devais à l'étude de Schlegel, parut obscure alors même à beaucoup de nos amis, qui voyaient dans Ronsard le précurseur du *romantisme*. — Que de peine on a en France pour se débattre contre les mots !

Je ne sais trop qui obtint le prix proposé alors par l'Académie ; mais je crois bien que ce ne fut pas Sainte-Beuve, qui a fait couronner depuis, par le public, son *Histoire de la poésie au seizième siècle.* Quant à moi-même, il est évident qu'alors je n'avais droit d'aspirer qu'aux prix du collége, dont ce morceau ambitieux me détournait sans profit.

> Qui n'a pas l'esprit de son âge
> De son âge a tout le malheur!

Je fus cependant si furieux de ma déconvenue, que j'écrivis une satire dialoguée contre l'Académie, qui parut chez Touquet. Ce n'était pas bon, et cependant Touquet m'avait dit, avec ses yeux fins sous ses besicles ombragées par sa casquette à large visière : « Jeune homme, vous irez loin. » Le destin lui a donné raison en me donnant la passion des longs voyages.

Mais, me direz-vous, il faut enfin montrer ces premiers vers, ces *juvenilia.* « Sonnez-moi ces sonnets, » comme disait Dubellay.

Eh bien! étant admis à l'étude assidue de ces vieux poëtes, croyez bien que je n'ai nullement cherché à en faire le pastiche, mais que leurs formes de style m'impressionnaient malgré moi, comme il est arrivé à beaucoup de poëtes de notre temps.

Les *odelettes,* ou petites odes de Ronsard, m'avaient servi de modèle. C'était encore une forme classique, imitée par lui d'Anacréon, de Bion, et, jusqu'à un certain point, d'Horace. La forme concentrée de l'odelette ne me paraissait pas moins précieuse à conserver que celle du sonnet, où Ronsard s'est inspiré si heureusement de Pétrarque, de même que, dans ses élégies, il a suivi les traces d'Ovide; toutefois Ronsard a été généralement plutôt grec que latin, c'est là ce qui distingue son école de celle de Malherbe.

ODELETTES
RHYTHMIQUES ET LYRIQUES

— 1 —

AVRIL..

Déjà les beaux jours, la poussière,
Un ciel d'azur et de lumière,
Les murs enflammés, les longs soirs ;
Et rien de vert : à peine encore
Un reflet rougeâtre décore
Les grands arbres aux rameaux noirs !

Ce beau temps me pèse et m'ennuie.
Ce n'est qu'après des jours de pluie
Que doit surgir, en un tableau,
Le printemps verdissant et rose ;
Comme une nymphe fraîche éclose,
Qui, souriante, sort de l'eau.

— 2 —

FANTAISIE

Il est un air pour qui je donnerais
Tout Rossini, tout Mozart et tout Weber [1],
Un air très-vieux, languissant et funèbre,
Qui pour moi seul a des charmes secrets.

Or, chaque fois que je viens à l'entendre,
De deux cents ans mon âme rajeunit :
C'est sous Louis treize... Et je crois voir s'étendre
Un coteau vert que le couchant jaunit,

Puis un château de brique à coins de pierre,
Aux vitraux teints de rougeâtres couleurs,
Ceint de grands parcs, avec une rivière
Baignant ses pieds, qui coule entre des fleurs.

Puis une dame, à sa haute fenêtre,
Blonde aux yeux noirs, en ses habits anciens...
Que, dans une autre existence peut-être,
J'ai déjà vue — et dont je me souviens!

[1] On prononce *Webre*.

— 3 —

LA GRAND'MÈRE

Voici trois ans qu'est morte ma grand'mère,
— La bonne femme, — et, quand on l'enterra,
Parents, amis, tout le monde pleura
D'une douleur bien vraie et bien amère.

Moi seul j'errais dans la maison, surpris,
Plus que chagrin ; et, comme j'étais proche
De son cercueil, — quelqu'un me fit reproche
De voir cela sans larmes et sans cris.

Douleur bruyante est bien vite passée :
Depuis trois ans, d'autres émotions,
Des biens, des maux, — des révolutions, —
Ont dans les cœurs sa mémoire effacée.

Moi seul j'y songe, et la pleure souvent ;
Depuis trois ans, par le temps prenant force,
Ainsi qu'un nom gravé dans une écorce,
Son souvenir se creuse plus avant !

— 4 —

LA COUSINE

L'hiver a ses plaisirs : et souvent, le dimanche,
Quand un peu de soleil jaunit la terre blanche,
Avec une cousine on sort se promener...
— Et ne vous faites pas attendre pour dîner,
Dit la mère.

       Et quand on a bien, aux Tuileries,
Vu sous les arbres noirs les toilettes fleuries,
La jeune fille a froid... et vous fait observer
Que le brouillard du soir commence à se lever.

Et l'on revient, parlant du beau jour qu'on regrette,
Qui s'est passé si vite... et de flamme discrète :
Et l'on sent en rentrant, avec grand appétit,
Du bas de l'escalier, — le dindon qui rôtit.

— 5 —

PENSÉE DE BYRON

Par mon amour et ma constance,
J'avais cru fléchir ta rigueur,

Et le souffle de l'espérance
Avait pénétré dans mon cœur ;
Mais le temps qu'en vain je prolonge
M'a découvert la vérité,
L'espérance a fui comme un songe...
Et mon amour seul m'est resté !

Il est resté comme un abîme
Entre ma vie et le bonheur,
Comme un mal dont je suis victime,
Comme un poids jeté sur mon cœur !
Dans le chagrin qui me dévore,
Je vois mes beaux jours s'envoler...
Si mon œil étincelle encore
C'est qu'une larme en va couler !

— 6 —

GAIETÉ

Petit *piqueton* de Mareuil,
Plus clairet qu'un vin d'Argenteuil,
Que ta saveur est souveraine !
Les Romains ne t'ont pas compris
Lorsque habitant l'ancien Paris
Ils te préféraient le Surêne.

Ta liqueur rose, ô joli vin !
Semble faite du sang divin

De quelque nymphe bocagère ;
Tu perles au bord désiré
D'un verre à côtes, coloré
Par les teintes de la fougère.

Tu me guéris pendant l'été
De la soif qu'un vin plus vanté
M'avait laissé depuis la veille [1] ;
Ton goût suret, mais doux aussi,
Happant mon palais épaissi,
Me rafraîchit quand je m'éveille.

Eh quoi ! si gai dès le matin,
Je foule d'un pied incertain
Le sentier où verdit ton pampre !...
— Et je n'ai pas de Richelet
Pour finir ce docte couplet...
Et trouver une rime en *ampre* [2].

— 7 —

POLITIQUE

1832

Dans Sainte-Pélagie,
Sous ce règne élargie,

---

[1] Il y a une faute, mais elle est dans le goût *du temps*.
[2] Lisez le *Dictionnaire des Rimes*, à l'article AMPRE, vous n'y trouvez que *pampre*; pourquoi ce mot si sonore n'a-t-il pas de rime ?

Où, rêveur et pensif,
   Je vis captif,

Pas une herbe ne pousse
Et pas un brin de mousse
Le long des murs grillés
   Et frais taillés.

Oiseau qui fends l'espace...
Et toi, brise, qui passe
Sur l'étroit horizon
   De la prison,

Dans votre vol superbe,
Apportez-moi quelque herbe,
Quelque gramen, mouvant
   Sa tête au vent !

Qu'à mes pieds tourbillonne
Une feuille d'automne
Peinte de cent couleurs,
   Comme les fleurs !

Pour que mon âme triste
Sache encor qu'il existe
Une nature, un Dieu
   Dehors ce lieu.

Faites-moi cette joie,
Qu'un instant je revoie
Quelque chose de vert
   Avant l'hiver !

— 8 —

LE POINT NOIR

Quiconque a regardé le soleil fixement
Croit voir devant ses yeux voler obstinément
Autour de lui, dans l'air, une tache livide.

Ainsi, tout jeune encore et plus audacieux,
Sur la gloire un instant j'osai fixer les yeux :
Un point noir est resté dans mon regard avide.

Depuis, mêlée à tout comme un signe de deuil,
Partout, sur quelque endroit que s'arrête mon œil,
Je la vois se poser aussi, la tache noire !

Quoi, toujours ? Entre moi sans cesse et le bonheur !
Oh ! c'est que l'aigle seul — malheur à nous ! malheur ! —
Contemple impunément le Soleil et la Gloire.

— 9 —

LES CYDALISES

Où sont nos amoureuses ?
Elles sont au tombeau :

Elles sont plus heureuses
Dans un séjour plus beau!

Elles sont près des anges,
Dans le fond du ciel bleu,
Et chantent les louanges
De la Mère de Dieu!

O blanche fiancée!
O jeune vierge en fleur!
Amante délaissée,
Que flétrit la douleur!

L'éternité profonde
Souriait dans vos yeux...
Flambeaux éteints du monde,
Rallumez-vous aux cieux!

— 10 —

NI BONJOUR, NI BONSOIR

Sur un air grec.

Νὴ καλιμερα, νὴ ωρα καλί.

Le matin n'est plus! le soir pas encore:
Pourtant de nos yeux l'éclair a pâli.

Νὴ καλιμερα, νὴ ωρα καλί.

Mais le soir vermeil ressemble à l'aurore,
Et la nuit, plus tard, amène l'oubli !

VIII

MUSIQUE

Voyez, mon ami, si ces poésies déjà vieilles ont encore conservé quelque parfum. — J'en ai écrit de tous les rhythmes, imitant plus ou moins, comme l'on fait quand on commence. Il y en a encore bien d'autres que je ne puis plus retrouver : une notamment sur les papillons, dont je ne me rappelle que cette strophe :

>Le papillon, fleur sans tige
>   Qui voltige,
>Que l'on cueille en un réseau;
>Dans la nature infinie,
>   Harmonie
>Entre la fleur et l'oiseau.

C'est encore une coupe à la Ronsard, et cela peut se chanter sur l'air du cantique de Joseph. Remarquez une chose, c'est que les odelettes se chantaient et devenaient même populaires, témoin cette phrase du *Roman comique :*

« Nous entendîmes la servante, qui, d'une bouche imprégnée d'ail, chantait l'ode du vieux Ronsard :

> Allons de nos voix
> Et de nos luts d'ivoire
> Ravir les esprits ! »

Ce n'était, du reste, que renouvelé des odes antiques, lesquelles se chantaient aussi. J'avais écrit les premières sans songer à cela, de sorte qu'elles ne sont nullement lyriques. L'avant-dernière : « Où sont nos amoureuses? » est venue malgré moi sous forme de chant; j'en avais trouvé en même temps les vers et la mélodie, que j'ai été obligé de faire noter, et qui a été trouvée très-concordante aux paroles. — La dernière est calquée sur un air grec.

Je suis persuadé que tout poëte ferait facilement la musique de ses vers s'il avait quelque connaissance de la notation. Rousseau est cependant presque le seul qui, avant Pierre Dupont, ait réussi.

Je discutais dernièrement là-dessus avec S***, à propos des tentatives de Richard Wagner. Sans approuver le système musical actuel, qui fait du poëte un *parolier*, S*** paraissait craindre que l'innovation de l'auteur de *Lohengrin*, qui soumet entièrement la musique au rhythme poétique, ne la fît remonter à l'enfance de l'art. Mais n'arrive-t-il pas tous les jours qu'un art quelconque se rajeunit en se retrempant à ses sources? S'il y a décadence, pourquoi le craindre? s'il y a progrès, où est le danger?

Il est très-vrai que les Grecs avaient quatorze modes lyriques fondés sur les rhythmes poétiques de quatorze chants ou chansons. Les Arabes en ont le même nombre, à leur imitation. De ces timbres primitifs résultent des combinaisons infinies, soit pour l'orchestre, soit pour l'opéra. Les tragédies antiques étaient des opéras, moins avancés sans doute que les nôtres ; les mystères aussi du moyen âge étaient des opéras complets avec récitatifs, airs et chœurs ; on y voit poindre même le duo, le trio, etc. On me dira que les chœurs n'étaient chantés qu'à l'unisson, — soit. Mais n'aurions-nous réalisé qu'un de ces progrès matériels qui perfectionnent la forme aux dépens de la grandeur et du sentiment? Qu'un faiseur italien vole un air populaire qui court les rues de Naples ou de Venise, et qu'il en fasse le motif principal d'un duo, d'un trio ou d'un chœur, qu'il le dessine dans l'orchestre, le complète et le fasse suivre d'un autre motif également pillé, sera-t-il pour cela inventeur? Pas plus que poëte. Il aura seulement le mérite de la composition, c'est-à-dire de l'arrangement selon les règles et selon son style ou son goût particuliers.

Mais cette esthétique nous entraînerait trop loin, et je suis incapable de la soutenir avec les termes acceptés, n'ayant jamais pu mordre au solfége. — Voici des pièces choisies parmi celles que j'ai écrites pour plusieurs compositeurs.

— 1 —

LE ROI DE THULÉ

Il était un roi de Thulé,
A qui son amante fidèle
Légua, comme souvenir d'elle,
Une coupe d'or ciselé.

C'était un trésor plein de charmes
Où son amour se conservait :
A chaque fois qu'il y buvait
Ses yeux se remplissaient de larmes.

Voyant ses derniers jours venir,
Il divisa son héritage,
Mais il excepta du partage
La coupe, son cher souvenir.

Il fit à la table royale
Asseoir les barons dans sa tour;
Debout et rangée à l'entour,
Brillait sa noblesse loyale.

Sous le balcon grondait la mer.
Le vieux roi se lève en silence,
Il boit, — frissonne, et sa main lance
La coupe d'or au flot amer !

Il la vit tourner dans l'eau noire,
La vague en s'ouvrant fit un pli,
Le roi pencha son front pâli...
Jamais on ne le vit plus boire.

Faust.

— 2 —

LA SÉRÉNADE

(d'huland)

— Oh ! quel doux chant m'éveille !
— Près de ton lit je veille,

Ma fille! et n'entends rien...
Rendors-toi, c'est chimère!
— J'entends dehors, ma mère,
Un chœur aérien!..

— Ta fièvre va renaître.
— Ces chants de la fenêtre
Semblent s'être approchés.
— Dors, pauvre enfant malade,
Qui rêves sérénade...
Les galants sont couchés!

— Les hommes! que m'importe?
Un nuage m'emporte...
Adieu le monde, adieu!
Mère, ces sons étranges,
C'est le concert des anges
Qui m'appellent à Dieu!

— 5 —

VERS D'OPÉRA

ESPAGNE

Mon beau pays des Espagnes,
Qui voudrait fuir ton beau ciel,
Tes cités et tes montagnes,
Et ton printemps éternel?

Ton air pur qui nous enivre,
Tes jours, moins beaux que tes nuits,
Tes champs, où Dieu voudrait vivre
S'il quittait son paradis.

Autrefois ta souveraine,
L'Arabie, en te fuyant,
Laissa sur ton front de reine
Sa couronne d'Orient!

Un écho redit encore
A ton rivage enchanté
L'antique refrain du Maure:
Gloire, amour et liberté!

— 4 —

CHŒUR D'AMOUR

Ici l'on passe
Des jours enchantés!
L'ennui s'efface
Aux cœurs attristés
Comme la trace
Des flots agités.

Heure frivole
Et qu'il faut saisir,
Passion folle

Qui n'est qu'un désir,
Et qui s'envole
Après le plaisir !

— 5 —

CHANSON GOTHIQUE

Belle épousée,
J'aime tes pleurs !
C'est la rosée
Qui sied aux fleurs.

Les belles choses
N'ont qu'un printemps,
Semons de roses
Les pas du Temps !

Soit brune ou blonde,
Faut-il choisir ?
Le Dieu du monde,
C'est le Plaisir.

— 6 —

CHANT DES FEMMES EN ILLYRIE

Pays enchanté,
C'est la beauté
Qui doit te soumettre à ses chaînes !
Là-haut sur ces monts
Nous triomphons :
L'infidèle est maître des plaines.

Chez nous
Son amour jaloux
Trouverait des inhumaines...
Mais pour nous conquérir
Que faut-il nous offrir ?
Un regard, un mot tendre, un soupir !...

O soleil riant
De l'Orient !
Tu fais supporter l'esclavage ;
Et tes feux vainqueurs
Domptent les cœurs,
Mais l'amour peut bien davantage.

Ses accents
Sont tout-puissants
Pour enflammer le courage....

A qui sait tout oser
Qui pourrait refuser
Une fleur, un sourire, un baiser?

— 7 —

CHANT MONTÉNÉGRIN

C'est l'empereur Napoléon,
Un nouveau César, nous dit-on,
Qui rassembla ses capitaines :
    — Allez là-bas
Jusqu'à ces montagnes hautaines ;
    N'hésitez pas !

Là sont des hommes indomptables,
    Au cœur de fer,
Des rochers noirs et redoutables
Comme les abords de l'enfer.

Ils ont amené des canons
Et des houzards et des dragons.
— Vous marchez tous, ô capitaines !
    Vers le trépas ;
Contemplez ces roches hautaines,
    N'avancez pas !

Car la montagne a des abîmes
    Pour vos canons ;

Les rocs détachés de leurs cimes
Iront broyer vos escadrons.

Monténégro, Dieu te protége,
Et tu seras libre à jamais,
  Comme la neige
  De tes sommets!

— 8 —

CHŒUR SOUTERRAIN

Au fond des ténèbres,
Dans ces lieux funèbres,
Combattons le sort :
Et pour la vengeance,
Tous d'intelligence,
Préparons la mort.

Marchons dans l'ombre,
Un voile sombre
Couvre les airs :
Quand tout sommeille,
Celui qui veille
Brise ses fers.

Ces dernières strophes, comme vous voyez, ont une couleur ancienne qui aurait réjoui le vieux Gluck...

Il est difficile de devenir un bon prosateur si l'on n'a pas été poëte — ce qui ne signifie pas que tout poëte puisse devenir un prosateur. Mais comment s'expliquer la séparation qui s'établit presque toujours entre ces deux talents? Il est rare qu'on les accorde tous les deux au même écrivain : du moins l'un prédomine l'autre. Pourquoi aussi notre poésie n'est-elle pas populaire comme celle des Allemands? C'est, je crois, qu'il faut distinguer toujours ces deux styles et ces deux genres — chevaleresque — et gaulois, dans l'origine, qui, en perdant leurs noms, ont conservé leur division générale. On parle en ce moment d'une collection de chants nationaux recueillis et publiés à grands frais. Là, sans doute, nous pourrons étudier les rhythmes anciens conformes au génie primitif de la langue, et peut-être en sortira-t-il quelque moyen d'assouplir et de varier ces coupes belles mais monotones que nous devons à la réforme classique. La rime riche est une grace, sans doute, mais elle ramène trop souvent les mêmes formules. Elle rend le récit poétique ennuyeux et lourd le plus souvent, et est un grand obstacle à la popularité des poëmes.

Je voudrais citer quelques chants d'une province où j'ai été élevé et qu'on appelle spécialement « la France. » C'était en effet l'ancien domaine des empereurs et des rois, aujourd'hui découpé en mille possessions diverses. Permettez-moi d'abord de fixer le lieu de la scène, en citant un fragment de lettre que j'écrivais l'an dernier.

IX

UN JOUR A SENLIS

Ceux qui ne sont pas chasseurs ne comprennent point assez la beauté des paysages d'automne. — En ce moment, malgré la brume du matin, j'aperçois des tableaux dignes des grands maîtres flamands. Dans les châteaux et dans les musées, on retrouve encore l'esprit des peintres du Nord. Toujours des points de vue aux teintes roses ou bleuâtres dans le ciel, aux arbres à demi effeuillés, — avec des champs dans le lointain, ou, sur le premier plan, des scènes champêtres.

Le *Voyage à Cythère*, de Watteau, a été conçu dans les brumes transparentes et colorées de ce pays. C'est une Cythère calquée sur quelque îlot de ces étangs créés par les débordements de l'Oise et de l'Aisne, — ces rivières si calmes et si paisibles en été.

Le lyrisme de ces observations ne doit pas vous étonner; — fatigué des querelles vaines et des stériles agitations de Paris, je me repose en revoyant ces campagnes si vertes et si fécondes; — je reprends des forces sur cette terre maternelle.

Quoi qu'on puisse dire philosophiquement, nous tenons au sol par bien des liens. On n'emporte pas les cendres de ses pères à la semelle de ses souliers, — et le plus pauvre garde quelque part un souvenir sacré qui lui rappelle ceux qui l'ont aimé. Religion ou philosophie, tout indique à l'homme ce culte éternel des souvenirs.

C'est le jour des Morts que je vous écris ; — pardon de ces idées mélancoliques. Arrivé à Senlis la veille, j'ai passé par les paysages les plus beaux et les plus tristes qu'on puisse voir dans cette saison. La teinte rougeâtre des chênes et des trembles sur le vert foncé des gazons, les troncs blancs des bouleaux se détachant du milieu des bruyères et des broussailles, — et surtout la majestueuse longueur de cette route de Flandre, qui s'élève parfois de façon à vous faire admirer un vaste horizon de forêts brumeuses, — tout cela m'avait porté à la rêverie. En arrivant à Senlis, j'ai vu la ville en fête. Les cloches, — dont Rousseau aimait tant le son lointain, — résonnaient de tous côtés ; — les jeunes filles se promenaient par compagnies dans la ville, ou se tenaient devant les portes des maisons en souriant et caquetant. Je ne sais si je suis victime d'une illusion : je n'ai pu rencontrer encore une fille laide à Senlis... celles-là peut-être ne se montrent pas !

Non ; — le sang est beau généralement, ce qui tient sans doute à l'air pur, à la nourriture abondante, à la qualité des eaux. Senlis est une ville isolée de ce grand mouvement du chemin de fer du Nord qui entraîne les populations vers l'Allemagne.

Il est naturel, un jour de fête à Senlis, d'aller voir la cathédrale. Elle est fort belle, et nouvellement restaurée, avec l'écusson semé de fleurs de lis qui représente les armes de la ville, et qu'on a eu soin de replacer sur la porte latérale. L'évêque officiait en personne, — et la nef était remplie des notabilités châtelaines et bourgeoises qui se rencontrent encore dans cette localité.

En sortant, j'ai pu admirer, sous un rayon de soleil

couchant, les vieilles tours des fortifications romaines, à demi démolies et revêtues de lierre. — En passant près du prieuré, j'ai remarqué un groupe de petites filles qui s'étaient assises sur les marches de la porte.

Elles chantaient sous la direction de la plus grande, qui, debout devant elles, frappait des mains en réglant la mesure.

— Voyons, mesdemoiselles, recommençons; les petites ne vont pas!... Je veux entendre cette petite-là qui est à gauche, la première sur la seconde marche : — Allons, chante toute seule.

Et la petite se met à chanter avec une voix faible, mais bien timbrée :

>Les canards dans la rivière... etc.

Encore un air avec lequel j'ai été bercé. Les souvenirs d'enfance se ravivent quand on atteint la moitié de la vie. — C'est comme un manuscrit palympseste dont on fait reparaître les lignes par des procédés chimiques.

Les petites filles reprirent ensemble une autre chanson, — encore un souvenir :

>Trois filles dedans un pré...
>Mon cœur vole! (bis)
>Mon cœur vole à votre gré.

— Scélérats d'enfants, dit un brave paysan qui s'était arrêté près de moi à les écouter... Mais vous êtes trop gentilles!... Il faut danser à présent.

Les petites filles se levèrent de l'escalier et dansèrent

une danse singulière qui m'a rappelé celle des filles grecques dans les îles.

Elles se mettent toutes, — comme on dit chez nous, — *à la queue leu leu;* puis un jeune garçon prend les mains de la première et la conduit en reculant, pendant que les autres se tiennent les bras, que chacune saisit derrière sa compagne. Cela forme un serpent qui se meut d'abord en spirale et ensuite en cercle, et qui se resserre de plus en plus autour de l'auditeur, obligé d'écouter le chant et, quand la ronde se finit, d'embrasser les pauvres enfants, qui font cette gracieuseté à l'étranger qui passe.

Je n'étais pas un étranger, mais j'étais ému jusqu'aux larmes en reconnaissant, dans ces petites voix, des intonations, des roulades, des finesses d'accent, autrefois entendues, — et qui, des mères aux filles, se conservent les mêmes...

La musique, dans cette contrée, n'a pas été gâtée par l'imitation des opéras parisiens, des romances de salon ou des mélodies exécutées par les orgues. On en est encore, à Senlis, à la musique du seizième siècle, conservée traditionnellement depuis les Médicis. L'époque de Louis XIV a aussi laissé des traces. Il y a, dans les souvenirs des filles de la campagne, des complaintes — d'un mauvais goût ravissant. On trouve là des restes de morceaux d'opéras du seizième siècle, peut-être, — ou d'oratorios du dix-septième.

J'ai assisté autrefois à une représentation donnée à Senlis dans une pension de demoiselles.

On jouait un mystère, — comme aux temps passés. — La vie du Christ avait été représentée dans tous ses détails, et la scène dont je me souviens était celle où l'on attendait la descente du Christ dans les enfers.

4.

Une très-belle fille blonde parut avec une robe blanche, une coiffure de perles, une auréole et une épée dorée, sur un demi-globe, qui figurait un astre éteint.

Elle chantait :

> Anges ! descendez promptement
> Au fond du purgatoire !...

Et elle parlait de la gloire du Messie, qui allait visiter ces sombres lieux. — Elle ajoutait :

> Vous le verrez distinctement
> Avec une couronne...
> Assis *dessus* un trône !

X

VIEILLES LÉGENDES

On voit que ces rimes riches n'appartiennent pas à la poésie populaire. Écoutez un chant sublime de ce pays, — tout en assonances dans le goût espagnol.

Le duc Loys est sur *son pont* [1]. — Tenant sa fille en son giron. — Elle lui demande un cavalier. — Qui n'a pas vaillant six deniers ! « — Oh ! oui, mon père, je

---

[1] Les anciens seigneurs se tenaient le soir devant la porte de leur château, c'est-à-dire *sur le pont*, et recevaient là les hommages de leurs vassaux. Leur famille les entourait.

l'aurai — Malgré ma mère qui m'a portée. — Aussi malgré tous mes parents, — Et vous, mon père... que j'aime tant ! »

C'est le caractère des filles dans cette contrée. — Le père répond :

« — Ma fille, il faut changer d'amour, — Ou vous entrerez dans la tour... »

Réplique de la demoiselle :

« — J'aime mieux rester dans la tour, — Mon père ! que de changer d'amour ! »

Le père reprend :

« — Vite... où sont mes estafiers, — Aussi bien que mes gens de pied ? — Qu'on mène ma fille à la tour, — Elle n'y verra jamais le jour ! »

L'auteur de la romance ajoute :

Elle y resta sept années passées — Sans que personne pût la trouver : — Au bout de la septième année — Son père vint la visiter.

« — Bonjour, ma fille !... comme vous en va ? — Ma foi, mon père,... ça va bien mal ; — J'ai les pieds pourris dans la terre, — Et les côtés mangés des vers. »

« — Ma fille, il faut changer d'amour... — Ou vous resterez dans la tour. — J'aime mieux rester dans la tour, — Mon père, que de changer d'amour ! »

Il est malheureux de ne pouvoir vous faire entendre les airs, — qui sont aussi poétiques que ces vers sont musicalement rhythmés.

En voici une autre :

Dessous le rosier blanc — La belle se promène... — Blanche comme la neige, — Belle comme le jour.

On a gâté depuis cette légende en y refaisant des vers, et en prétendant qu'elle était du Bourbonnais. On l'a même dédiée, avec de jolies illustrations, à l'ex-reine des Français... Je ne puis vous la donner entière ; voici encore les détails dont je me souviens :

Les trois capitaines passent à cheval près du rosier blanc :

> Le plus jeune des trois — La prit par sa main blanche : « — Montez, montez, la belle, — Dessus mon cheval blanc... »

On voit encore par ces quatre vers qu'il est possible de ne pas rimer en poésie ; — c'est ce que savent les Allemands, qui, dans certaines pièces, emploient seulement les longues et les brèves, à la manière antique.

Les trois cavaliers et la jeune fille, montée en croupe derrière le plus jeune, arrivent à Senlis. « Aussitôt arrivés, l'hôtesse la regarde :

> « — Entrez, entrez, la belle ; — Entrez sans plus de bruit, — Avec trois capitaines — Vous passerez la nuit ! »

Quand la belle comprend qu'elle a fait une démarche un peu légère, — après avoir présidé au souper, — elle *fait la morte*, et les trois cavaliers sont assez naïfs pour se prendre à cette feinte. — Ils se disent : « Quoi ! notre mie est morte ! » et se demandent où il faut la reporter :

> « — Au jardin de son père ! »

dit le plus jeune ; — et c'est sous le rosier blanc qu'ils s'en vont déposer le corps.

Le narrateur continue :

> Et au bout des trois jours — La belle ressuscite !...

— Ouvrez, ouvrez, mon père, — Ouvrez, sans plus tarder ; — Trois jours j'ai fait la morte. — Pour mon honneur garder !

Le père est en train de souper avec toute la famille. On accueille avec joie la jeune fille dont l'absence avait beaucoup inquiété ses parents depuis trois jours, — et il est probable qu'elle se maria plus tard fort honorablement.

Je crains encore que le travail qui se prépare ne soit fait purement au point de vue historique et scientifique. Nous aurons des ballades franques, normandes, des chants de guerre, des lais et des virelais, des guerz bretons, des noëls bourguignons et picards... Mais songera-t-on à recueillir ces chants de la vieille *France*, dont je cite ici des fragments épars et qui n'ont jamais été complétés ni réunis ?

Les savants ne veulent pas admettre dans les livres des vers composés sans souci de la rime, de la prosodie et de la syntaxe.

La langue du berger, du marinier, du charretier qui passe, est bien la nôtre, à quelques élisions près, avec des tournures douteuses, des mots hasardés, des terminaisons et des liaisons de fantaisie ; mais elle porte un cachet d'ignorance qui révolte l'homme du monde bien plus que ne le fait le patois. Pourtant ce langage a ses règles, ou du moins ses habitudes régulières, et il est fâcheux que des couplets tels que ceux de la célèbre romance : *Si j'étais hirondelle,* soient abandonnés, pour deux ou trois consonnes singulièrement placées, au répertoire chantant des concierges et des cuisinières.

Quoi de plus gracieux et de plus poétique pourtant ?

Si j'étais hirondelle ! — Que je puisse voler, — Sur votre sein, ma belle, — J'irais me reposer !

Il faut continuer, il est vrai, par : *J'ai z'un coquin de frère*... ou risquer un hiatus terrible ; mais pourquoi aussi la langue a-t-elle repoussé ce *z* si commode, si liant, si séduisant, qui faisait tout le charme du langage de l'ancien Arlequin, et que la jeunesse dorée du Directoire a tenté en vain de faire passer dans le langage des salons ?

Ce ne serait rien encore, et de légères corrections rendraient à notre poésie légère, si pauvre, si peu inspirée, ces charmantes et naïves productions des poëtes modestes; mais la rime, cette sévère rime française, comment s'arrangerait-elle encore du couplet suivant :

> La fleur de l'olivier — Que vous avez aimé, — Charmante beauté, — Et vos beaux yeux charmants, — Que mon cœur aime tant, — Les faudra-t-il quitter !

Observez que la musique se prête admirablement à ces hardiesses ingénues et trouve dans les assonances, ménagées suffisamment d'ailleurs, toutes les ressources que la poésie doit lui offrir. Voilà deux charmantes chansons qui ont comme un parfum de la Bible, et dont la plupart des couplets sont perdus, parce que personne n'a jamais osé les écrire ou les imprimer. J'en dirai autant de celle où se trouve la strophe suivante :

> Enfin vous voilà donc, — Ma belle mariée, — Enfin vous voilà donc — A votre époux liée, — Avec un long fil d'or — Qui ne rompt qu'à la mort.

Quoi de plus pur, d'ailleurs, comme langue et comme pensée ? mais l'auteur ne savait pas écrire, et l'imprimerie nous conserve les gravelures de Collet, de Piis et de Panard !

Les étrangers reprochent à notre peuple de n'avoir aucun sentiment de la poésie et de la couleur ; mais où trouver une composition et une imagination plus orientales que dans cette chanson de nos mariniers :

> Ce sont les filles de la Rochelle — Qui ont armé un bâtiment — Pour aller faire la course — Dedans les mers du Levant.
>
> La coque en est en bois rouge, — Travaillé fort proprement ; — La mâture est en ivoire, — Les poulies en diamant.
>
> La grand'voile est en dentelle — La misaine en satin blanc ; — Les cordages du navire — Sont de fils d'or et d'argent.
>
> L'équipage du navire, — C'est tout filles de quinze ans ; — Les gabiers de la grande hune — N'ont pas plus de dix-huit ans ! etc.

Les richesses poétiques n'ont jamais manqué au marin ni au soldat français, qui ne rêvent dans leurs chants que filles de roi, sultanes et même présidentes, comme dans la ballade trop connue :

> C'est dans la ville de Bordeaux
> Qu'il est arrivé trois vaisseaux, etc.

Mais le tambour des gardes françaises, où s'arrêtera-t-il, celui-là ?

> Un joli tambour s'en allait à la guerre, etc.

La fille du roi est à sa fenêtre, le tambour la demande en mariage : — Joli tambour, dit le roi, tu n'es pas assez riche ! — Moi ? dit le tambour sans se déconcerter,

> J'ai trois vaisseaux sur la mer gentille,
> L'un chargé d'or, l'autre de perles fines,
> Et le troisième pour promener ma mie

— Touche là, tambour, lui dit le roi, tu n'auras pas ma

fille! — Tant pis, dit le tambour, j'en trouverai de plus gentilles!... Étonnez-vous, après ce tambour-là, de nos soldats devenus rois! Voyons maintenant ce que va faire un capitaine :

> A Tours en Touraine — Cherchant ses amours; — Il les a cherchées, — Il les a trouvées — En haut d'une tour.

Le père n'est pas un roi, mais un simple châtelain qui répond à la demande en mariage :

> Mon beau capitaine, — Ne te mets en peine, — Tu ne l'auras pas.

La réplique du capitaine est superbe :

> Je l'aurai par terre, — Je l'aurai par mer — Ou par trahison.

Il fait si bien, en effet, qu'il enlève la jeune fille sur son cheval; et l'on va voir comme elle est bien traitée une fois en sa possession :

> A la première ville, — Son amant l'habille — Tout en satin blanc! — A la seconde ville, — Son amant l'habille — Tout d'or et d'argent.
>
> A la troisième ville — Son amant l'habille — Tout en diamants! — Elle était si belle, — Qu'elle passait pour reine — Dans le régiment!

Après tant de richesses dévolues à la verve un peu gasconne du militaire ou du marin, envierons-nous le sort du simple berger? Le voilà qui chante et qui rêve :

> Au jardin de mon père, — Vole, mon cœur vole! — Il y a z'un pommier doux, — Tout doux!
>
> Trois belles princesses, — Vole, mon cœur, vole! — Trois belles princesses — Sont couchées dessous, etc.

Est-ce donc la vraie poésie? est-ce la soif mélancolique de l'idéal qui manque à ce peuple pour comprendre et produire des chants dignes d'être comparés à ceux de l'Allemagne et de l'Angleterre? Non, certes; mais il est arrivé qu'en France la littérature n'est jamais descendue au niveau de la grande foule; les poëtes académiques du dix-septième et du dix-huitième siècle n'auraient pas plus compris de telles inspirations que les paysans n'eussent admiré leurs odes, leurs épîtres et leurs poésies fugitives, si incolores, si gourmées. Pourtant comparons encore la chanson que je vais citer à tous ces bouquets à Chloris, qui faisaient vers ce temps l'admiration des belles compagnies.

> Quand Jean Renaud de la guerre revint, — Il en revint triste et chagrin : — « Bonjour, ma mère. — Bonjour, mon fils! — Ta femme est accouchée d'un petit. »
>
> « Allez, ma mère, allez devant; — Faites-moi dresser un beau lit blanc; — Mais faites-le dresser si bas, — Que ma femme ne l'entende pas! »
>
> Et quand ce fut vers le minuit, — Jean Renaud a rendu l'esprit.

Ici la scène de la ballade change et se transporte dans la chambre de l'accouchée :

> « Ah! dites, ma mère, ma mie, — Ce que j'entends pleurer ici? — Ma fille, ce sont les enfants — Qui se plaignent du mal de dents! »
>
> « Ah! dites, ma mère, ma mie, — Ce que j'entends clouer ici? — Ma fille, c'est le charpentier — Qui raccommode le plancher! »
>
> « Ah! dites, ma mère, ma mie, — Ce que j'entends chanter ici? — Ma fille, c'est la procession — Qui fait le tour de la maison! »

« Mais dites, ma mère, ma mie, — Pourquoi donc pleurez-vous ainsi? — Hélas! je ne puis le cacher; — C'est Jean Renaud qui est décédé! »

« Ma mère! dites au fossoyeux — Qu'il fasse la fosse pour deux, — Et que l'espace y soit si grand, — Qu'on y renferme aussi l'enfant! »

Ceci ne le cède en rien aux plus touchantes ballades allemandes ; il n'y manque qu'une certaine exécution de détail qui manquait aussi à la légende primitive de Lénore et à celle du roi des Aulnes, avant Gœthe et Bürger. Mais quel parti encore un poëte eût tiré de la complainte de saint Nicolas, que nous allons citer en partie :

Il était trois petits enfants — Qui s'en allaient glaner aux champs,

S'en vont au soir chez un boucher. — « Boucher, voudrais-tu nous loger? — Entrez, entrez, petits enfants, — Il y a de la place assurément. »

Ils n'étaient pas sitôt entrés, — Que le boucher les a tués, — Les a coupés en petits morceaux, — Mis au saloir comme pourceaux.

Saint Nicolas, au bout d' sept ans, — Saint Nicolas vint dans ce champ. — Il s'en alla chez le boucher : — « Boucher, voudrais-tu me loger?

« Entrez, entrez, saint Nicolas, — Il y a d' la place, il n'en manque pas. » — Il n'était pas sitôt entré, — Qu'il a demandé à souper.

« Voulez-vous un morceau de jambon? — Je n'en veux pas, il n'est pas bon. — Voulez-vous un morceau de veau? — Je n'en veux pas, il n'est pas beau! »

« Du p'tit salé je veux avoir — Qu'il y a sept ans qu'est dans l' saloir! » — Quand le boucher entendit cela, — Hors de sa porte il s'enfuya.

« Boucher, boucher, ne t'enfuis pas, — Repends-toi, Dieu te pardonn'ra. » — Saint Nicolas posa trois doigts — Dessus le bord de ce saloir :

« Le premier dit : « J'ai bien dormi ! » — Le second dit : — « Et moi aussi ! » — Et le troisième répondit : « Je croyais être en paradis ! »

N'est-ce pas là une ballade d'Uhland, moins les beaux vers? Mais il ne faut pas croire que l'exécution manque toujours à ces naïves inspirations populaires.

La vertu des filles du peuple attaquée par des seigneurs félons a fourni encore de nombreux sujets de romances. Il y a, par exemple, la fille d'un pâtissier, que son père envoie porter des gâteaux chez le seigneur de Dammartin. Celui-ci la retient jusqu'à la nuit close et ne veut plus la laisser partir. Pressée de son déshonneur, elle feint de céder, et demande au comte son poignard pour couper une agrafe de son corset. Elle se perce le cœur, et les pâtissiers instituent une fête pour cette martyre boutiquière.

Il y a des chansons de *causes célèbres* qui offrent un intérêt moins romanesque, mais souvent plein de terreur et d'énergie. Imaginez un homme qui revient de la chasse et qui répond à un autre qui l'interroge :

« J'ai tant tué de petits lapins blancs — Que mes souliers sont pleins de sang. — T'en as menti, faux, traître ! — Je te ferai connaître. — Je vois, je vois à tes pâles couleurs — Que tu viens de tuer ma sœur ! »

Quelle poésie sombre en ces lignes, qui sont à peine des vers ! Dans une autre, un déserteur rencontre la maréchaussée, cette terrible Némésis au chapeau bordé d'argent :

On lui a demandé — Où est votre congé ? — « Le congé que j'ai pris, — Il est sous mes souliers. »

Il y a toujours une amante éplorée mêlée à ces tristes récits :

> La belle s'en va trouver son capitaine, — Son colonel et aussi son sergent...

Le refrain est cette phrase latine : « *Spiritus sanctus, quoniam bonus !* » chantée sur un air de plain-chant et qui prédit assez le sort du malheureux soldat.

XI

VISITE A ERMENONVILLE

Mais nous trouverons d'autres chansons encore en allant réveiller les souvenirs des vieilles paysannes, des bûcherons et des vanneurs. — J'ai rencontré à Senlis un ancien compagnon de jeunesse. Il s'appelle Sylvain de son petit nom. C'est un garçon, — je veux dire un homme, car il ne faut pas trop nous rajeunir, — qui a toujours mené une vie assez sauvage, comme son nom. Il vit de je ne sais quoi dans des maisons qu'il se bâtit lui-même, à la manière des cyclopes, avec ces grès de la contrée qui apparaissent à fleur de sol entre les pins et les bruyères. L'été, sa maison de grès lui semble trop chaude, et il se construit des huttes en feuillage au milieu des bois. Un petit revenu qu'il a de quelques morceaux de terre lui procure du reste une certaine considération près des gardes, auxquels il paye quelquefois à boire. On l'a souvent suspecté de braconnage ; mais le fait n'a jamais pu être démontré. C'est donc un homme que l'on peut voir. — Du reste, s'il n'a pas de profession bien définie, il a des idées sur tout comme plusieurs gens de ce pays, où l'on a, dit-on, inventé jadis les tourne-broches. — Lui, s'est essayé plusieurs fois à composer des montres ou des boussoles. Ce qui le gêne dans la montre, c'est la chaîne qui ne peut se prolonger assez... Ce qui le gêne dans la boussole, c'est que cela fait seulement reconnaître que l'aimant polaire du globe attire forcément les aiguilles ; — mais que sur le reste, — sur la cause — et les moyens de s'en servir, les documents sont imparfaits.

Je quitte Senlis à regret ; — mais mon ami le veut pour me faire obéir à la pensée que j'avais manifestée imprudemment, d'aller, le jour des Morts, voir la tombe de Rousseau ; — les amis sont comme les enfants, — *ce sont des tourments ;* — c'est encore une locution du pays.

Je me plaisais tant dans cette ville, où la renaissance, le moyen âge et l'époque romaine se retrouvent çà et là — au détour d'une rue, dans un jardin, dans une écurie, dans une cave ! — Je vous parlais « de ces tours des Romains recouvertes de lierre ! » — L'éternelle verdure dont elles sont vêtues fait honte à la nature inconstante de nos pays froids. — En Orient, les bois sont toujours verts ; — chaque arbre a sa saison de mue ; mais cette saison varie selon la nature de l'arbre. C'est ainsi que j'ai vu, au Caire, les sycomores perdre leurs feuilles en été. En revanche ils étaient verts au mois de janvier.

Les allées qui entourent Senlis et qui remplacent les antiques fortifications romaines, — restaurées plus tard, par suite du long séjour des rois carlovingiens, — n'offrent plus aux regards que des feuilles rouillées d'ormes et de tilleuls. Cependant la vue est encore belle aux alentours par un beau coucher de soleil. — Les forêts de Chantilly, de Compiègne et d'Ermenonville ; — les bois de Châalis et de Pont-Armé, se dessinent avec leurs masses rougeâtres sur le vert clair des prairies qui les séparent. Des châteaux lointains élèvent encore leurs tours, — solidement bâties en pierres de *Senlis*, et qui, généralement, ne servent plus que de pigeonniers.

Les clochers aigus, hérissés de saillies régulières, qu'on appelle dans le pays des *ossements* (je ne sais pourquoi), retentissent encore de ce bruit de cloches qui portait une douce mélancolie dans l'âme de Rousseau...

Accomplissons le pèlerinage que nous nous sommes promis de faire, non pas près de ses cendres, qui reposent au Panthéon, — mais près de son tombeau, situé à Ermenonville, dans l'île dite des Peupliers.

La cathédrale de Senlis ; l'église Saint-Pierre, qui sert aujourd'hui de caserne aux cuirassiers ; le château de Henri IV, adossé aux vieilles fortifications de la ville ; les cloîtres byzantins de Charles le Gros et de ses successeurs, n'ont rien qui doive nous arrêter... C'est encore le moment de parcourir les bois malgré la brume obstinée du matin.

Nous sommes partis de Senlis à pied, à travers les bois, aspirant avec bonheur la brume d'automne. En regardant les grands arbres qui ne conservaient au sommet qu'un bouquet de feuilles jaunies, mon ami Sylvain me dit :

— Te souviens-tu du temps où nous parcourions ces bois, quand tes parents te laissaient venir chez nous, où tu avais d'autres parents?... Quand nous allions tirer les écrevisses des pierres, sous les ponts de la Nonette et de l'Oise... tu avais soin d'ôter tes bas et tes souliers, et on t'appelait petit Parisien.

— Je me souviens lui dis-je, que tu m'as abandonné une fois dans le danger. C'était à un remous de la Thève, vers Neufmoulin ; — je voulais absolument passer l'eau pour revenir par un chemin plus court chez ma nourrice. Tu me dis : On peut passer. Les longues herbes et cette écume verte qui surnage dans les coudes de nos rivières me donnèrent l'idée que l'endroit n'était pas profond. Je descendis le premier. Puis je fis un plongeon dans sept pieds d'eau. Alors tu t'enfuis, craignant d'être accusé d'avoir laissé se *nayer* le *petit Parisien*, et résolu à dire, si l'on t'en demandait des nouvelles, qu'il était allé *où il avait voulu*. — Voilà les amis !

Sylvain rougit et ne répondit pas.

— Mais ta sœur, ta sœur qui nous suivait, — pauvre petite fille ! — pendant que je m'abîmais les mains en me retenant, après mon plongeon, aux feuilles coupantes des iris, se mit à plat ventre sur la rive et me tira par les cheveux de toute sa force.

— Pauvre Sylvie ! dit en pleurant mon ami.

— Tu comprends, répondis-je, que je ne te dois rien...

— Si ; je t'ai appris à monter aux arbres. Vois ces nids de pies qui se balancent encore sur les peupliers et sur les châtaigniers, — je t'ai appris à les aller chercher, — ainsi que ceux des piverts, — situés plus haut au printemps. — Comme Parisien, tu étais obligé d'attacher à tes souliers des *griffes* en fer, tandis que moi je montais avec mes pieds nus !

— Sylvain, dis-je, ne nous livrons pas à des récriminations. Nous allons voir la tombe où manquent les cendres de Rousseau. Soyons calmes. — Les souvenirs qu'il a laissés ici valent bien ses restes.

Nous avions parcouru une route qui aboutit aux bois et

au château de Mont-l'Évêque. — Des étangs brillaient çà et là à travers les feuilles rouges relevées par la verdure sombre des pins. Sylvain me chanta ce vieil air du pays :

> Courage! mon ami; courage!
> Nous voici près du village.
> A la première maison,
> Nous nous rafraîchirons !

On buvait dans le village un petit vin qui n'était pas désagréable pour des voyageurs. L'hôtesse nous dit, voyant nos barbes : — Vous êtes des artistes... vous venez donc pour voir Châalis?

Châalis, — à ce nom je me ressouvins d'une époque bien éloignée... celle où l'on me conduisait à l'abbaye, une fois par an, pour entendre la messe et pour voir la foire qui avait lieu près de là.

— Châalis, dis-je... Est-ce que cela existe encore?

— Mais, mon enfant, on a vendu le château, l'abbaye, les ruines, tout! Seulement, ce n'est pas à des personnes qui voudraient les détruire... Ce sont des gens de Paris qui ont acheté le domaine, — et qui veulent faire des réparations. La dame a déclaré qu'elle dépenserait quatre cent mille francs !

Nous avons voulu voir en détail le domaine avant qu'il soit restauré. Il y a d'abord une vaste enceinte entourée d'ormes; puis on voit à gauche un bâtiment dans le style du seizième siècle, restauré sans doute plus tard selon l'architecture lourde du petit château de Chantilly.

Quand on a vu les offices et les cuisines, l'escalier suspendu du temps de Henri vous conduit aux vastes appartements des premières galeries, — grands appartements et petits appartements donnant sur les bois. Quelques peintures enchâssées, le grand Condé à cheval et des vues de la forêt, voilà tout ce que j'ai remarqué. Dans une salle basse, on voit un portrait de Henri IV à trente-cinq ans.

C'est l'époque de Gabrielle, — et probablement ce château a été témoin de leurs amours. — Ce prince, qui, au fond, m'est peu sympathique, demeura longtemps à Senlis, surtout dans la première époque du siége, et l'on y voit, au-dessus de la porte de la mairie et des trois mots : *Liberté, égalité, fraternité*, son portrait en bronze avec une devise gravée, dans laquelle il est dit que son premier bonheur fut à Senlis, — en 1590. — Ce n'est pourtant pas là que Voltaire a placé la scène principale, imitée de l'Arioste, de ses amours avec Gabrielle d'Estrées.

C'était le fils du garde qui nous faisait voir le château, — abandonné depuis longtemps. — C'est un homme qui, sans être lettré, comprend le respect que l'on doit aux antiquités. Il nous fit voir dans une des salles un *moine* qu'il avait découvert dans les ruines. A voir ce squelette couché dans une auge de pierre, j'imaginai que ce n'était pas un moine, mais un guerrier celte ou franck couché selon l'usage, — avec le visage tourné vers l'Orient dans cette localité, où les noms d'Erman ou d'Armen [1] sont communs dans le voisinage, sans parler même d'Ermenonville, située près de là, — et qu'on appelle dans le pays Arme-Nonville ou Nonval, qui est le terme ancien.

Pendant que j'en faisais l'observation à Sylvain, nous nous dirigions vers les ruines. Un passant vint dire au fils du garde qu'un cygne venait de se laisser tomber dans un fossé. — Va le chercher. — Merci !... pour qu'il me donne un mauvais coup !

[1] Hermann, Arminius ou peut-être Hermès.

Sylvain fit cette observation qu'un cygne n'était pas bien redoutable.

— Messieurs, dit le fils du garde, j'ai vu un cygne casser la jambe à un homme d'un coup d'aile.

Sylvain réfléchit et ne répondit pas.

Le pâté des ruines principales forme les restes de l'ancienne abbaye, bâtie probablement vers l'époque de Charles VII, dans le style du gothique fleuri, sur des voûtes carlovingiennes aux piliers lourds, qui recouvrent les tombeaux. Le cloître n'a laissé qu'une longue galerie d'ogives qui relie l'abbaye à un premier monument, où l'on distingue encore des colonnes byzantines taillées à l'époque de Charles le Gros et engagées dans de lourdes murailles du seizième siècle.

— On veut, nous dit le fils du garde, abattre le mur du cloître pour que, du château, l'on puisse avoir une vue sur les étangs. C'est un conseil qui a été donné à madame.

— Il faut conseiller, dis-je, à votre dame de faire ouvrir seulement les arcs des ogives qu'on a remplis de maçonnerie, et alors la galerie se découpera sur les étangs, ce qui sera beaucoup plus gracieux.

Il a promis de s'en souvenir.

La suite des ruines amenait encore une tour et une chapelle. Nous montâmes à la tour. De là l'on distinguait toute la vallée, coupée d'étangs et de rivières, avec les longs espaces dénudés qu'on appelle le désert d'Ermenonville, et qui n'offrent que des grès de teinte grise, entremêlés de pins maigres et de bruyères.

Des carrières rougeâtres se dessinaient encore çà et là à travers les bois effeuillés et ravivaient la teinte verdâtre des plaines et des forêts, — où les bouleaux blancs, les troncs tapissés de lierre et les dernières feuilles d'automne se détachaient encore sur les masses rougeâtres des bois encadrés des teintes bleuâtres de l'horizon.

Nous redescendîmes pour voir la chapelle ; c'est une merveille d'architecture. L'élancement des piliers et des nervures, l'ornement sobre et fin des détails, révélaient l'époque intermédiaire entre le gothique fleuri et la renaissance. Mais, une fois entrés, nous admirâmes les peintures, — qui m'ont semblé être de cette dernière époque.

— Vous allez voir des saintes un peu décolletées, nous dit le fils du garde. En effet, on distinguait une sorte de Gloire peinte en fresque du côté de la porte, parfaitement conservée, malgré ses couleurs pâlies, sauf la partie inférieure, couverte de peintures à la détrempe, mais qu'il ne sera pas difficile de restaurer.

Les bons moines de Châalis auraient voulu supprimer quelques nudités trop voyantes du *style Médicis*. — En effet, tous ces anges et toutes ces saintes faisaient l'effet d'amours et de nymphes aux gorges et aux cuisses nues. L'abside de la chapelle offre dans les intervalles de ses nervures d'autres figures mieux conservées encore et du style allégorique usité postérieurement à Louis XII. En nous retournant pour sortir, nous remarquâmes au-dessus de la porte des armoiries qui devaient indiquer l'époque des dernières ornementations.

Il nous fut difficile de distinguer les détails de l'écusson écartelé, qui avait été repeint postérieurement en bleu et en blanc. Au 1 et au 4, c'étaient d'abord des oiseaux que le fils du garde appelait des cygnes, — disposés par 2 et 1 ; — mais ce n'était pas des cygnes.

Sont-ce des aigles éployées, des merlettes ou des alérions, ou des ailettes attachées à des foudres ?

Au 2 et au 3, ce sont des fers de lance ou des fleurs de

lis, ce qui est la même chose. Un chapeau de cardinal recouvrait l'écusson et laissait tomber des deux côtés ses résilles triangulaires ornées de glands; mais, n'en pouvant compter les rangées parce que la pierre était fruste, nous ignorions si ce n'était pas un chapeau d'abbé.

Je n'ai pas de livres ici : mais il me semble que ce sont là les armes de Lorraine, écartelées de celles de France. Seraient-ce les armes du cardinal de Lorraine, qui fut proclamé roi dans ce pays, sous le nom de Charles X, ou celles de l'autre cardinal, qui aussi était soutenu par la ligue?...

Je m'y perds, n'étant encore, je le reconnais, qu'un bien faible historien...

XII

ERMENONVILLE

En quittant Châalis, il y a encore à traverser quelques bouquets de bois; puis nous entrons dans le désert. Il y a là assez de désert pour que, du centre, on ne voie point d'autre horizon, — pas assez pour qu'en une demi-heure de marche on n'arrive au paysage le plus calme, le plus charmant du monde... une nature suisse, découpée au milieu du bois, par suite de l'idée qu'a eue René de Girardin d'y transplanter l'image du pays dont sa famille était originaire.

Quelques années avant la Révolution, le château d'Ermenonville était le rendez-vous des *illuminés* qui préparaient silencieusement l'avenir. Dans les *soupers* célèbres d'Ermenonville, on a vu successivement le comte de Saint-Germain, Mesmer et Cagliostro, développant, dans des causeries inspirées, des idées et des paradoxes dont l'école dite de Genève hérita plus tard. Je crois bien que M. de Robespierre, le fils du fondateur de la loge écossaise d'Arras, — tout jeune encore, — peut-être encore plus tard Senancourt, Saint-Martin, Dupont de Nemours et Cazotte, vinrent exposer, soit dans ce château, soit dans celui de le Peletier de Mortfontaine, les idées bizarres qui se proposaient les réformes d'une société vieillie, — laquelle, dans ses modes mêmes, avec cette poudre qui donnait aux plus jeunes fronts un faux air de la vieillesse, — indiquait la nécessité d'une complète transformation.

Saint-Germain appartient à une époque antérieure, mais il est venu là. — C'est lui qui avait fait voir à Louis XV, dans un miroir d'acier, son petit-fils sans tête, comme Nostradamus avait fait voir à Marie de Médicis les rois de sa race, — dont le quatrième était également décapité.

Ceci est de l'enfantillage. Ce qui relève les mystiques, c'est le détail rapporté par Beaumarchais (le village de *Beaumarchais* est situé à une lieue d'Ermenonville, — pays de légendes), que les Prussiens, arrivés jusqu'à trente lieues de Paris, se replièrent tout à coup d'une manière inattendue d'après l'effet d'une apparition dont leur roi fut surpris, — et qui lui fit dire : « N'allons pas outre! » comme en certains cas disaient les chevaliers.

Les *illuminés* français et allemands s'entendaient par des rapports d'affiliation. Les doctrines de Weisshaupt et de Jacob Bœhm avaient pénétré chez nous, dans les anciens pays francks et bourguignons, — par l'antique sympathie et les relations séculaires des races de même origine. Le premier ministre du neveu de Frédéric II était lui-même un *illuminé*. — Beaumarchais suppose qu'à Verdun, sous couleur d'une séance de magnétisme, on fit apparaître devant Frédéric-Guillaume son oncle, qui lui aurait dit : « Retourne ! » — comme le fit un fantôme à Charles VI.

Ces données bizarres confondent l'imagination ; — seulement Beaumarchais, qui était un sceptique, a prétendu que, pour cette scène de fantasmagorie, on fit venir de Paris l'acteur Fleury, qui avait joué précédemment aux Français le rôle de Frédéric II, — et qui aurait ainsi fait illusion au roi de Prusse, — lequel depuis se retira, comme on sait, de la confédération des rois ligués contre la France.

Un détail plus important à recueillir, c'est que le général prussien qui, dans nos désastres de la Restauration, prit possession du pays, — ayant appris que la tombe de Jean-Jacques Rousseau se trouvait à Ermenonville, exempta toute la contrée, depuis Compiègne, des charges de l'occupation militaire. — C'était, je crois, le prince d'Anhalt : — souvenons-nous au besoin de ce trait.

Rousseau n'a séjourné que peu de temps à Ermenonville. S'il y a accepté un asile, — c'est que depuis longtemps, dans les promenades qu'il faisait en partant de l'*Ermitage* de Montmorency, il avait reconnu que cette contrée présentait à un herboriseur des variétés de plantes remarquables dues à la variété des terrains.

Nous sommes allés descendre à l'auberge de la Croix-Blanche, où il demeura lui-même quelque temps à son arrivée. Ensuite il logea encore de l'autre côté du château, dans une maison occupée aujourd'hui par un épicier. — M. René de Girardin lui offrit un pavillon inoccupé, faisant face à un autre pavillon qu'occupait le concierge du château. — Ce fut là qu'il mourut.

En nous levant, nous allâmes parcourir les bois encore enveloppés des brouillards d'automne, — que peu à peu nous vîmes se dissoudre en laissant reparaître le miroir azuré des lacs ; — j'ai vu de pareils effets de perspective sur des tabatières du temps... — l'île des Peupliers, au delà des bassins qui surmontent une grotte factice, sur laquelle l'eau tombe, — quand elle tombe... — Sa description pourrait se lire dans les idylles de Gessner.

Les rochers qu'on rencontre en parcourant les bois sont couverts d'inscriptions poétiques. Ici :

« Sa masse indestructible a fatigué le temps. »

Ailleurs :

« Ce lieu sert de théâtre aux courses valeureuses
Qui signalent du cerf les fureurs amoureuses. »

Ou encore avec un bas-relief représentant des druides qui coupent le *gui* :

Tels furent nos aïeux dans leurs bois solitaires !

Ces vers ronflants me semblent être de Roucher... — Delille les aurait faits moins solides.

M. René de Girardin faisait aussi des vers. — C'était en outre un homme de bien. Je pense qu'on lui doit les vers suivants, sculptés sur une fontaine d'un endroit voisin, que surmontaient un Neptune et une Amphytrite, — légèrement *décolletés*, comme les anges et les saints de Châalis :

Des bords fleuris où j'aimais à répandre
Le plus pur cristal de mes eaux,
Passant, je viens ici me rendre
Aux désirs, aux besoins de l'homme et des troupeaux,

> En puisant les trésors de mon urne féconde,
> Songe que tu les dois à des soins bienfaisants.
> Puissé-je n'abreuver du tribut de mes ondes
> Que des mortels paisibles et contents !

Je ne m'arrête pas à la forme des vers ; — c'est la pensée d'un honnête homme que j'admire. — L'influence de son séjour est profondément sentie dans le pays. Là, ce sont des salles de danse, — où l'on remarque encore le *banc des vieillards ;* là des tirs à l'arc, avec la tribune, d'où l'on distribuait les prix... Au bord des eaux, des temples ronds, à colonnes de marbre, consacrés soit à Vénus génitrice, soit à Hermès consolateur. — Toute cette mythologie avait alors un sens philosophique et profond.

La tombe de Rousseau est restée telle qu'elle était, avec sa forme antique et simple, et les peupliers, effeuillés, accompagnent encore d'une manière pittoresque le monument, qui se reflète dans les eaux dormantes de l'étang. Seulement la barque qui y conduisait les visiteurs est aujourd'hui submergée. Les cygnes, je ne sais pourquoi, au lieu de nager gracieusement autour de l'île, préfèrent se baigner dans un ruisseau d'eau vive, qui coule, dans un rebord, entre des saules aux branches rougeâtres, et qui aboutit à un lavoir situé devant le château.

Nous sommes revenus au château. — C'est encore un bâtiment de l'époque de Henri IV, refait vers Louis XIV, et construit probablement sur des ruines antérieures, — car on a conservé une tour crénelée qui jure avec le reste, et les fondements massifs sont entourés d'eau, avec des poternes et des restes de pont-levis.

Le concierge ne nous a pas permis de visiter les appartements, parce que les maîtres y résidaient. — Les artistes ont plus de bonheur dans les châteaux princiers, dont les hôtes sentent qu'après tout ils doivent quelque chose à la nation.

On nous laissa seulement parcourir les bords du grand lac, dont la vue, à gauche, est dominée par la tour dite de Gabrielle, reste d'un ancien château. Un paysan qui nous accompagnait nous dit : « Voici la tour où était enfermée la belle Gabrielle... Tous les soirs Rousseau venait pincer de la guitare sous sa fenêtre, et le roi, qui était jaloux, le guettait souvent, et a fini par le faire mourir. »

Voilà pourtant comment se forment les légendes. Dans quelques centaines d'années, on croira cela. — Henri IV, Gabrielle et Rousseau, sont les grands souvenirs du pays. On a confondu déjà, — à deux cents ans d'intervalle, — les deux souvenirs, et Rousseau devient peu à peu le contemporain d'Henri IV. Comme la population l'aime, elle suppose que le roi a été jaloux de lui et trahi par sa maîtresse — en faveur de l'homme sympathique aux races souffrantes. Le sentiment qui a dicté cette pensée est peut-être plus vrai qu'on ne croit. — Rousseau, qui a refusé cent louis de madame de Pompadour, — a ruiné profondément l'édifice royal fondé par Henri. Tout a croulé. — Son image immortelle demeure debout sur les ruines.

Quant à ses chansons, dont nous avons vu les dernières à Compiègne, elles célébraient d'autres que Gabrielle. Mais le type de la beauté n'est-il pas éternel comme le génie ?

En sortant du parc, nous nous sommes dirigés vers l'église, située sur la hauteur. Elle est fort ancienne, mais moins remarquable que la plupart de celles du pays. Le cimetière était ouvert ; nous y avons vu principalement le tombeau de de Vic, — ancien compagnon d'armes de Henri IV, — qui lui avait fait présent du domaine d'Ermenonville. C'est un tombeau de famille dont la légende s'arrête à un abbé. — Il reste ensuite des filles qui s'unissent à des bourgeois. — Tel a été le sort de la plupart des anciennes maisons. Deux tombes plates d'abbés, très-vieilles, dont il est difficile de déchiffrer les légendes, se voient encore près de la terrasse. Puis, près d'une allée, une pierre simple sur laquelle on trouve inscrit : Ci-gît *Almazor*. Est-ce un fou? — est-ce un laquais? — est-ce un chien? La pierre ne dit rien de plus.

Du haut de la terrasse du cimetière, la vue s'étend sur la plus belle partie de la contrée ; les eaux miroitent à travers les grands arbres roux, les pins et les chênes verts. Les grès du désert prennent à gauche un aspect druidique. La tombe de Rousseau se dessine à droite, et, plus loin, sur le bord, le temple de marbre d'une déesse absente, — qui doit être la Vérité.

Ce dut être un beau jour que celui où une députation, envoyée par l'Assemblée nationale, vint chercher les cendres du philosophe pour les transporter au Panthéon. — Lorsqu'on parcourt le village, on est étonné de la fraîcheur et de la grâce des petites filles ; — avec leurs grands chapeaux de paille, elles ont l'air de Suissesses... Les idées sur l'éducation de l'auteur d'*Émile* semblent avoir été suivies ; les exercices de force et d'adresse, la danse, les travaux de précision, encouragés par des fondations diverses, ont donné sans doute à cette jeunesse la santé, la vigueur et l'intelligence des choses utiles.

XIII

VER

J'aime beaucoup cette chaussée, — dont j'avais conservé un souvenir d'enfance, — et qui, passant devant le château, rejoint les deux parties du village, ayant quatre tours basses à ses deux extrémités.

Sylvain me dit :

— Nous avons vu la tombe de Rousseau ; il faudrait maintenant gagner Dammartin. Nous allons nous informer du chemin aux laveuses qui travaillent devant le château.

— Allez tout droit par la route à gauche, nous dirent-elles, ou également par la droite... Vous arriverez, soit à *Ver*, soit à *Ève*, — vous passerez par *Othis*, et, en deux heures de marche, vous serez à Dammartin.

Ces jeunes filles fallacieuses nous firent faire une route bien étrange ; — il faut ajouter qu'il pleuvait.

— Les premiers que nous rencontrerons dans le bois, dit Sylvain (avec plus de raison que de français), nous les consulterons encore...

La route était fort dégradée, avec des ornières pleines d'eau, qu'il fallait éviter en marchant sur les gazons. D'énormes chardons, qui nous venaient à la poitrine, — chardons à demi gelés, mais encore vivaces, nous arrêtaient quelquefois.

Ayant fait une lieue, nous comprîmes que, ne voyant

ni *Ver*, ni *Ève*, ni *Othis*, ni seulement la plaine, nous pouvions nous être fourvoyés.

Une éclaircie se manifesta tout à coup à notre droite, — quelqu'une de ces coupes sombres qui éclaircissent singulièrement les forêts...

Nous aperçûmes une hutte fortement construite en branches rechampies de terre, avec un toit de chaume tout à fait primitif. Un bûcheron fumait sa pipe devant la porte.

— Pour aller à Ver ?...

— Vous en êtes bien loin... En suivant la route, vous arriverez à Montaby.

— Nous demandons Ver où Ève...

— Eh bien ! vous allez retourner... vous ferez une demi-lieue (on peut traduire cela, si l'on veut, en mètres, à cause de la loi), puis, arrivés à la place où l'on tire l'arc, vous prendrez à droite. Vous sortirez des bois, vous trouverez la plaine, et ensuite *tout le monde* vous indiquera **Ver**.

Nous avons retrouvé la place du tir, avec sa tribune et son hémicycle destiné aux sept vieillards. Puis nous nous sommes engagés dans un sentier, qui doit être fort beau quand les arbres sont verts. Nous chantions encore, pour aider la marche et peupler la solitude, une chanson du pays, qui a dû bien des fois réjouir les compagnons :

> Après ma journée faite... — Je m'en fus promener !
> — En mon chemin rencontre — Une fille à mon gré. —
> Je la pris par sa main blanche... — Dans les bois, je l'ai menée.
>
> Quand elle fut dans les bois... — Elle se mit à pleurer. — « Ah ! qu'avez-vous la belle ?... — Qu'avez-vous à pleurer ? » — « Je pleure mon innocence... — Que vous me l'allez ôter ! »

« Ne pleurez pas tant, la belle... — Je vous la laisserai. » — Je la pris par sa main blanche, — Dans les champs je l'ai menée. — Quand elle fut dans les champs... — Elle se mit à chanter.

« Ah! qu'avez-vous, la belle? — Qu'avez-vous à chanter? » — « Je chante votre bêtise — De me laisser aller : — Quand on tenait la poule, — Il fallait la plumer, » etc.

La route se prolongeait comme le diable, et l'on ne sait trop jusqu'où le diable se prolonge. — Sylvain m'apprit encore une fort jolie chanson, qui remonte évidemment à l'époque de la Régence :

Y avait dix filles dans un pré, — Toutes les dix à marier, — Y avait Dine, — Y avait Chine, — Y avait Suzette et Martine. — Ah! ah! Catherinette et Catherina!

Y avait la jeune Lison, — La comtesse de Montbazon, Y avait Madeleine, — Et puis la Dumaine !

Vous voyez, mon ami, que c'est là une chanson qu'il est bien difficile de faire rentrer dans les règles de la prosodie.

Toutes les dix à marier. — Le fils du roi vint à passer, — R'garda Dine, — R'garda Chine, — R'garda Suzette et Martine. — Ah! ah! Cath'rinette et Cath'rina!

R'garda la jeune Lison, — la comtesse de Montbazon, — R'garda Madeleine, — Sourit à la Dumaine.

La suite est la répétition de tous ces noms et l'augmentation progressive des galanteries de la fin.

« Puis il nous a saluées. — Salut, Dine, — Salut, Chine, etc. — Sourire à la Dumaine.

« Et puis il nous a donné. — Bague à Dine, — Bague à Chine, etc., — Diamant à la Dumaine.

« Puis il nous mena souper. — Pomme à Dine, etc., — Diamant à la Dumaine.

« Puis, il nous fallut coucher. — Paille à Dine, paille à Chine, — Bon lit à la Dumaine.

« Puis il nous a renvoyées. — Renvoie Dine, etc., — Garda la Dumaine ! »

Quelle folie galante que cette ronde, et qu'il est impossible d'en rendre la grâce à la fois aristocratique et populaire ! Heureuse Dumaine ! heureux fils du roi ! — Louis XV enfant, peut-être.

Au sortir de la forêt, nous nous sommes trouvés dans les terres labourées. Nous emportions beaucoup de notre patrie à la semelle de nos souliers ; — mais nous finissions par la rendre plus loin dans les prairies... Enfin, nous sommes arrivés à Ver. — C'est un gros bourg.

L'hôtesse était aimable et sa fille fort avenante, — ayant de beaux cheveux châtains, une figure régulière et douce, et ce *parler* si charmant des pays de brouillard, qui donne aux plus jeunes filles des intonations de *contralto*, par moments.

— Vous voilà, mes enfants, dit l'hôtesse... Eh bien ! on va mettre un fagot dans le feu !

— Nous vous demandons à souper, sans indiscrétion.

— Voulez-vous, dit l'hôtesse, qu'on vous fasse d'abord une soupe à l'oignon ?

— Cela ne peut pas faire de mal ; et ensuite ?

— Ensuite, il y a aussi *de la chasse*.

Nous vîmes là que nous étions bien tombés.

Le souper terminé, nous avons erré un peu dans le hameau. Tout était sombre, hors une seule maison, ou plutôt une grange, où des éclats de rire bruyants nous appelèrent. Sylvain fut reconnu, et l'on nous invita à prendre place sur un tas de chenevottes. Les uns faisaient du filet, les autres des nasses ou des paniers. — C'est que nous sommes dans un pays de petites rivières et d'étangs. J'entendis là cette chanson :

> La belle était assise — Près du ruisseau coulant, — Et dans l'eau qui frétille — Baignait ses beaux pieds blancs :
> — « Allons, ma mie, légèrement. »

Voici encore un couplet en assonances, et vous voyez qu'il est charmant, mais je ne puis vous faire entendre l'air. On dirait un de ceux de Charles d'Orléans, que Perne et Choron nous ont traduits en notation moderne. — Il s'agit dans cette ballade d'un jeune seigneur qui rencontre une paysanne, et qui est parvenu à la séduire. — Sur le bord du ruisseau, tous deux raisonnent sur le sort de l'enfant probable qui sera le résultat de leur amour. — Le seigneur dit :

> « En ferons-nous un prêtre, — Ou bien un président? »

On sent bien ici qu'il est impossible de faire autre chose d'un enfant produit, à cette époque, dans de telles conditions. Mais la jeune fille a du cœur, malgré son imprudence, et, renonçant pour son fils aux avantages d'une position mixte, elle répond :

> « Nous n'en ferons un prêtre, — Non plus un président. — Nous lui mettrons la hotte, — Et trois oignons dedans. »

> « Il s'en ira criant : Qui veut mes oignons blancs? »
> — « Allons, ma mie, légèrement ! — Légèrement, légèrement ! »

En voilà encore une qui ne sera pas recueillie par le comité des chants nationaux, et cependant qu'elle est jolie! Elle peint même les mœurs d'une époque. — Il n'en est pas de même de celle-ci, qui ne décrit que des mœurs générales :

> Ah! qu'y fait donc bon! — Qu'y fait donc bon — Garder les vaches — Dans l'paquis aux bœufs, — Quand on est deux. — Quand on est quatre, — On s'embarrasse. — Quand on est deux, — Ça vaut bien mieux!

Qu'elle est nature, celle-là, et que c'est bien la chanson d'un berger!... Mais on la connaît par les Mémoires de Dumas; — c'est, en effet, une chanson des environs de Villers-Cotterets, où il a été élevé.

Citons pourtant les vers que dit le berger à la jeune Isabeau :

> « Ton p'tit mollet rond — Passe sous ton jupon... — T'as quinze ans passés. — On le voit bien assez! »

C'est de l'idylle antique, et l'air est charmant.

LA REINE DES POISSONS

« Il y avait dans la province du Valois, auprès des bois de Villers-Cotterets, un petit garçon et une petite fille qui se rencontraient de temps en temps sur les bords des petites rivières du pays : l'un, obligé par un bûcheron, nommé Tord-Chêne, qui était son oncle, d'aller ramasser du bois mort ; l'autre, envoyée par ses parents pour saisir de petites anguilles que la baisse des eaux permet d'entrevoir dans la vase en certaines saisons. Elle devait encore, faute de mieux, atteindre les écrevisses, très-nombreuses en quelques endroits.

« Mais la pauvre petite fille, toujours courbée et les pieds dans l'eau, était si compatissante pour les souffrances des animaux, que, le plus souvent, voyant les contorsions des poissons qu'elle tirait de la rivière, elle les y remettait et ne rapportait guère que les écrevisses, qui souvent lui pinçaient les doigts jusqu'au sang, et pour lesquelles elle devenait alors moins indulgente.

« Le petit garçon, de son côté, faisant des fagots de bois

mort et des bottes de bruyères, se voyait exposé souvent aux reproches de Tord-Chêne, soit parce qu'il n'en avait pas assez rapporté, soit parce qu'il s'était trop occupé à causer avec la petite pêcheuse.

« Il y avait un certain jour dans la semaine où ces deux enfants ne se rencontraient jamais... Le même, sans doute, où la fée Mélusine se changeait en poisson et où les princesses de l'Edda se transformaient en cygnes.

« Le lendemain d'un de ces jours-là, le petit bûcheron dit à la pêcheuse :

« — Te souviens-tu qu'hier je t'ai vue passer là-bas dans les eaux de Challepont, avec tous les poissons qui te faisaient cortége... jusqu'aux carpes et aux brochets ; et tu étais toi-même un beau poisson rouge, avec les côtés tout reluisants d'écailles en or ?

« — Je m'en souviens bien, dit la petite fille, puisque je t'ai vu, toi, qui étais sur le bord de l'eau, et que tu ressemblais à un beau chêne vert, dont les branches d'en haut étaient d'or fin, et que tous les arbres du bois se courbaient jusqu'à terre en te saluant.

« — C'est vrai, dit le petit garçon, j'ai rêvé cela.

« — Et moi aussi, j'ai rêvé ce que tu m'as dit ; mais comment nous sommes-nous rencontrés tous deux dans le rêve ?...

« En ce moment, l'entretien fut interrompu par l'apparition de Tord-Chêne, qui frappa le petit avec un gros gourdin, en lui reprochant de n'avoir pas seulement lié encore un fagot.

« — Et puis, ajouta-t-il, est-ce que je ne t'ai pas recommandé de tordre les branches qui cèdent facilement et de les ajouter à tes fagots ?

« — C'est que, dit le petit, le garde me mettrait en prison s'il trouvait dans mes fagots du bois vivant... et puis, quand j'ai voulu le faire, comme vous me l'aviez dit, j'entendis l'arbre qui se plaignait !

« — C'est comme moi, dit la petite fille, quand j'emporte des poissons dans mon panier, je les entends qui chantent si tristement, que je les rejette dans l'eau... Alors on me bat chez nous.

« — Tais-toi, petit masque! dit Tord-Chêne, qui paraissait animé par la boisson, tu déranges mon neveu de son travail. Je te connais bien avec tes dents pointues, couleur de perle... Tu es la reine des poissons ! Mais je saurai bien te prendre à un certain jour de la semaine, et tu périras dans l'osier... dans l'osier !

« Les menaces que Tord-Chêne avait faites dans son ivresse ne tardèrent pas à s'accomplir. La petite fille se trouva pêchée sous la forme de poisson rouge, que le destin l'obligeait à prendre à de certains jours. Heureusement, lorsque Tord-Chêne voulut, en se faisant aider de son neveu, tirer de l'eau la nasse d'osier, ce dernier reconnut le beau poisson rouge à écailles d'or, qu'il avait vu en rêve, comme étant la transformation accidentelle de la petite pêcheuse.

« Il osa la défendre contre Tord-Chêne et le frappa même de sa galoche. Ce dernier, furieux, le prit par les cheveux, cherchant à le renverser ; mais il s'étonna de trouver une grande résistance : c'est que l'enfant tenait des pieds à la terre avec tant de force, que son oncle ne pouvait venir à bout de le renverser ou de l'emporter, et le faisait en vain virer dans tous les sens.

« Au moment où la résistance de l'enfant allait se trouver vaincue, les arbres de la forêt frémirent d'un bruit sourd ; les branches agitées laissèrent siffler les vents, et la tempête fit reculer Tord-Chêne, qui se retira dans sa cabane de bûcheron.

« Il en sortit bientôt menaçant, terrible et transfiguré comme un fils d'Odin ; dans sa main brillait cette hache scandinave qui menace les arbres, pareille au marteau de Thor brisant les rochers.

« Le jeune prince des forêts, victime de Tord-Chêne, — son oncle, usurpateur, — savait déjà quel était son rang, qu'on voulait lui cacher. Les arbres le protégeaient, mais seulement par leur masse et leur résistance passive...

« En vain les broussailles et les bourgeons s'entrelaçaient de tous côtés pour arrêter les pas de Tord-Chêne; celui-ci avait appelé ses bûcherons et se traçait un chemin à travers ces obstacles. Déjà plusieurs arbres, autrefois sacrés, du temps des vieux druides, étaient tombés sous les haches et les cognées.

« Heureusement la reine des poissons n'avait pas perdu de temps. Elle était allée se jeter aux pieds de la Marne, de l'Aisne et de l'Oise, les trois grandes rivières voisines, leur représentant que, si l'on n'arrêtait pas les projets de Tord-Chêne et de ses compagnons, les forêts, trop éclaircies, n'arrêteraient plus les vapeurs qui produisent les pluies, et qui fournissent l'eau aux ruisseaux, aux rivières et aux étangs ; que les sources elles-mêmes seraient taries et ne feraient plus jaillir l'eau nécessaire à alimenter les rivières ; sans compter que tous les poissons se verraient détruits en très-peu de temps, ainsi que les bêtes sauvages et les oiseaux.

« Les trois grandes rivières prirent là-dessus de tels arrangements, que le sol où Tord-Chêne, avec ses terribles bûcherons, travaillait à la destruction des arbres, — sans toutefois avoir pu atteindre encore le jeune prince des forêts, — fut entièrement noyé par une immense inondation, qui ne se retira qu'après la destruction entière des agresseurs.

« Ce fut alors que le prince des forêts et la reine des poissons purent de nouveau reprendre leurs innocents entretiens.

« Ce n'étaient plus un petit bûcheron et une petite pêcheuse, — mais un sylphe et une ondine, lesquels plus tard furent unis légitimement. »

Je ne fais que rédiger cette jolie légende, et je regrette de n'être pas resté assez longtemps dans le pays pour en écouter d'autres. Il est temps, d'ailleurs, de mettre fin à ce vagabondage poétique, que nous reprendrons plus tard sur un autre terrain.

LA MAIN ENCHANTÉE

I

LA PLACE DAUPHINE

Rien n'est beau comme ces maisons du siècle dix-septième dont la place Royale offre une si majestueuse réunion. Quand leurs faces de briques, entremêlées et encadrées de cordons et de coins de pierre, et quand leurs fenêtres hautes sont enflammées des rayons splendides du couchant, vous vous sentez à les voir la même vénération que devant une cour des parlements assemblée en robes rouges à revers d'hermine; et, si ce n'était un puéril rapprochement, on pourrait dire que la longue table verte où ces redoutables magistrats sont rangés en carré figure un peu ce bandeau de tilleuls qui borde les quatre faces de la place Royale et en complète la grave harmonie.

Il est une autre place dans la ville de Paris qui ne cause

pas moins de satisfaction par sa régularité et son ordonnance, et qui est en triangle à peu près ce que l'autre est en carré. Elle a été bâtie sous le règne de Henri le Grand, qui la nomma *place Dauphine*, et l'on admira alors le peu de temps qu'il fallut à ses bâtiments pour couvrir tout le terrain vague de l'île de la Gourdaine. Ce fut un cruel déplaisir que l'envahissement de ce terrain pour les clercs qui venaient s'y ébattre à grand bruit, et pour les avocats qui venaient y méditer leurs plaidoyers : promenade si verte et si fleurie, au sortir de l'infecte cour du Palais.

A peine ces trois rangées de maisons furent-elles dressées sur leurs portiques lourds, chargés et sillonnés de bossages et de refends ; à peine furent-elles revêtues de leurs briques, percées de leurs croisées à balustres, et chaperonnées de leurs combles massifs, que la nation des gens de justice envahit la place entière, chacun suivant son grade et ses moyens, c'est-à-dire en raison inverse de l'élévation des étages. Cela devint une sorte de cour des miracles au grand pied, une truanderie de larrons privilégiés, repaire de la gent *chiquanouse*, comme les autres de la gent argotique ; celui-ci en brique et en pierre, les autres en boue et en bois.

Dans une de ces maisons composant la place Dauphine habitait, vers les dernières années du règne de Henri le Grand, un personnage assez remarquable, ayant pour nom Godinot Chevassut, et pour titre lieutenant civil du prévôt de Paris ; charge bien lucrative et pénible à la fois en ce siècle où les larrons étaient beaucoup plus nombreux qu'ils ne sont aujourd'hui, tant la probité a diminué depuis dans notre pays de France ! et où le nombre des filles folles de leur corps était beaucoup plus considérable, tant nos mœurs se sont dépravées ! — L'humanité ne changeant guère, on peut dire, comme un vieil auteur, que moins il y a de fripons aux galères, plus il y en a dehors.

Il faut bien dire aussi que les larrons de ce temps-là étaient moins ignobles que ceux du nôtre, et que ce misérable métier était alors une sorte d'art que des jeunes gens de famille ne dédaignaient pas d'exercer. Bien des capacités refoulées au dehors et aux pieds d'une société de barrières et de priviléges se développaient fortement dans ce sens; ennemis plus dangereux aux particuliers qu'à l'État, dont la machine eût peut-être éclaté sans cet échappement. Aussi, sans nul doute, la justice d'alors usait-elle de ménagements envers les larrons distingués; et personne n'exerçait plus volontiers cette tolérance que notre lieutenant civil de la place Dauphine, pour des raisons que vous connaîtrez. En revanche, nul n'était plus sévère pour les maladroits: ceux-là payaient pour les autres, et garnissaient les gibets dont Paris alors était ombragé, suivant l'expression de d'Aubigné, à la grande satisfaction des bourgeois, qui n'en étaient que mieux volés, et au grand perfectionnement de l'art de la *truche*.

Godinot Chevassut était un petit homme replet qui commençait à grisonner et y prenait grand plaisir, contre l'ordinaire des vieillards, parce qu'en blanchissant ses cheveux devaient perdre nécessairement le ton un peu chaud qu'ils avaient de naissance, ce qui lui avait valu le nom désagréable de *Rousseau*, que ses connaissances substituaient au sien propre, comme plus aisé à prononcer et à retenir. Il avait ensuite des yeux bigles très-éveillés, quoique toujours à demi fermés sous leurs épais sourcils, avec une bouche assez fendue, comme les gens qui aiment à rire. Et cependant, bien que ses traits eussent un air de malice presque continuel, on ne l'entendait jamais rire à grands éclats, et, comme disent nos pères, rire d'un pied en carré ; seulement, toutes les fois qu'il lui échappait quelque chose de plaisant, il le ponctuait à la fin d'un *ha!* on d'un *ho!* poussé du fond des poumons, mais unique et d'un effet singulier ; et cela arrivait assez fréquemment, car notre magistrat aimait à hérisser sa conversation de pointes, d'équivoques et de propos gaillards, qu'il ne retenait pas même au tribunal. Du reste, c'était un usage général des gens de robe de ce temps, qui a passé aujourd'hui presque entièrement à ceux de la province.

Pour l'achever de peindre, il faudrait lui planter à l'endroit ordinaire un nez long et carré du bout, et puis des oreilles assez petites, non bordées, et d'une finesse d'organe à entendre sonner un quart d'écu d'un quart de lieue, et une pistole de bien plus loin. C'est à ce propos que, certain plaideur ayant demandé si M. le lieutenant civil n'avait pas quelques amis qu'on pût solliciter et employer auprès de lui, on lui répondit qu'en effet il y avait des amis dont le *Rousseau* faisait grand état ; que c'était, entre autres, monseigneur le Doublon, messire le Ducat, et même monsieur l'Écu ; qu'il fallait en faire agir plusieurs ensemble, et que l'on pouvait s'assurer d'être chaudement servi.

II

D'UNE IDÉE FIXE

Il est des gens qui ont plus de sympathie pour telle ou telle grande qualité, telle ou telle vertu singulière. L'un fait plus d'estime de la magnanimité et du courage guerrier, et ne se plaît qu'au récit des beaux faits d'armes ; un autre place au-dessus de tout le génie et les inventions des arts, des lettres ou de la science ; d'autres sont plus touchés de la générosité et des actions vertueuses par où l'on secourt ses semblables et l'on se dévoue pour leur salut, chacun suivant sa pente naturelle. Mais le sentiment particulier de Godinot Chevassut était le même que celui du savant Charles neuvième, à savoir, que l'on ne peut établir aucune qualité au-dessus de l'esprit et de l'adresse, et que les gens qui en sont pourvus sont les seuls dignes en ce monde d'être admirés et honorés ; et nulle part il ne trouvait ces qualités plus brillantes et mieux développées que chez la grande nation des tire-laine, matois, coupeurs de bourse et bohèmes, dont la *vie généreuse* et les tours singuliers se déroulaient tous les jours devant lui avec une variété inépuisable.

Son héros favori était maître François Villon, Parisien, célèbre dans l'art poétique autant que dans l'art de la pince et du croc ; aussi l'*Iliade* avec l'*Énéide*, et le roman non moins admirable de Huon de Bordeaux, il les eût donnés pour le poëme des *Repues franches*, et même encore pour la *Légende de maître Faifeu*, qui sont les épopées versifiées de la nation truande ! Les *Illustrations de Dubellay, Aristoteles peripoliticon* et le *Cymbalum mundi* lui paraissaient bien faibles à côté du *Jargon, suivi des États généraux du royaume de l'Argot*, et des *Dialogues du polisson et du malingreux, par un courtaud de boutanche, qui maquille en mollanche en la vergne de Tours*, et imprimé avec autorisation du *roi de Thunes*, Fiacre l'emballeur ; Tours, 1603. Et, comme naturellement ceux qui font cas d'une certaine vertu ont le plus grand mépris pour le défaut contraire, il n'était pas de gens qui lui fussent si odieux que les personnes simples, d'entendement épais et d'esprit peu compliqué. Cela allait au point qu'il eût voulu changer entièrement la distribution de la justice, et que, lorsqu'il se découvrait quelque larronnerie grave, on pendît non point le voleur, mais le volé. C'était une idée ; c'était la sienne. Il pensait y voir le seul moyen de hâter l'émancipation intellectuelle du peuple, et de faire arriver les hommes du siècle à un progrès suprême d'esprit, d'adresse et d'invention, qu'il disait être la vraie couronne de l'humanité et la perfection la plus agréable à Dieu.

Voilà pour la morale. Et quant à la politique, il lui était démontré que le vol organisé sur une grande échelle favorisait plus que toute chose la division des grandes fortunes et la circulation des moindres, d'où seulement peuvent résulter pour les classes inférieures le bien-être et l'affranchissement.

Vous entendez bien que c'était seulement la bonne et double piperie qui le ravissait, les subtilités et patelinages des vrais clercs de Saint-Nicolas, les vieux tours de maître Gonin, conservés depuis deux cents ans dans le sel et dans l'esprit ; et que Villon, le villonneur, était son compère, et non point des routiers tels que les Guilleris ou le capitaine Carrefour. Certes, le scélérat qui, planté sur une grande route, dépouille brutalement un voyageur désarmé, lui était aussi en horreur qu'à tous les bons esprits, de même que ceux qui, sans autre effort d'imagination, pénètrent avec effraction dans quelque maison isolée, la pillent, et souvent en égorgent les maîtres. Mais s'il eût connu ce trait d'un larron distingué qui, perçant une muraille pour s'introduire dans un logis, prit soin de figurer son ouverture en un trèfle gothique, pour que le lendemain, s'apercevant du vol, on vît bien qu'un homme de goût et d'art l'avait exécuté, certes, maître Godinot Chevassu eût estimé celui-là beaucoup plus haut que Bertrand de Clasquin ou l'empereur César ; et c'est peu dire.

III

LES GRÈGUES DU MAGISTRAT

Tout ceci étant déduit, je crois qu'il est l'heure de tirer la toile et, suivant l'usage de nos anciennes comédies, de donner un coup de pied par derrière à mons le Prologue, qui devient outrageusement prolixe, au point que les chandelles ont été déjà trois fois mouchées depuis son exorde. Qu'il se hâte donc de terminer, comme Bruscambille, en conjurant les spectateurs « de nettoyer les imperfections de son dire avec les époussettes de leur humanité, et de recevoir un clystère d'excuses aux intestins de leur impatience » ; et voilà qui est dit, et l'action va commencer.

C'est dans une assez grande salle, sombre et boisée. Le vieux magistrat, assis dans un large fauteuil sculpté, à pieds tortus, dont le dossier est vêtu de sa chemisette de damas à franges, essaye une paire de grègues bouffantes toutes neuves que lui vient d'apporter Eustache Bouteroue, apprenti de maître Goubard, drapier-chaussetier. Maître Chevassut, en nouant ses aiguillettes, se lève et se rassied successivement, adressant par intervalles la parole au jeune homme, qui, roide comme un saint de pierre, a pris place, d'après son invitation, sur le coin d'un escabeau, et qui le regarde avec hésitation et timidité.

— Hum! celles-là ont fait leur temps! dit-il en poussant du pied les vieilles grègues qu'il venait de quitter; elles montraient la corde comme une ordonnance prohibitive de la prévôté; et puis, tous les morceaux se disaient adieu... un adieu déchirant!

Le facétieux magistrat releva cependant encore l'ancien *vêtement nécessaire* pour y prendre sa bourse, dont il répandit quelques pièces dans sa main.

— Il est sûr, poursuivit-il, que nous autres gens de loi faisons de nos vêtements un très-durable usage, à cause de la robe sous laquelle nous les portons aussi longtemps que le tissu résiste et que les coutures gardent leur sérieux; c'est pourquoi, et comme il faut que chacun vive, même les voleurs, et partant les drapiers-chaussetiers, je ne réduirai rien des six écus que maître Goubard me demande; à quoi même j'ajoute généreusement un écu rogné pour le courtaud de boutique, sous la condition qu'il ne le changera pas au rabais, mais le fera passer pour bon à quelque belître de bourgeois, déployant, à cet effet, toutes les ressources de son esprit; sans cela, je garde ledit écu pour la quête de demain dimanche à Notre-Dame.

Eustache Bouteroue prit les six écus et l'écu rogné, en saluant bien bas.

— Ça, mon gars, commence-t-on à *mordre* à la draperie? Sait-on bien gagner sur l'aunage, sur la coupe, et *couler* au chaland du vieux pour du neuf, du puce pour du noir?... soutenir enfin la vieille réputation des marchands aux pilliers des Hales?

Eustache leva les yeux vers le magistrat avec quelque

terreur; puis, supposant qu'il plaisantait, se mit à rire;
mais le magistrat ne plaisantait pas.

— Je n'aime point, ajouta-t-il, la larronnerie des marchands; le voleur vole et ne trompe pas; le marchand vole et trompe. Un bon compagnon, affilé du bec et sachant son latin, achète une paire de grègues; il débat longtemps son prix et finit par la payer six écus. Vient ensuite quelque honnête chrétien, de ceux que les uns appellent *gonze*, les autres un *bon chaland* ; s'il arrive qu'il prenne une paire de grègues exactement pareille à l'autre, et que, confiant au chaussetier, qui jure de sa probité par la Vierge et les saints, il la paye huit écus, je ne le plaindrai pas, car c'est un sot. Mais, pendant que le marchand, comptant les deux sommes qu'il a reçues, prend dans sa main et fait sonner avec satisfaction les deux écus qui sont la différence de la seconde à la première, passe devant sa boutique un pauvre homme qu'on mène aux galères pour avoir tiré d'une poche quelque sale mouchoir troué : — Voici un grand scélérat, s'écrie le marchand; si la justice était juste, le gredin serait roué vif, et j'irais le voir, poursuit-il, tenant toujours dans sa main les deux écus... Eustache, que penses-tu qu'il arriverait si, selon le vœu du marchand, la justice était juste?

Eustache Bouteroue ne riait plus; le paradoxe était trop inouï pour qu'il songeât à y répondre, et la bouche d'où il sortait le rendait presque inquiétant. Maître Chevassut, voyant le jeune homme ébahi comme un loup pris au piége, se mit à rire avec son rire particulier, lui donna une tape légère sur la joue, et le congédia. Eustache descendit tout pensif l'escalier à balustre de pierre, quoiqu'il entendît de loin, dans la cour du Palais, la trompette de Galinette la Galine, bouffon du célèbre opérateur Geronimo, qui appelait les badauds à ses facéties et à l'achat des drogues de son maître; il y fut sourd cette fois, et se mit en devoir de traverser le pont Neuf pour gagner le quartier des Halles.

IV

LE PONT NEUF

Le pont Neuf, achevé sous Henri IV, est le principal monument de ce règne. Rien ne ressemble à l'enthousiasme que sa vue excita, lorsque, après de grands travaux, il eut entièrement traversé la Seine de ses douze enjambées, et rejoint plus étroitement les trois cités de la maîtresse ville.

Aussi devint-il bientôt le rendez-vous de tous les oisifs parisiens, dont le nombre est grand, et partant, de tous les jongleurs, vendeurs d'onguents et filous, dont les métiers sont mis en branle par la foule, comme un moulin par un courant d'eau.

Quand Eustache sortit du triangle de la place Dauphine, le soleil dardait à plomb ses rayons poudreux sur le pont, et l'affluence y était grande, les promenades les plus fréquentées de toutes à Paris étant d'ordinaire celles qui ne sont fleuries que d'étalages, terrassées que de pavés, ombragées que de murailles et de maisons.

Eustache fendait à grand'peine ce fleuve de peuple qui croisait l'autre fleuve et s'écoulait avec lenteur d'un bout à l'autre du pont, arrêté du moindre obstacle, comme des glaçons que l'eau charrie, formant de place en place mille tournants et mille remous autour de quelques escamoteurs, chanteurs ou marchands prônant leurs denrées. Beaucoup s'arrêtaient le long des parapets à voir passer les trains de bois sous les arches, circuler les bateaux, ou bien à contempler le magnifique point de vue qu'offrait la Seine en aval du pont, la Seine côtoyant à droite la longue file des bâtiments du Louvre, à gauche le grand Pré-aux-Clercs, rayé de ses belles allées de tilleuls, encadré de ses saules gris ébouriffés et de ses saules verts pleurant dans l'eau; puis, sur chaque bord, la tour de Nesle et la tour du Bois, qui semblaient faire sentinelle aux portes de Paris comme les géants des romans anciens.

Tout à coup un grand bruit de pétards fit tourner vers un point unique les yeux des promeneurs et des observateurs, et annonça un spectacle digne de fixer l'attention. C'était au centre d'une de ces petites plates-formes en demi-lune, surmontées naguère encore de boutiques en pierre, et qui formaient alors des espaces vides au-dessus de chaque pile du pont, et en dehors de la chaussée. Un escamoteur s'y était établi; il avait dressé une table, et sur cette table se promenait un fort beau singe, en costume complet de diable, noir et rouge, avec la queue naturelle, et qui, sans la moindre timidité, tirait force pétards et soleils d'artifice, au grand dommage de toutes les barbes et les fraises qui n'avaient pas élargi le cercle assez vite.

Pour son maître, c'était une de ces figures du type bohémien, commun cent ans avant, déjà rare alors, et aujourd'hui noyé et perdu dans la laideur et l'insignifiance de nos têtes bourgeoises : un profil en fer de hache, front élevé mais étroit, nez très-long et très-bossu, et cependant ne surplombant pas comme les nez romains, mais fort retroussé au contraire, et dépassant à peine de sa pointe la bouche aux lèvres minces très-avancées, et le menton rentré ; puis des yeux longs et fendus obliquement sous leurs sourcils, dessinés comme un V, et de longs cheveux noirs complétant l'ensemble ; enfin, quelque chose de souple et de dégagé dans les gestes et dans toute l'attitude du corps témoignait un drôle adroit de ses membres et brisé de bonne heure à plusieurs métiers et à beaucoup d'autres.

Son habillement était un vieux costume de bouffon, qu'il portait avec dignité ; sa coiffure, un grand chapeau de feutre à larges bords, extrêmement froissé et recoquevillé ; maître Gonin était le nom que tout le monde lui donnait, soit à cause de son habileté et de ses tours d'adresse, soit qu'il descendît effectivement de ce fameux jongleur qui fonda, sous Charles VII, le théâtre des Enfants-sans-Souci et porta le premier le titre de Prince des Sots, lequel, à l'époque de cette histoire, avait passé au seigneur d'Engoulevent, qui en soutint les prérogatives souveraines jusque devant les parlements.

V

LA BONNE AVENTURE

L'escamoteur, voyant amassé un assez bon nombre de gens, commença quelques tours de gobelets qui excitèrent une bruyante admiration. Il est vrai que le compère avait choisi sa place dans la demi-lune avec quelque dessein, et non pas seulement en vue de ne point gêner la circulation, comme il paraissait; car de cette façon il n'avait les spectateurs que devant lui et non derrière.

C'est que véritablement l'art n'était pas alors ce qu'il est devenu aujourd'hui, où l'escamoteur travaille entouré de son public. Les tours de gobelets terminés, le singe fit une tournée dans la foule, recueillant force monnaie, dont il remerciait très-galamment, en accompagnant son salut d'un petit cri assez semblable à celui du grillon. Mais les tours de gobelets n'étaient que le prélude d'autre chose, et par un prologue fort bien tourné, le nouveau maître Gonin annonça qu'il avait en outre le talent de prédire l'avenir par la cartomancie, la chiromancie, et les nombres pythagoriques; ce qui ne pouvait se payer, mais qu'il ferait pour un sol, dans la seule vue d'obliger. En disant cela, il battait un grand jeu de cartes, et son singe, qu'il nommait Pacolet, les distribua ensuite avec beaucoup d'intelligence à tous ceux qui tendirent la main.

Quand il eut satisfait à toutes les demandes, son maître appela successivement les curieux dans la demi-lune par le nom de leurs cartes, et leur prédit à chacun leur bonne ou mauvaise fortune, tandis que Pacolet, à qui il avait donné un oignon pour loyer de son service, amusait la compagnie par les contorsions que ce régal lui occasionnait, enchanté à la fois et malheureux, riant de la bouche et pleurant de l'œil, faisant à chaque coup de dent un grognement de joie et une grimace pitoyable.

Eustache Bouteroue, qui avait pris une carte aussi, se trouva le dernier appelé. Maître Gonin regarda avec attention sa longue et naïve figure, et lui adressa la parole d'un ton emphatique.

— Voici le passé : vous avez perdu père et mère ; vous êtes depuis six ans apprenti drapier sous les piliers des Halles. Voici le présent : votre patron vous a promis sa fille unique ; il compte se retirer et vous laisser son commerce. Pour l'avenir, tendez-moi votre main.

Eustache, très-étonné, tendit sa main ; l'escamoteur en examina curieusement les lignes, fronça le sourcil avec un air d'hésitation, et appela son singe comme pour le consulter. Celui-ci prit la main, la regarda, puis s'allant poster sur l'épaule de son maître, sembla lui parler à l'oreille ; mais il agitait seulement ses lèvres très-vite, comme font ces animaux lorsqu'ils sont mécontents.

— Chose bizarre! s'écria enfin maître Gonin, qu'une existence si simple dès l'abord, si bourgeoise, tende vers une transformation si peu commune, vers un but si élevé!... Ah! mon jeune coquardeau, vous romprez votre coque ; vous irez haut, très-haut... vous mourrez plus grand que vous n'êtes.

— Bon! dit Eustache en soi-même, c'est ce que ces gens-là vous promettent toujours. Mais comment donc sait-il les choses qu'il m'a dites en premier? Cela est merveilleux!... à moins toutefois qu'il ne me connaisse de quelque part.

Cependant il tira de sa bourse l'écu rogné du magistrat, en priant l'escamoteur de lui rendre sa monnaie. Peut-être avait-il parlé trop bas ; mais celui-ci n'entendit point, car il reprit ainsi, en roulant l'écu dans ses doigts :

— Je vois assez que vous savez vivre ; aussi j'ajouterai quelques détails à la prédiction très-véritable, mais un peu ambiguë, que je vous ai faite. Oui, mon compagnon, bien vous a pris de ne me point solder d'un sol comme les autres, encore que votre écu perde un bon quart ; mais n'importe, cette blanche pièce vous sera un miroir éclatant où la vérité pure va se refléter.

— Mais, observa Eustache, ce que vous m'avez dit de mon élévation n'était-ce donc pas la vérité?

— Vous m'avez demandé votre bonne aventure, et je vous l'ai dite, mais la glose y manquait... Ça, comment comprenez-vous le but élevé que j'ai donné à votre existence dans ma prédiction?

— Je comprends que je puis devenir syndic des drapiers-chaussetiers, marguillier, échevin...

— C'est bien rentrer de piques noires, bien trouvé sans chandelle!... Et pourquoi pas le grand sultan des Turcs, l'Amorabaquin?... Eh! non, non, monsieur mon ami, c'est autrement qu'il faut l'entendre; et puisque vous désirez une explication de cet oracle sibyllin, je vous dirai que, dans notre style, *aller haut* est pour ceux qu'on envoie garder les moutons à la lune, de même que *aller loin*, pour ceux qu'on envoie écrire leur histoire dans l'Océan, avec des plumes de quinze pieds...

— Ah! bon, mais si vous m'expliquiez encore votre explication, je comprendrai sûrement.

— Ce sont deux phrases honnêtes pour remplacer deux mots: *gibet* et *galères*. Vous irez haut et moi loin. Cela est parfaitement indiqué chez moi par cette ligne médiane, traversée à angles droits d'autres lignes moins prononcées; chez vous, par une ligne qui coupe celle du milieu sans se prolonger au delà, et une autre les traversant obliquement toutes deux...

— Le gibet! s'écria Eustache.

— Est-ce que vous tenez absolument à une mort horizontale? observa maître Gonin. Ce serait puéril; d'autant que vous voici assuré d'échapper à toutes sortes d'autres fins, où chaque homme mortel est exposé. De plus, il est possible que lorsque messire le Gibet vous lèvera par le cou à bras tendu, vous ne soyez plus qu'un vieil homme dégoûté du monde et de tout... Mais voici que midi sonne, et c'est l'heure où l'ordre du prévôt de Paris nous chasse du pont Neuf jusqu'au soir. Or, s'il vous faut jamais quelque conseil, quelque sortilége, charme ou philtre à votre usage, dans le cas d'un danger, d'un amour ou d'une vengeance, je demeure là-bas, au bout du pont, dans le Château-Gaillard. Voyez-vous bien d'ici cette tourelle à pignon?...

— Un mot encore, s'il vous plaît, dit Eustache en tremblant, serai-je heureux en mariage?

— Amenez-moi votre femme, et je vous le dirai... Pacolet, une révérence à monsieur, et un baisemain.

L'escamoteur plia sa table, la mit sous son bras, prit le singe sur son épaule, et se dirigea vers le Château-Gaillard, en ramageant entre ses dents un air très-vieux.

VI

CROIX ET MISÈRES

Il est bien vrai qu'Eustache Bouteroue s'allait marier dans peu avec la fille du drapier-chaussetier. C'était un garçon sage, bien entendu dans le commerce, et qui n'employait point ses loisirs à jouer à la boule ou à la paume, comme bien d'autres, mais à faire des comptes, à lire le

Bocage des six corporations, et à apprendre un peu d'espagnol, qu'il était bon qu'un marchand sût parler, comme aujourd'hui l'anglais, à cause de la quantité de personnes de cette nation qui habitaient dans Paris. Maître Goubard s'étant donc, en six années, convaincu de la parfaite honnêteté et du caractère excellent de son commis, ayant d plus surpris entre sa fille et lui quelque penchant bien vertueux et bien sévèrement comprimé des deux parts, avait résolu de les unir à la Saint-Jean d'été, et de se retirer ensuite à Laon, en Picardie, où il avait du bien de famille.

Eustache ne possédait cependant aucune fortune; mais l'usage n'était point alors général de marier un sac d'écus avec un sac d'écus; les parents consultaient quelquefois le goût et la sympathie des futurs époux, et se donnaient la peine d'étudier longtemps le caractère, la conduite et la capacité des personnes qu'ils destinaient à leur alliance; bien différents des pères de famille d'aujourd'hui, qui exigent plus de garanties morales d'un domestique qu'ils prennent que d'un gendre futur.

Or la prédiction du jongleur avait tellement condensé les idées assez peu fluides de l'apprenti drapier, qu'il était demeuré tout étourdi au centre de la demi-lune, et n'entendait point les voix argentines qui babillaient dans les campaniles de la Samaritaine, et répétaient *midi, midi!*... Mais, à Paris, midi sonne pendant une heure, et l'horloge du Louvre prit bientôt la parole avec plus de solennité, puis celle des Grands-Augustins, puis celle du Châtelet; si bien qu'Eustache, effrayé de se voir si fort en retard, se prit à courir de toutes ses forces, et, en quelques minutes, eut mis derrière lui les rues de la Monnaie, du Borrel et Tirechappe; alors il ralentit son pas, et, quand il eut tourné la rue de la Boucherie-de-Beauvais, son front s'éclaircit en découvrant les parapluies rouges du carreau des Halles, les tréteaux des Enfants-sans-Souci, l'échelle et la croix, et la jolie lanterne du pilori coiffée de son toit en plomb. C'était sur cette place, sous un de ces parapluies, que sa future, Javotte Goubard, attendait son retour. La plupart des marchands aux piliers avaient ainsi un étalage sur le carreau des Halles, gardé par une personne de leur maison, et servant de succursale à leur boutique obscure. Javotte prenait place tous les matins à celui de son père, et, tantôt assise au milieu des marchandises, elle travaillait à des nœuds d'aiguillettes, tantôt elle se levait pour appeler les passants, les saisissait étroitement par le bras, et ne les lâchait guère qu'ils n'eussent fait quelque achat; ce qui ne l'empêchait pas d'être, au demeurant, la plus timide jeune fille qui jamais eût atteint *l'âge d'un vieil bœuf* sans être encore mariée; toute pleine de grâce, mignonne, blonde, grande, et légèrement ployée en avant, comme la plupart des filles du commerce dont la taille est élancée et frêle; enfin, rougissant comme une fraise aux moindres paroles qu'elle disait hors du service de l'étalage, tandis que sur ce point elle ne le cédait à aucune marchande du carreau pour le *bagout* et la *platine* (style commercial d'alors).

A midi, Eustache venait d'ordinaire la remplacer sous le parapluie rouge, pendant qu'elle allait dîner à la boutique avec son père. C'était à ce devoir qu'il se rendait en ce moment, craignant fort que son retour n'eût impatienté Javotte; mais, d'aussi loin qu'il l'aperçut, elle lui parut très-calme, le coude appuyé sur un rouleau de marchandises, et fort attentive à la conversation animée et bruyante d'un beau militaire, penché sur le même rouleau, et qui n'avait pas plus l'air d'un chaland que de toute chose que l'on pût s'imaginer.

— C'est mon futur! dit Javotte en souriant à l'inconnu, qui fit un léger mouvement de tête sans changer de situation : seulement il toisait le commis de bas en haut, avec ce dédain que les militaires témoignent pour les personnes de l'état bourgeois dont l'extérieur est peu imposant.

— Il a un faux air d'un trompette de chez nous, observa-t-il gravement; seulement l'autre a plus de *corporance* dans les jambes; mais tu sais, Javotte, le trompette, dans un escadron, c'est un peu moins qu'un cheval, et un peu plus qu'un chien...

— Voici mon neveu, dit Javotte à Eustache, en ouvrant sur lui ses grands yeux bleus avec un sourire de parfaite satisfaction; il a obtenu un congé pour venir à notre noce. Comme cela se trouve bien, n'est-ce pas? Il est arquebusier à cheval... Oh! le beau corps! Si vous étiez vêtu comme cela, Eustache... mais vous n'êtes pas assez grand, vous, ni assez fort...

— Et combien de temps, dit timidement le jeune homme, monsieur nous fera-t-il cet avantage de demeurer à Paris?

— Cela dépend, dit le militaire en se redressant, après avoir fait attendre un peu sa réponse. On nous a envoyés dans le Berri pour exterminer les *croquants*; et, s'ils veulent rester tranquilles quelque temps encore, je vous donnerai un bon mois; mais, de toutes façons, à la Saint-Martin, nous viendrons à Paris remplacer le régiment de M. d'Humières, et alors je pourrai vous voir tous les jours et indéfiniment.

Eustache examinait l'arquebusier à cheval, tant qu'il

pouvait le faire sans rencontrer ses regards, et, décidément, il le trouvait hors de toutes les proportions physiques qui conviennent à un neveu.

— Quand je dis tous les jours, reprit ce dernier, je me trompe; car il y a, le jeudi, la grande parade... Mais nous avons la soirée, et, de fait, je pourrai toujours souper avec vous ces jours-là.

— Est-ce qu'il compte y dîner les autres? pensa Eustache... Mais vous ne m'aviez point dit, demoiselle Goubard, que monsieur votre neveu était si...

— Si bel homme? Oh! oui, comme il a renforcé! Dame, c'est que voilà sept ans que nous ne l'avions vu, ce pauvre Joseph; et, depuis ce temps-là, il a passé bien de l'eau sous le pont...

— Et, à lui, bien du vin sous le nez, pensa le commis, ébloui de la face resplendissante de son neveu futur; on ne se met pas la figure en couleur avec de l'eau rougie, et les bouteilles de maître Goubard vont danser le branle des morts avant la noce, et peut-être après...

— Allons dîner, papa doit s'impatienter! dit Javotte en sortant de sa place. Ah! je vais donc te donner le bras, Joseph!... Dire qu'autrefois j'étais la plus grande, quand j'avais douze ans et toi dix; on m'appelait la maman... Mais comme je vais être fière au bras d'un arquebusier! Tu me conduiras promener, n'est-ce pas? Je sors si peu; je ne puis pas y aller seule; et, le dimanche soir, il faut que j'assiste au salut, parce que je suis de la confrérie de la Vierge, aux Saints-Innocents; je tiens un ruban du guidon...

Ce caquetage de jeune fille, coupé à temps égaux par le pas sonnant du cavalier, cette forme gracieuse et légère qui sautillait enlacée à cette autre massive et roide, se perdirent bientôt dans l'ombre sourde des piliers qui bordent la rue de la Tonnellerie, et ne laissèrent aux yeux d'Eustache qu'un brouillard, et à ses oreilles qu'un bourdonnement.

VII

MISÈRES ET CROIX

Nous avons jusqu'ici emboîté le pas à cette action bourgeoise, sans guère mettre à la conter plus de temps qu'elle n'en a mis à se poursuivre; et maintenant, malgré notre respect, ou plutôt notre profonde estime pour l'observation des unités dans le roman même, nous nous voyons contrains de faire faire à l'une des trois un saut de quelques journées. Les tribulations d'Eustache, relativement à son neveu futur, seraient peut-être assez curieuses à rapporter; mais elles furent cependant moins amères qu'on ne le pourrait juger d'après l'exposition. Eustache se fut bientôt rassuré *à l'endroit* de sa fiancée : Javotte n'avait fait véritablement que garder une impression un peu trop fraîche de ses souvenirs d'enfance qui, dans une vie si peu accidentée que la sienne, prenaient une importance démesurée. Elle n'avait vu tout d'abord, dans l'arquebusier à cheval, que l'enfant joyeux et bruyant, autrefois le compagnon de ses jeux ; mais elle ne tarda pas à s'apercevoir que cet enfant avait grandi, qu'il avait pris d'autres allures, et elle devint plus réservée à son égard.

Quant au militaire, à part quelques familiarités d'habitude, il ne faisait point paraître envers sa jeune tante de blâmables intentions ; il était même de ces gens assez nombreux à qui les honnêtes femmes inspirent peu de désirs ; et, pour le présent, il disait comme Tabarin, que *la bouteille était sa mie*. Les trois premiers jours de son arrivée, il n'avait pas quitté Javotte, et même il la conduisait le soir au Cours la Reine, accompagnée seulement de la grosse servante de la maison, au grand déplaisir d'Eustache. Mais cela ne dura point ; il ne tarda pas à s'ennuyer de sa compagnie, et prit l'habitude de sortir seul tout le jour, ayant, il est vrai, l'attention de rentrer aux heures des repas.

La seule chose donc qui inquiétât le futur époux, c'était de voir ce parent si bien établi dans la maison qui allait devenir sienne après la noce, qu'il ne paraissait pas facile de l'en évincer avec douceur, tant il semblait tous les jours s'y emboîter plus solidement. Pourtant il n'était neveu de Javotte que par alliance, étant né seulement d'une fille que feue l'épouse de maître Goubard avait eue d'un premier mariage.

Mais comment lui faire comprendre qu'il tendait à s'exagérer l'importance des liens de famille, et qu'il avait, à l'égard des droits et des priviléges de la parenté, des idées trop larges, trop arrêtées, et, en quelque sorte, trop patriarcales ?

Cependant il était probable que bientôt il sentirait de lui-même son indiscrétion, et Eustache se vit obligé de prendre patience, *ainsi que les dames de Fontainebleau quand la cour est à Paris*, comme dit le proverbe.

Mais la noce faite et parfaite ne changea rien aux habitudes de l'arquebusier à cheval, qui même fit espérer qu'il pourrait obtenir, grâce à la tranquillité des *croquants*, de rester à Paris jusqu'à l'arrivée de son corps. Eustache tenta quelques allusions épigrammatiques, que certaines gens prenaient des boutiques pour des hôtelleries, et bien d'autres qui ne furent point saisies, ou qui parurent faibles ; du reste, il n'osait encore en parler ouvertement à sa femme et à son beau-père, ne voulant pas se donner, dès les premiers jours de son mariage, une couleur d'homme intéressé, lui qui leur devait tout.

Avec cela, la compagnie du soldat n'avait rien de bien divertissant : sa bouche n'était que la cloche perpétuelle de sa gloire, laquelle était fondée moitié sur ses triomphes dans les combats singuliers qui le rendaient la terreur de l'armée, moitié sur ses prouesses contre les *croquants*, malheureux paysans français à qui les soldats du roi Henri faisaient la guerre pour n'avoir pu payer la taille, et qui ne paraissaient pas près de jouir de la célèbre *poule au pot*...

Ce caractère de vanterie excessive était alors assez commun, ainsi qu'on le voit par les types des Taillebras et des Capitans Matamores, reproduits sans cesse dans les pièce comiques de l'époque, et doit, je pense, être attribué à l'irruption victorieuse de la Gascogne dans Paris, à la suite du Navarrois. Ce travers s'affaiblit bientôt en s'élargissant, et, quelques années après, le baron de Fœneste en fut le portrait déjà bien adouci, mais d'un comique plus parfait, et enfin la comédie du *Menteur* le montra, en 1662, réduit à des proportions presque communes.

Mais ce qui, dans les façons du militaire, choquait le plus le bon Eustache, c'était une tendance perpétuelle à le traiter en petit garçon, à mettre en lumière les côtés peu favorables de sa physionomie, et enfin à lui donner en toute occasion vis-à-vis de Javotte une couleur ridicule, fort désavantageuse dans ces premiers jours où un nouveau marié a besoin de s'établir sur un pied respectable, et de prendre position pour l'avenir; ajoutez aussi qu'il fallait peu de chose pour froisser l'amour-propre tout neuf et tout roide encore d'un homme établi en boutique, patenté et assermenté.

Une dernière tribulation ne tarda pas à combler la mesure. Comme Eustache allait faire partie du guet des métiers, et qu'il ne voulait pas, comme l'honnête maître Goubard, faire son service en habit bourgeois et avec une hallebarde prêtée par le quartier, il avait acheté une épée à coquille qui n'avait plus de coquille, une salade et un haubergeon en cuivre rouge que menaçait déjà le marteau d'un chaudronnier, et, ayant passé trois jours à les nettoyer et à les fourbir, il parvint à leur donner un certain lustre qu'ils n'avaient pas avant; mais, quand il s'en revêtit et qu'il se promena fièrement dans sa boutique en demandant s'il avait bonne grâce à porter le harnois, l'arquebusier se prit à rire *comme un tas de mouches au soleil*, et l'assura qu'il avait l'air d'avoir sur lui sa batterie de cuisine.

VIII

LA CHIQUENAUDE

Tout étant disposé de la sorte, il arriva qu'un soir, c'était le 12 ou le 13, un jeudi toujours, Eustache ferma sa boutique de bonne heure; chose qu'il ne se fût pas permise sans l'absence de maître Goubard, qui était parti l'avant-veille pour voir son bien en Picardie, parce qu'il comptait y aller demeurer trois mois plus tard, quand son successeur serait solidement établi en son lieu, et posséderait pleinement la confiance des pratiques et des autres marchands.

Or l'arquebusier, revenant ce soir-là, comme de coutume, trouva la porte close et les lumières éteintes. Cela l'étonna beaucoup, la guette n'étant pas sonnée au Châtelet; et, comme il ne rentrait point d'ordinaire sans être un peu animé par le vin, sa contrariété se produisit par un gros jurement qui fit tressaillir Eustache dans son entresol, où il n'était pas couché encore, s'effrayant déjà de l'audace de sa résolution.

— Holà! hé! cria l'autre en donnant un coup de pied dans la porte, c'est donc ce soir fête! C'est donc la Saint-Michel, la fête des drapiers, des tire-laine et des vide-goussets?...

Et il tambourinait du poing sur la devanture; mais cela ne produisit pas plus d'effet que s'il eût pilé de l'eau dans un mortier.

— Ohé! mon oncle et ma tante!... voulez-vous donc me faire coucher en plein vent, sur le grès, au risque d'être gâté par les chiens et les autres bêtes?... Holà! hé! diantre soit des parents! Ils en sont corbleu capables!... Et la nature donc, manants! Ho! ho! descends vitement, bourgeois, c'est de l'argent qu'on t'apporte!... Le cancre te vienne, vilain maroufle!

Toute cette harangue du pauvre neveu n'émouvait aucunement le visage de bois de la porte; il usait à rien ses paroles comme le vénérable Bède prêchant à un tas de pierres.

Mais quand les portes sont sourdes, les fenêtres ne sont

pas aveugles, et il y a un moyen fort simple de leur éclaircir le regard ; le soldat se fit tout d'un coup ce raisonnement, il sortit de la galerie sombre des piliers, se recula jusqu'au milieu de la rue de la Tonnellerie, et, ramassant à ses pieds un tesson, l'adressa si bien, qu'il éborgna l'une des petites fenêtres de l'entresol. C'est un incident à quoi Eustache n'avait nullement songé, un point d'interrogation formidable à cette question où se résumait tout le monologue du militaire : Pourquoi donc n'ouvre-t-on pas la porte ?...

Eustache prit subitement une résolution ; car un couard qui s'est monté la tête ressemble à un vilain qui se met en dépense, et pousse toujours les choses à l'extrême ; mais de plus, il avait à cœur de se bien montrer une fois devant sa nouvelle épouse, qui pouvait avoir pris pour lui peu de respect en le voyant depuis plusieurs jours servir de quintaine au militaire, avec cette différence que la quintaine rend quelquefois de bons coups pour ceux qu'on lui porte continuellement. Il tira donc son feutre de travers, et eut dégringolé l'escalier étroit de son entresol avant que Javotte songeât à l'arrêter. Il décrocha sa rapière en passant dans l'arrière-boutique, et seulement quand il sentit dans sa main brûlante le froid de la poignée en cuivre, il s'arrêta un instant et ne chemina plus qu'avec des pieds de plomb vers sa porte, dont il tenait la clef de l'autre main. Mais une seconde vitre qui se cassa avec grand bruit, et les pas de sa femme qu'il entendit derrière les siens, lui rendirent toute son énergie ; il ouvrit précipitamment la porte massive, et se planta sur le seuil avec son épée nue, comme l'archange à l'*huis du paradis terrien.*

— Que veut donc ce coureur de nuit ? ce méchant ivrogne à un sou le pot? ce casseur de plats fêlés?... cria-t-il d'un ton qui eût été tremblant pour peu qu'il l'eût pris deux notes plus bas. Est-ce de la façon qu'on se comporte avec les gens honnêtes?... Çà, tournez-nous les talons sans retard, et vous en allez dormir sous les charniers avec vos pareils, ou j'appelle mes voisins et les gens du guet pour vous prendre!

— Oh! oh! voilà comme tu chantes à présent, coquecigrue? on t'a donc sifflé ce soir avec une trompette?... Oh! bien, c'est différent... j'aime à te voir parler tragiquement comme Tranchemontagne, et les gens de cœur sont mes mignons... Viens ça que je t'accole, picrochole!...

— Va-t'en, ribleur! Entends-tu les voisins s'éveiller au bruit et qui vont te conduire au premier corps de garde, comme un affronteur et un larron? va-t'en donc sans plus d'esclandre, et ne reviens point!

Mais, au contraire, le soldat s'avançait entre les piliers, ce qui émoussa un peu la fin de la réplique d'Eustache:

— C'est bien parlé! dit-il à ce dernier: l'avis est honnête et mérite qu'on le paye...

Le temps de compter deux, il était tout près et avait lâché sur le nez du jeune marchand drapier une chiquenaude à le lui rendre cramoisi:

— Garde tout, si tu n'as pas de monnaie! s'écria-t-il; et sans adieu, mon oncle!

Eustache ne put endurer patiemment cet affront, plus humiliant encore qu'un soufflet, devant sa nouvelle épousée, et, nonobstant les efforts qu'elle faisait pour le retenir, il s'élança vers son adversaire, qui s'en allait, et lui porta un coup de taillant qui eût fait honneur au bras du preux Roger, si l'épée eût été une *balisarde;* mais elle ne coupait plus depuis les guerres de religion, et n'entama point le buffle du soldat; celui-ci lui saisit aussitôt les deux mains dans les siennes, de telle sorte que l'épée tomba d'abord, et qu'ensuite le patient se mit à crier si haut qu'il ne le pouvait davantage, allongeant de furieux coups de pied sur les bottes molles de son *tourmenteur*.

Heureusement que Javotte s'interposa, car les voisins regardaient bien la lutte par leurs fenêtres, mais ne songeaient guère à descendre pour y mettre fin; et Eustache, tirant ses doigts bleuâtres de l'étau naturel qui les avait serrés, eut à les frotter longtemps pour leur faire perdre la figure carrée qu'ils y avaient prise.

— Je ne te crains pas, s'écria-t-il, et nous nous reverrons! Trouve-toi, si tu as seulement le cœur d'un chien, trouve-toi demain matin au Pré-aux-Clercs!... A six heures, belître! et nous nous battrons à mort, coupe-jarret!

— L'endroit est bien choisi, mon championnet, et nous ferons en gentilshommes! A demain donc; par saint Georges, la nuit te paraîtra courte!

Le militaire prononça ces mots avec un ton de considération qu'il n'avait pas montré jusque-là. Eustache se retourna fièrement vers sa femme; son cartel l'avait grandi de six empans. Il ramassa son épée et poussa sa porte à grand bruit.

IX

LE CHATEAU-GAILLARD

Le jeune marchand drapier, se réveillant, se trouva tout dégrisé de son courage de la veille. Il ne fit point difficulté de s'avouer qu'il avait été très-ridicule en proposant un duel à l'arquebusier, lui qui ne savait manier d'autre arme que la demi-aune, dont il s'était escrimé souvent, du temps de son apprentissage, avec ses compagnons dans le clos des Chartreux. Partant, il ne tarda guère à prendre la ferme résolution de rester chez lui et de laisser son adversaire promener son béjaune dans le Pré-aux-Clercs, en se balançant sur ses pieds comme un *oison bridé.*

Quand l'heure fut passée, il se leva, ouvrit sa boutique et ne parla point à sa femme de la scène de la veille, comme elle évita, de son côté, d'y faire la moindre allusion. Ils déjeunèrent silencieusement ; après quoi Javotte alla, comme à l'ordinaire, s'établir sous le parapluie rouge, laissant son mari occupé, avec sa servante, à visiter une pièce de drap et à en marquer les défauts. Il faut bien dire qu'il tournait souvent les yeux vers la porte, et tremblait à chaque instant que son redoutable parent ne vînt lui reprocher sa couardise et son manque de parole. Or, vers huit heures et demie, il aperçut de loin l'uniforme de l'arquebusier poindre sous la galerie des piliers, encore baigné d'ombres comme un reître de Rembrandt, qui luit par trois paillettes, celle du morion, celle du haubert et celle du nez ; funeste apparition qui s'agrandissait et s'éclaircissait rapidement, et dont le pas métallique semblait battre chaque minute de la dernière heure du drapier.

Mais le même uniforme ne recouvrait point le même moule, et, pour parler plus simplement, c'était un militaire compagnon de l'autre, qui s'arrêta devant la boutique d'Eustache, remis à grand'peine de sa frayeur, et lui adressa la parole d'un ton très-calme et très-civil.

Il lui fit connaître d'abord que son adversaire, l'ayant attendu pendant deux heures au lieu du rendez-vous sans le voir arriver, et jugeant qu'un accident imprévu l'avait empêché de s'y rendre, retournerait le lendemain, à la même heure, au même endroit, y demeurerait le même espace de temps, et que, si c'était sans plus de succès, il se transporterait ensuite à sa boutique, lui couperait les deux oreilles, et les lui mettrait dans sa poche, comme avait fait, en 1605, le célèbre Brusquet à un écuyer du duc de Chevreuse pour le même sujet, action qui obtint l'applaudissement de la cour, et fut généralement trouvée de bon goût.

Eustache répondit à cela que son adversaire faisait tort à son courage par une menace pareille, et qu'il aurait à lui rendre raison doublement; il ajouta que l'obstacle ne venait point d'une autre cause que de ce qu'il n'avait pu trouver encore quelqu'un pour lui servir de second.

L'autre parut satisfait de cette explication, et voulut bien instruire le marchand qu'il trouverait d'excellents *seconds* sur le pont Neuf, devant la Samaritaine, où ils se promenaient d'ordinaire; gens qui n'avaient point d'autre profession, et qui, pour un écu, se chargeaient d'embrasser la querelle de qui que ce fût, et même d'apporter des épées. Après ces observations, il fit un salut profond, et se retira.

Eustache, resté seul, se mit à songer, et demeura longtemps dans cet état de perplexité : son esprit *fourchait* à trois résolutions principales. Tantôt il voulait donner avis au lieutenant civil de l'importunité du militaire et de ses menaces, et lui demander l'autorisation de porter des armes pour sa défense ; mais cela aboutissait toujours à un combat. Ou bien il se décidait à se rendre sur le terrain, en avertissant les sergents, de façon qu'ils arrivassent au moment même où le duel commencerait; mais ils pouvaient arriver quand il serait fini. Enfin, il songeait aussi à s'en aller consulter le bohémien du pont Neuf, et c'est à cela qu'il se résolut en dernier lieu.

A midi, la servante remplaça, sous le parapluie rouge, Javotte, qui vint dîner avec son mari; celui-ci ne lui parla point, pendant le repas, de la visite qu'il avait reçue; mais il la pria ensuite de garder la boutique pendant qu'il irait *faire l'article* chez un gentilhomme nouvellement arrivé, et qui voulait se faire habiller. Il prit en effet son sac d'échantillons, et se dirigea vers le pont Neuf.

Le Château-Gaillard, situé au bord de l'eau, à l'extrémité méridionale du pont, était un petit bâtiment surmonté d'une tour ronde, qui avait servi de prison dans son temps, mais qui maintenant commençait à se ruiner et se crevasser, et n'était guère habitable que pour ceux qui n'avaient point d'autre asile. Eustache, après avoir marché quelque temps d'un pas mal assuré parmi les pierres dont le sol était couvert, rencontra une petite porte au centre de laquelle une souris chauve était clouée. Il y frappa doucement, et le singe de maître Gonin lui ouvrit aussitôt en levant un loquet, service auquel il était dressé, comme le sont quelquefois les chats domestiques.

L'escamoteur était à une table et lisait. Il se retourna gravement, et fit signe au jeune homme de s'asseoir sur un escabeau. Quand celui-ci lui eut conté son aventure, il l'assura que c'était la chose du monde la moins fâcheuse, mais qu'il avait bien fait de s'adresser à lui.

— C'est un *charme* que vous demandez, ajouta-t-il, un charme magique pour vaincre votre adversaire à coup sûr; n'est-ce pas cela qu'il vous faut?

— Oui-dà, si cela se peut.

— Bien que tout le monde se mêle d'en composer, vous

n'en trouverez nulle part d'aussi assurés que les miens; encore ne sont-ils pas, comme d'aucuns, formés par art diabolique; mais ils résultent d'une science approfondie de la blanche magie, et ne peuvent, en aucune façon, compromettre le salut de l'âme.

— Bon cela, dit Eustache, autrement je me garderais d'en user. Mais combien coûte votre œuvre magique? car encore faut-il que je sache si je la pourrai payer.

— Songez que c'est la vie que vous achetez là, et la gloire encore par-dessus. Ce point convenu, pensez-vous que, pour ces deux choses excellentes, on puisse exiger moins que cent écus?

— Cent diables pour t'emporter! grommela Eustache, dont la figure s'obscurcit; c'est plus que je possède!... Et que me sera la vie sans pain et la gloire sans habits? Encore peut-être est-ce là une fausse promesse de charlatan dont on leurre les personnes crédules.

— Vous ne payerez qu'après.

— C'est quelque chose... Enfin, quel gage en voulez-vous?

— Votre main seulement.

— Eh bien donc... Mais je suis un grand fat d'écouter vos sornettes! Ne m'avez-vous pas prédit que je finirais par la hart?

— Sans doute, et je ne m'en dédis point.

— Or donc, si cela est, qu'ai-je donc à redouter de ce duel?

— Rien, sinon quelques estocades et estafilades, pour ouvrir à votre âme les portes plus grandes... Après cela, vous serez ramassé et hissé néanmoins à la *demi-croix*, haut et court, mort ou vif, comme l'ordonnance le porte; et ainsi votre destinée se verra accomplie. Comprenez-vous cela?

Le drapier comprit tellement, qu'il s'empressa d'offrir

sa main à l'escamoteur, en forme de consentement, lui demandant dix jours pour trouver la somme, à quoi l'autre s'accorda, après avoir noté sur le mur le jour fixe de l'échéance. Ensuite il prit le livre du grand Albert, commenté par Corneille Agrippa et l'abbé Trithème, l'ouvrit à l'article des *combats singuliers*, et, pour assurer davantage Eustache que son opération n'aurait rien de diabolique, lui dit qu'il pourrait cependant réciter ses prières, sans crainte d'y apporter aucun obstacle. Il leva alors le couvercle d'un bahut, en tira un pot de terre non vernissé, et y fit le mélange de divers ingrédients qui paraissaient lui être indiqués par son livre, en prononçant à voix basse une sorte d'incantation. Quand il eut fini, il prit la main droite d'Eustache, qui, de l'autre, faisait le signe de la croix, et l'oignit jusqu'au poignet de la mixtion qu'il venait de composer.

Ensuite il tira encore du bahut un flacon très-vieux et très-gras, et le renversant lentement, répandit quelques gouttes sur le dos de la main, en prononçant des mots latins qui se rapprochaient de la formule que les prêtres emploient pour le baptême.

Alors seulement Eustache ressentit dans tout le bras une sorte de commotion électrique qui l'effraya beaucoup; sa main lui sembla comme engourdie, et cependant, chose bien étrange, elle se tordit et s'allongea plusieurs fois à faire craquer ses articulations, comme un animal qui s'éveille; puis il ne sentit plus rien, la circulation parut se rétablir, et maître Gonin s'écria que tout était fini, et qu'il pouvait bien à présent défier à l'épée les *plus roides* plumets de la cour et de l'armée, et leur percer des boutonnières pour tous les boutons inutiles dont la mode surchargeait alors leurs vêtements.

X

LE PRÉ-AUX-CLERCS

Le lendemain matin, quatre hommes traversaient les vertes allées du Pré-aux-Clercs en cherchant un endroit convenable et suffisamment écarté. Arrivés au pied du petit coteau qui bordait la partie méridionale, ils s'arrêtèrent sur l'emplacement d'un jeu de boules, qui leur parut un terrain très-propre à s'escrimer commodément. Alors Eustache et son adversaire mirent bas leurs pourpoints, et les témoins les visitèrent, selon l'usage, *sous la chemise et sous les chausses*. Le drapier n'était pas sans émotion, mais pourtant il avait foi dans le charme du bohémien; car on sait que jamais les opérations magiques, charmes, philtres et *envoultements* n'eurent plus de crédit qu'à cette époque, où ils donnèrent lieu à tant de procès dont les registres des parlements sont remplis, et dans lesquels les juges eux-mêmes partageaient la crédulité générale.

Le témoin d'Eustache, qu'il avait pris sur le pont Neuf et payé un écu, salua l'ami de l'arquebusier, et lui demanda s'il était dans l'intention de se battre aussi; l'autre lui ayant fait réponse que non, il se croisa les bras avec indifférence, et se recula pour voir faire les champions.

Le drapier ne put se garder d'un certain mal de cœur quand son adversaire lui fit le salut d'armes, qu'il ne rendit point. Il demeurait immobile, tenant son épée devant lui comme un cierge, et si mal planté sur ses jambes, que le militaire, qui au fond n'avait pas le cœur mauvais, se promit bien de ne lui faire qu'une égratignure. Mais à peine les rapières se furent-elles touchées, qu'Eustache s'aperçut que sa main entraînait son bras en avant, et se démenait d'une rude façon. Pour mieux dire, il ne la sentait plus que par le tiraillement puissant qu'elle exerçait sur les muscles de son bras; ses mouvements avaient une force et une élasticité prodigieuse, que l'on pourrait comparer à celle d'un ressort d'acier; aussi le militaire eut-il le poignet presque faussé en parant le coup de tierce; mais le coup de quarte envoya son épée à dix pas, tandis que celle d'Eustache, sans se reprendre et du même mouvement dont elle était lancée, lui traversa le corps si violemment, que la coquille s'imprima sur sa poitrine. Eustache, qui ne s'était pas fendu, et que la main avait entraîné par une secousse imprévue, se fût brisé la tête en tombant de toute sa longueur si elle n'eût porté sur le ventre de son adversaire.

— Tudieu, quel poignet!... s'écria le témoin du soldat; ce gars-là en remontrerait au chevalier *Tord-Chêne!* Il n'a pas la grâce pour lui, ni le physique; mais, pour la roideur du bras, c'est pire qu'un arc du pays de Galles!

Cependant Eustache s'était relevé avec l'aide de son témoin, et demeura un instant absorbé sur ce qui venait de se passer; mais quand il put distinguer clairement l'arquebusier étendu à ses pieds, et que l'épée fixait en terre, comme un crapaud cloué dans un cercle magique, il se prit à fuir de telle sorte, qu'il oublia sur l'herbe son pourpoint des dimanches, taillé et garni de passements de soie.

Or, comme le soldat était bien mort, les deux seconds n'avaient rien à gagner en restant sur le terrain, et ils s'éloignèrent rapidement. Ils avaient fait une centaine de pas, quand celui d'Eustache s'écria en se frappant le front :

— Et mon épée que j'avais prêtée, et que j'oublie !

Il laissa l'autre poursuivre son chemin, et, revenu au lieu du combat, se mit à retourner curieusement les poches du mort, où il ne trouva que des dés, un bout de ficelle et un jeu de tarots sale et écorné.

— *Floutière !* et puis *floutière !* murmura-t-il ; encore un marpaut qui n'a ni *michon* ni *tocante !* Le *glier t'entrolle*, souffleur de mèches !

L'éducation encyclopédique du siècle nous dispense d'expliquer, dans cette phrase, autre chose que le dernier terme, lequel faisait allusion à l'état d'arquebusier du défunt.

Notre homme, n'osant rien emporter de l'uniforme, dont la vente l'eût pu compromettre, se borna à tirer les bottes du militaire, les roula sous sa cape avec le pourpoint d'Eustache, et s'éloigna en maugréant.

XI

OBSESSION

Le drapier fut plusieurs jours sans sortir de chez lui, le cœur navré de cette mort tragique, qu'il avait causée pour des offenses assez légères et par un moyen condamnable et damnable, en ce monde comme en l'autre. Il y avait des instants où il considérait tout cela comme un rêve, et n'eût été son pourpoint oublié sur l'herbe, témoin irrécusable qui *brillait par son absence*, il eût démenti l'exactitude de sa mémoire.

Un soir, enfin, il voulut se brûler les yeux à l'évidence, et se rendit au Pré-aux-Clercs comme pour s'y promener. Sa vue se troubla en reconnaissant le jeu de boules où le duel avait eu lieu, et il fut obligé de s'asseoir. Des procureurs y jouaient, comme c'est leur usage avant souper ; et Eustache, dès que le brouillard qui couvrait ses yeux se fut dissipé, crut distinguer sur le terrain uni, entre les pieds écartés de l'un d'eux, une large plaque de sang.

Il se leva convulsivement, et pressa sa marche pour sortir de la promenade, ayant toujours devant les yeux la plaque de sang qui, gardant sa forme, se posait sur tous les objets où son regard s'arrêtait en passant, comme ces taches livides qu'on voit longtemps voltiger autour de soi quand on a fixé les yeux sur le soleil.

En revenant chez lui, il crut s'apercevoir qu'on l'avait suivi ; alors seulement il songea que des gens de l'hôtel de la reine Marguerite, devant lequel il avait passé l'autre matin et ce soir-là même, l'avaient peut-être reconnu ; et, quoique les lois sur le duel ne fussent point à cette époque exécutées à la rigueur, il réfléchit qu'on pouvait fort bien juger à propos de faire pendre un pauvre marchand pour l'enseignement des gens de cour, auxquels on n'osait point alors s'attaquer comme on le fit plus tard.

Ces pensées et plusieurs autres lui procurèrent une nuit fort agitée : il ne pouvait fermer l'œil un instant sans voir mille gibets lui montrer les poings, de chacun desquels pendait au bout d'une corde un mort qui se tordait de rire horriblement, ou un squelette dont les côtes se dessinaient avec netteté sur la face large de la lune.

Mais une idée heureuse vint balayer toutes ces visions *fourchues* : Eustache se ressouvint du lieutenant civil, vieille pratique de son beau-père, et qui lui avait déjà fait un accueil assez bienveillant; il se promit d'aller le lendemain le trouver, et de se confier entièrement à lui, persuadé qu'il le protégerait au moins en considération de Javotte, qu'il avait vue et caressée toute petite, et de maître Goubard, dont il faisait grande estime. Le pauvre marchand s'endormit enfin et reposa jusqu'au matin sur l'oreiller de cette bonne résolution.

Le lendemain, vers neuf heures, il frappait à la porte du magistrat. Le valet de chambre, supposant qu'il venait pour prendre mesure d'habits, ou pour proposer quelque achat, l'introduisit aussitôt près de son maître, qui, à demi renversé dans un grand fauteuil à oreillettes, faisait une lecture réjouissante. Il tenait à la main l'ancien poëme de Merlin Coccaie, et se délectait singulièrement du récit des prouesses de Balde, le vaillant prototype de Pantagruel, et plus encore des subtilités et larronneries sans égales de Cingar, ce grotesque patron sur lequel notre Panurge se modela si heureusement.

Maître Chevassut en était à l'histoire des moutons, dont Cingar débarrasse la nef en jetant à la mer celui qu'il a payé, et que tous les autres suivent aussitôt, quand il s'aperçut de la visite qui lui venait, et, posant le livre sur une table, se tourna vers son drapier d'un air de belle humeur.

Il le questionna sur la santé de sa femme et de son beau-père, et lui fit toutes sortes de plaisanteries banales touchant son nouvel état de marié. Le jeune homme prit occasion de ce propos pour en venir à son aventure, et ayant récité toute la suite de sa querelle avec l'arquebusier, encouragé par l'air paterne du magistrat, lui fit aussi l'aveu du triste dénoûment qu'elle avait eu.

L'autre le regarda avec le même étonnement que s'il eût été le bon géant Fracasse de son livre, ou le fidèle Falquet qui avait l'arrière-train d'un lévrier, au lieu de maître Eustache Bouteroue, marchand sous les piliers : car, encore qu'il eût appris déjà que l'on soupçonnait ledit Eustache, il n'avait pu donner la moindre créance à ce rapport, à ce fait d'armes d'une épée clouant contre terre un soldat du roi, attribué à un *courtaud* de boutique, haut de taille comme Gribouille ou Triboulet.

Mais quand il ne put douter davantage du fait, il assura le pauvre drapier qu'il ferait de tout son pouvoir pour assourdir la chose et pour dépister de sa trace les gens de justice, lui promettant, pourvu que les témoins ne l'accusassent point, qu'il pourrait bientôt vivre en repos et *franc du collier*.

Maître Chevassut l'accompagnait même jusqu'à la porte en lui réitérant ses assurances, quand, au moment de prendre humblement congé de lui, Eustache s'avisa de lui appliquer un soufflet à lui effacer la figure, un soufflet qui fit au magistrat une face mi-partie de rouge et de bleu comme l'écusson de Paris, dequoi il demeura plus étonné *qu'un fondeur de cloches*, ouvrant la bouche d'un pied ou deux, et aussi incapable de parler qu'un poisson privé de sa langue.

Le pauvre Eustache fut si épouvanté de cette action qu'il se précipita aux pieds de maître Chevassut, et lui demanda pardon de son irrévérence avec les termes les plus suppliants et les plus piteuses protestations, jurant que c'était quelque mouvement convulsif imprévu, où sa volonté n'entrait pour rien, et dont il espérait miséricorde de lui comme du bon Dieu. Le vieillard le releva, plus étonné que colère ; mais à peine fut-il sur ses pieds qu'il donna, du revers de sa main, sur l'autre joue, un pendant à l'autre soufflet, tel que les cinq doigts y imprimèrent un *bon creux* où l'on aurait pu les mouler.

Pour cette fois, cela devenait insupportable, et maître Chevassut courut à sa sonnette pour appeler ses gens; mais le drapier le poursuivit, continuant la danse, ce qui formait une scène singulière, parce qu'à chaque maître soufflet dont il gratifiait son protecteur, le malheureux se confondait en excuses larmoyantes et en supplications étouffées, dont le contraste avec son action était des plus réjouissants; mais en vain cherchait-il à s'arrêter dans les élans où sa main l'entraînait, il semblait un enfant qui tient un grand oiseau par une corde attachée à sa patte. L'oiseau tire par tous les coins de sa chambre l'enfant effrayé, qui n'ose le laisser envoler, et qui n'a point la force de l'arrêter. Ainsi, le malencontreux Eustache était tiré par sa main à la poursuite du lieutenant civil, qui tournait autour des tables et des chaises, et sonnait et criait, outré de rage et de souffrance. Enfin les valets entrèrent, s'emparèrent d'Eustache Bouteroue, et le jetèrent à bas étouffant et défaillant. Maître Chevassut, qui ne croyait guère à la magie blanche, ne devait penser autre chose sinon qu'il avait été joué et maltraité par le jeune homme pour quelque raison qu'il ne pouvait s'expliquer; aussi fit-il chercher les sergents, auxquels il abandonna son homme sous la double accusation de meurtre en duel et d'outrages manuels à un magistrat dans son propre logis. Eustache ne sortit de sa défaillance qu'au grincement des verrous ouvrant le cachot qu'on lui destinait.

— Je suis innocent!... cria-t-il au geôlier qui l'y poussait.

— Oh, vertubleu! lui répliqua gravement cet homme, où donc croyez-vous être? Nous n'en avons jamais ici que de ceux-là!

XII

D'ALBERT LE GRAND ET DE LA MORT

Eustache avait été descendu dans une de ces logettes du Châtelet dont Cyrano disait qu'en l'y voyant on l'eût pris pour une bougie sous une ventouse.

— Si l'on me donne, ajoutait-il après en avoir visité tous les recoins ensemble par une pirouette, si l'on me donne ce vêtement de roc pour un habit, il est trop large; si c'est pour un tombeau, il est trop étroit. Les poux y ont des dents plus longues que le corps, et l'on y souffre sans cesse de la pierre, qui n'est pas moins douloureuse pour être extérieure.

Là notre héros put faire à loisir des réflexions sur sa mauvaise fortune, et maudire le fatal secours qu'il avait reçu de l'escamoteur, qui avait distrait ainsi un de ses membres de l'autorité naturelle de sa tête; d'où toutes sortes de désordres devaient résulter forcément. Aussi sa surprise fut-elle grande de le voir un jour descendre en son cachot, et lui demander d'un ton calme comment il s'y trouvait.

— Que le diable te pende avec tes tripes! méchant hâbleur et jeteur de sorts, lui fit-il, pour tes enchantements damnés!

— Qu'est-ce donc, répondit l'autre; suis-je cause pourquoi vous n'êtes pas venu le dixième jour faire lever le charme en m'apportant la somme dite?

— Hé!... savais-je aussi qu'il vous fallût si vite cet argent, dit Eustache un peu moins haut, à vous qui faites de l'or à volonté, comme l'écrivain Flamel?

— Point, point! fit l'autre, c'est bien le contraire! J'y viendrai sans doute à ce grand œuvre hermétique, étant tout à fait sur la voie; mais je n'ai encore réussi qu'à transmuter l'or fin en un fer très-bon et très-pur: secret qu'avait aussi trouvé le grand Raymond Lulle sur la fin de ses jours...

— La belle science! dit le drapier. Çà! vous venez donc m'ôter d'ici à la fin; pardigues! c'est bien raison! et je n'y comptais plus guère...

— Voici justement l'enclouure, mon compagnon! C'est en effet à quoi je compte bientôt réussir, que d'ouvrir ainsi les portes sans clefs, pour entrer et sortir; et vous allez voir par quelle opération on y parvient.

Disant cela, le bohémien tira de sa poche son livre d'Albert le Grand, et, à la clarté de la lanterne qu'il avait apportée, il lut le paragraphe qui suit:

« MOYEN HÉROÏQUE DONT SE SERVENT LES SCÉLÉRATS POUR S'INTRODUIRE DANS LES MAISONS.

« On prend la main coupée d'un pendu, qu'il faut lui avoir achetée avant la mort; on la plonge, en ayant soin de la tenir presque fermée, dans un vase de cuivre contenant du zimac et du salpêtre, avec de la graisse de *spondillis*. On expose le vase à un feu clair de fougère et de verveine; de sorte que la main s'y trouve, au bout d'un quart d'heure, parfaitement desséchée et propre à se conserver longtemps. Puis, ayant composé une chandelle avec de la graisse de veau marin et du sésame de Laponie, on se sert de la main comme d'un martinet pour y tenir cette chandelle allumée; et, par tous les lieux où l'on va, la portant devant soi, les barres tombent, les serrures s'ouvrent, et toutes les personnes que l'on rencontre demeurent immobiles.

« Cette main ainsi préparée reçoit le nom de *main de gloire*. »

— Quelle belle invention! s'écria Eustache Bouteroue.

— Attendez donc; quoique vous ne m'ayez pas vendu votre main, elle m'appartient cependant, parce que vous ne l'avez point dégagée au jour convenu, et la preuve de cela est que, une fois l'échéance passée, elle s'est conduite, par l'esprit dont elle est possédée, de façon que je puisse en jouir au plus tôt. Demain le Parlement vous jugera à la hart; après-demain la sentence s'accomplira, et le soir même je cueillerai ce fruit tant convoité et l'accommoderai de la manière qu'il faut.

— Non, dà! s'écria Eustache; et je veux, dès demain, dire à *messieurs* tout le mystère.

— Ah! c'est bon, faites cela... et seulement vous serez brûlé vif pour avoir usé de magie, ce qui vous habituera par avance à la broche de M. le diable... Mais ceci même ne sera point, car votre horoscope porte la hart, et rien ne peut vous en distraire!

Alors le misérable Eustache se mit à crier si fort et à pleurer si chaudement, que c'était grande pitié.

— Eh, là, là! mon ami cher, lui fit doucement maître Gonin, pourquoi se bander ainsi contre la destinée?

— Sainte Dame! c'est aisé de parler, sanglota Eustache; mais quand la mort est là tout proche...

— Eh bien, qu'est-ce donc que la mort, que l'on s'en doive tant étonner?... Moi j'estime la mort une rave!

9

« Nul ne meurt avant son heure! » dit Sénèque le Tragique.

Êtes-vous donc seul son vassal, à cette dame camarde? Aussi le suis-je, et celui-là, un tiers, un quart, Martin, Philippe!... La mort n'a respect à aucun. Elle est si hardie, qu'elle condamne, tue, et prend indifféremment papes, empereurs, rois, comme prévôts, sergents et autres telles canailles.

Donc, ne vous affligez point de faire ce que tous les autres feront plus tard; leur condition est plus déplorable que la vôtre; car, si la mort est un mal, elle n'est ma qu'à ceux qui ont à mourir. Ainsi, vous n'avez plus qu'un jour de ce mal, et la plupart des autres en ont vingt ou trente ans, et davantage.

Un ancien disait : « L'heure qui vous a donné la vie l'a déjà diminuée. » Vous êtes en la mort pendant que vous êtes en la vie; car, quand vous n'êtes plus en vie, vous êtes après la mort; ou, pour mieux dire et bien terminer : la mort ne vous concerne ni mort ni vif : vif, parce que vous êtes; mort, parce que vous n'êtes plus!

Qu'il vous suffise, mon ami, de ces raisonnements, pour vous bien encourager à boire cette absinthe sans grimace, et méditez encore d'ici là un beau vers de Lucrétius dont voici le sens :

« Vivez aussi longtemps que vous pourrez, vous n'ôterez rien à l'éternité de votre mort! »

Après ces belles maximes quintessenciées des anciens et des modernes, subtilisées et sophistiquées dans le goût du siècle, maître Gonin releva sa lanterne, frappa à la porte du cachot, que le geôlier vint lui rouvrir, et les ténèbres retombèrent sur le prisonnier comme une chape de plomb.

XIII

OU L'AUTEUR PREND LA PAROLE

Les personnes qui désireront savoir tous les détails du procès d'Eustache Bouteroue en trouveront les pièces dans les *Arrêts mémorables du Parlement de Paris,* qui sont à la bibliothèque des manuscrits, et dont M. Paris leur facilitera la recherche avec son obligeance accoutumée. Ce procès tient sa place alphabétique immédiatement avant celui du baron de Boutteville, très-curieux aussi, à cause de la singularité de son duel avec le marquis de Bussi, où, pour mieux braver les édits, il vint exprès de Lorraine à Paris, et se battit dans la place Royale même, à trois heures après midi, et le propre jour de Pâques (1627). Mais ce n'est point de cela qu'il s'agit ici. Dans le procès d'Eustache Bouteroue, il n'est question que du duel et des outrages au lieutenant civil, et non du charme magique qui causa tout ce désordre. Mais une note annexée aux autres pièces renvoie au *Recueil des histoires tragicques de Belleforest* (édition de la Haye, celle de Rouen étant incomplète); et c'est là que se trouvent encore les détails qui nous restent à donner sur cette aventure, que Belleforest intitule assez heureusement *Main possédée.*

XIV

CONCLUSION

Le matin de son exécution, Eustache, que l'on avait logé dans une cellule mieux éclairée que l'autre, reçut la visite d'un confesseur, qui lui marmonna quelques consolations spirituelles d'un aussi grand goût que celles du bohémien, lesquelles ne produisirent guère plus d'effet. C'était un tonsuré de ces bonnes familles où l'un des enfants est toujours abbé de son nom; il avait un rabat brodé, la barbe cirée et tordue en pointe de fuseau, et une paire de moustaches, de celles qu'on nomme *crocs*, troussée très-galamment; ses cheveux étaient fort frisés, et il affectait de parler un peu gras pour se donner un langage mignard. Eustache, le voyant si léger et si *pimpant*, n'eut point le cœur de lui avouer toute sa *coulpe*, et se confia en ses propres prières pour en obtenir le pardon.

Le prêtre lui donna l'absolution, et, pour passer le temps, comme il fallait qu'il demeurât jusqu'à deux heures auprès du condamné, lui présenta un livre intitulé les *Pleurs de l'âme pénitente, ou le Retour du pécheur vers son Dieu*. Eustache ouvrit le volume à l'endroit du privilége royal, et se mit à le lire avec beaucoup de componction, commençant par : *Henry, roy de France et de Navarre, à nos amés et féaulx*, etc., jusqu'à la phrase : *à ces causes, voulant traiter favorablement ledit exposant...* Là, il ne put s'empêcher de fondre en larmes, et rendit le livre en disant que c'était fort touchant et qu'il craignait trop de s'attendrir en en lisant davantage. Alors le confesseur tira de sa poche un jeu de cartes fort bien peint, et proprosa à son pénitent quelques parties où il lui gagna un peu d'argent que Javotte lui avait fait passer pour qu'il pût se procurer quelques soulagements. Le pauvre homme ne songeait guère à son jeu, mais il est vrai aussi que la perte lui était peu sensible.

A deux heures il sortit du Châtelet, *tremblant le grelot* en disant les patenôtres du singe, et fut conduit sur la place des Augustins, entre les deux arcades formant l'entrée de la rue Dauphine et la tête du pont Neuf, où il eut l'honneur d'un gibet de pierre. Il montra assez de fermeté sur l'échelle, car beaucoup de gens le regardaient, cette place d'exécution étant une des plus fréquentées. Seulement, comme pour faire ce grand *saut sur rien* on prend le plus de champ que l'on peut, dans le moment où l'exécuteur s'apprêtait à lui passer la corde au cou, avec autant de cérémonie que si c'eût été la toison d'or, car ces sortes de personnes, exerçant leur profession devant le public, mettent d'ordinaire beaucoup d'adresse et même de grâce dans les choses qu'ils font, Eustache le pria de vouloir bien arrêter un instant, qu'il eût débridé encore deux oraisons à saint Ignace et à saint Louis de Gonzague, qu'il avait, entre tous les autres saints, réservés pour les derniers, comme n'ayant été béatifiés que cette même année 1609; mais cet homme lui fit réponse que le public qui était là avait ses affaires, et qu'il était malséant de le faire attendre autant pour un si petit spectacle qu'une simple pendaison; la corde qu'il serrait cependant en le poussant hors de l'échelle coupa en deux la repartie d'Eustache.

On assure que lorsque tout semblait terminé et que l'exécuteur s'allait retirer chez lui, maître Gonin se montra à une des embrasures du Château-Gaillard, qui donnait du côté de la place. Aussitôt, bien que le corps du drapier fût parfaitement lâche et inanimé, son bras se leva, et sa main s'agita joyeusement comme la queue d'un chien qui revoit son maître. Cela fit naître dans la foule un long cri de surprise, et ceux qui déjà étaient en marche pour s'en retourner revinrent en grande hâte, comme des gens qui ont cru la pièce finie, tandis qu'il reste encore un acte.

L'exécuteur replanta son échelle, tâta aux pieds du pendu derrière les chevilles : le pouls ne battait plus ; il coupa une artère, le sang ne jaillit point, et le bras continuait cependant ses mouvements désordonnés.

L'homme rouge ne s'étonnait pas de peu ; il se mit en devoir de remonter sur les épaules de son sujet, aux grandes huées des assistants ; mais la main traita son visage bourgeonné avec la même irrévérence qu'elle avait montrée à l'égard de maître Chevassut, si bien que cet homme tira, en jurant Dieu, un large couteau qu'il portait toujours sous ses vêtements, et en deux coups abattit la main *possédée*.

Elle fit un bond prodigieux et tomba sanglante au milieu de la foule, qui se divisa avec frayeur ; alors, faisant encore plusieurs bonds par l'élasticité de ses doigts, et comme chacun lui ouvrait un large passage, elle se trouva bientôt au pied de la tourelle du Château-Gaillard ; puis, s'accrochant encore par ses doigts comme un crabe aux aspérités et aux fentes de la muraille, elle monta ainsi jusqu'à l'embrasure où le bohémien l'attendait.

Belleforest s'arrête à cette conclusion singulière et termine en ces termes : « Cette aventure, annotée, commentée et illustrée, fit pendant longtemps l'entretien des belles compagnies, comme aussi du populaire, toujours avide des récits bizarres et surnaturels ; mais c'est peut-être encore une de ces *baies* bonnes pour amuser les enfants autour du feu et qui ne doivent pas être adoptées légèrement par des personnes graves et de sens rassis. »

LE MONSTRE VERT

I

LE CHATEAU DU DIABLE

Je vais parler d'un des plus anciens habitants de Paris; on l'appelait autrefois le *diable Vauvert*.

D'où est résulté le proverbe : « C'est au diable Vauvert! Allez au diable Vauvert! »

C'est-à-dire : Allez vous... promener aux Champs-Elysées.

Les portiers disent généralement :

« C'est au diable aux vers! » pour exprimer un lieu qui est fort loin.

Cela signifie qu'il faut payer très-cher la commission dont on les charge. — Mais c'est là, en outre, une locution vicieuse et corrompue, comme plusieurs autres familières au peuple parisien.

Le diable Vauvert est essentiellement un habitant de Paris, où il demeure depuis bien des siècles, si l'on en croit les historiens. Sauval, Félibien, Sainte-Foix et Dulaure ont raconté longuement ses escapades.

Il semble d'abord avoir habité le château de Vauvert, qui était situé au lieu occupé aujourd'hui par le joyeux bal de la Chartreuse, à l'extrémité du Luxembourg et en face des allées de l'Observatoire, dans la rue d'Enfer.

Ce château, d'une triste renommée, fut démoli en partie, et les ruines devinrent une dépendance d'un couvent de chartreux, dans lequel mourut, en 1414, Jean de la Lune, neveu de l'antipape Benoît XIII. Jean de la Lune avait été soupçonné d'avoir des relations avec un certain diable, qui peut-être était l'esprit familier de l'ancien château de Vauvert, chacun de ces édifices féodaux ayant le sien, comme on le sait.

Les historiens ne nous ont rien laissé de précis sur cette phase intéressante.

Le diable Vauvert fit de nouveau parler de lui à l'époque de Louis XIII.

Pendant fort longtemps on avait entendu, tous les soirs, un grand bruit dans une maison faite des débris de l'ancien couvent, et dont les propriétaires étaient absents depuis plusieurs années.

Ce qui effrayait beaucoup les voisins.

Ils allèrent prévenir le lieutenant de police, qui envoya quelques archers.

Quel fut l'étonnement de ces militaires en entendant un cliquetis de verres mêlé de rire stridents !

On crut d'abord que c'étaient des faux monnayeurs qui se livraient à une orgie, et, jugeant de leur nombre d'après l'intensité du bruit, on alla chercher du renfort.

Mais on jugea encore que l'escouade n'était pas suffisante ; aucun sergent ne se souciait de guider ses hommes dans ce repaire, où il semblait qu'on entendît le fracas de toute une armée.

Il arriva enfin, vers le matin, un corps de troupes suffisant : on pénétra dans la maison. On n'y trouva rien.

Le soleil dissipa les ombres.

Toute la journée l'on fit des recherches, puis l'on conjectura que le bruit venait des catacombes, situées, comme on sait, sous ce quartier.

On s'apprêtait à y pénétrer ; mais, pendant que la police prenait ses dispositions, le soir était venu de nouveau, et le bruit recommençait plus fort que jamais.

Cette fois, personne n'osa plus redescendre, parce qu'il était évident qu'il n'y avait rien dans la cave que des bouteilles, et qu'alors il fallait bien que ce fût le diable qui les mît en danse.

On se contenta d'occuper les abords de la rue et de demander des prières au clergé.

Le clergé fit une foule d'oraisons, et l'on envoya même de l'eau bénite avec des seringues par le soupirail de la cave.

Le bruit persistait toujours.

II

LE SERGENT

Pendant toute une semaine, la foule des Parisiens ne cessait d'obstruer les abords du faubourg, en s'effrayant et demandant des nouvelles.

Enfin, un sergent de la prévôté, plus hardi que les autres, offrit de pénétrer dans la cave maudite, moyennant une pension réversible, en cas de décès, sur une couturière nommée Margot.

C'était un homme brave et plus amoureux que crédule. Il adorait cette couturière, qui était une personne bien nippée et très-économe, on pourrait même dire un peu avare, et qui n'avait point voulu épouser un simple sergent privé de toute fortune.

Mais, en gagnant la pension, le sergent devenait un autre homme.

Encouragé par cette perspective, il s'écria « qu'il ne croyait ni à Dieu ni à diable, et qu'il aurait raison de ce bruit.

— A quoi donc croyez-vous? lui dit un de ses compagnons.

— Je crois, répondit-il, à M. le lieutenant criminel et à M. le prévôt de Paris. »

C'était trop dire en peu de mots.

Il prit son sabre dans ses dents, un pistolet à chaque main, et s'aventura dans l'escalier.

Le spectacle le plus extraordinaire l'attendait en touchant le sol de la cave.

Toutes les bouteilles se livraient à une sarabande éperdue et formaient les figures les plus gracieuses.

Les cachets verts représentaient les hommes, et les cachets rouges représentaient les femmes.

Il y avait même là un orchestre établi sur les planches à bouteilles.

Les bouteilles vides résonnaient comme des instruments à vent, les bouteilles cassées comme des cymbales et des triangles, et les bouteilles fêlées rendaient quelque chose de l'harmonie pénétrante des violons.

Le sergent, qui avait bu quelques chopines avant d'entreprendre l'expédition, ne voyant là que des bouteilles, se sentit fort rassuré, et se mit à danser lui-même par imitation.

Puis, de plus en plus encouragé par la gaieté et le charme du spectacle, il ramassa une aimable bouteille à long goulot, d'un bordeaux pâle, comme il paraissait, et soigneusement cachetée de rouge, et la pressa amoureusement sur son cœur.

Des rires frénétiques partirent de tous côtés ; le sergent, intrigué, laissa tomber la bouteille, qui se brisa en mille morceaux.

La danse s'arrêta, des cris d'effroi se firent entendre dans tous les coins de la cave, et le sergent sentit ses cheveux se dresser en voyant que le vin répandu paraissait former une mare de sang.

Le corps d'une femme nue, dont les blonds cheveux se répandaient à terre et trempaient dans l'humidité, était étendu sous ses pieds.

Le sergent n'aurait pas eu peur du diable en personne, mais cette vue le remplit d'horreur ; songeant après tout qu'il avait à rendre compte de sa mission, il s'empara d'un cachet vert qui semblait ricaner devant lui, et s'écria :

« Au moins j'en aurai une ! »

Un ricanement immense lui répondit.

Cependant il avait regagné l'escalier, et montrant la bouteille à ses camarades, il s'écria :

« Voilà le farfadet !... vous êtes bien capons (il prononça un autre mot plus vif encore) de ne pas oser descendre là dedans ! »

Son ironie était amère. Les archers se précipitèrent dans la cave, où l'on ne retrouva qu'une bouteille de bordeaux cassée. Le reste était en place.

Les archers déplorèrent le sort de la bouteille cassée; mais, braves désormais, ils tinrent tous à remonter chacun avec une bouteille à la main.

On leur permit de les boire.

Le sergent de la prévôté dit :

« Quant à moi, je garderai la mienne pour le jour de mon mariage. »

On ne put lui refuser la pension promise, il épousa la couturière, et...

Vous allez croire qu'ils eurent beaucoup d'enfants ?

Ils n'en eurent qu'un.

III

CE QUI S'ENSUIVIT

Le jour de la noce du sergent, qui eut lieu à la Râpée, il mit la fameuse bouteille au cachet vert entre lui et son épouse, et affecta de ne verser de ce vin qu'à elle et à lui.

La bouteille était verte comme ache, le vin était rouge comme sang.

Neuf mois après, la couturière accouchait d'un petit monstre entièrement vert, avec des cornes rouges sur le front.

Et maintenant, allez, ô jeunes filles! allez-vous-en

danser à la Chartreuse... sur l'emplacement du château de Vauvert !

Cependant l'enfant grandissait, sinon en vertu, du moins en croissance. Deux choses contrariaient ses parents : sa couleur verte, et un appendice caudal qui semblait n'être d'abord qu'un prolongement du coccyx, mais qui peu à peu prenait les airs d'une véritable queue.

On alla consulter les savants, qui déclarèrent qu'il était impossible d'en opérer l'extirpation sans compromettre la vie de l'enfant. Ils ajoutèrent que c'était un cas assez rare, mais dont on trouvait des exemples cités dans Hérodote et dans Pline le Jeune. On ne prévoyait pas alors le système de Fourier.

Pour ce qui était de la couleur, on l'attribua à une prédominance du système bilieux. Cependant on essaya de plusieurs caustiques pour atténuer la nuance trop prononcée de l'épiderme, et l'on arriva, après une foule de lotions et frictions, à l'amener tantôt au vert-bouteille, puis au vert d'eau, et enfin au vert-pomme. Un instant la peau sembla tout à fait blanchir, mais le soir elle reprit sa teinte.

Le sergent et la couturière ne pouvaient se consoler des chagrins que leur donnait ce petit monstre, qui devenait de plus en plus têtu, colère et malicieux.

La mélancolie qu'ils éprouvèrent les conduisit à un vice trop commun parmi les gens de leur sorte. Ils s'adonnèrent à la boisson.

Seulement le sergent ne voulait jamais boire que du vin cacheté de rouge, et sa femme que du vin cacheté de vert.

Chaque fois que le sergent était ivre-mort, il voyait dans son sommeil la femme sanglante dont l'apparition l'avait épouvanté dans la cave après qu'il eut brisé la bouteille.

Cette femme lui disait : « Pourquoi m'as-tu pressée sur ton cœur, et ensuite immolée... moi qui t'aimais tant? »

Chaque fois que l'épouse du sergent avait trop fêté le cachet vert, elle voyait dans son sommeil apparaître un grand diable, d'un aspect épouvantable, qui lui disait : « Pourquoi t'étonner de me voir... puisque tu as bu de la bouteille?..

« Ne suis-je pas le père de ton enfant?... » O mystère !

Parvenu à l'âge de treize ans, l'enfant disparut.

Ses parents, inconsolables, continuèrent de boire, mais ils ne virent plus se renouveler les terribles apparitions qui avaient tourmenté leur sommeil.

IV

MORALITÉ

C'est ainsi que le sergent fut puni de son impiété, — et la couturière de son avarice.

V

CE QU'ÉTAIT DEVENU LE MONSTRE VERT

On n'a jamais pu le savoir.

MES PRISONS

SAINTE-PÉLAGIE EN 1832

Ces souvenirs ne réussiront jamais à faire de moi un Silvio Pellico, pas même un Magallon... Peut-être encore ai-je moins pourri dans les cachots que bien des gardes nationaux littéraires de mes amis; cependant j'ai eu le privilége d'émotions plus variées; j'ai secoué plus de chaînes, j'ai vu filtrer le jour à travers plus de grilles; j'ai été un prisonnier plus sérieux, plus considérable; en un mot, si à cause de *mes prisons* je ne me suis point posé sur un piédestal héroïque, je puis dire que ce fut pure modestie de ma part.

L'aventure remonte à quelques années; les *Mémoires de M. Gisquet* viennent de préciser l'époque dans mon souvenir; cela se rattache d'ailleurs à des circonstances fort connues; c'était dans un certain hiver où quelques artistes et poëtes s'étaient mis à parodier les soupers et les nuits de la Régence. On avait la prétention de s'enivrer au cabaret ; on était raffiné, truand et talon rouge tout à la fois. Et ce qu'il y avait de plus réel dans cette réaction vers les vieilles mœurs de la jeunesse française, c'était, non le talon rouge, mais le cabaret et l'orgie ; c'était le vin de la barrière bu dans des crânes en chantant la ronde de *Lucrèce Borgia* ; au total, peu de filles enlevées, moins encore de bourgeois battus ; et, quant au guet, formulé par des gardes municipaux et des sergents de ville, loin de se laisser *charger* de coups de bâtons et d'épées, il comprenait assez mal la couleur d'une époque illustre, pour mettre parfois les soupeurs au violon, en qualité de simples tapageurs nocturnes.

C'est ce qui arriva à quelques amis et à moi, un certain soir où la ville était en rumeur par des motifs politiques que nous ignorions profondément ; nous traversions l'émeute en chantant et en raillant, comme les épicuriens d'Alexandrie (du moins nous nous en flattions). Un instant après, les rues voisines étaient cernées, et du sein d'une foule immense, composée, comme toujours, en majorité de simples curieux, on extrayait les plus barbus et les plus chevelus, d'après un renseignement fallacieux qui, à cette époque, amenait souvent de pareilles erreurs.

Je ne peindrai pas les douleurs d'une nuit passée *au violon* ; à l'âge que j'avais alors, on dort parfaitement sur la planche inclinée de ces sortes de lieux ; le réveil est plus pénible. On nous avait divisés ; nous étions trois sous la même clef au corps de garde de la place du Palais-Royal. Le *violon* de ce poste est un véritable cachot, et je ne conseille à personne de se faire arrêter de ce côté. Après avoir probablement dormi plusieurs heures, nous nous réveillâmes au bruit qui se faisait dans le corps de garde ; du reste, nous ne savions s'il était jour ou nuit.

Nous commençâmes par appeler ; on nous enjoignit de nous tenir tranquilles. Nous demandions d'abord à sortir, puis à déjeuner, puis à fumer quelques cigares : refus sur tous ces points ; ensuite personne ne songea plus à nous ; alors nous agitons la porte, nous frappons sur les planches, nous faisons rendre au *violon* toute l'harmonie qui lui est propre ; ce fut de quoi nous fatiguer une heure ; le jour ne venait pas encore ; enfin, quelques heures après, vers midi probablement, l'ombre à peine perceptible d'une certaine lueur se projeta sur le plafond et s'y promena dès lors comme une aiguille de pendule. Nous regrettâmes le sort des prisonniers célèbres, qui avaient pu du moins élever une fleur ou apprivoiser une araignée ; le donjon de Fouquet, les plombs de Casanova, nous revinrent longuement en mémoire ; puis, comme nous étions privés de toute nourriture, il fallut nous arrêter au supplice d'Ugolin... Vers quatre heures nous entendîmes un bruit actif de verres et de fourchettes : c'étaient les municipaux qui dînaient.

Je regretterais de prolonger ce journal d'impressions fort vulgaires partagées par tant d'ivrognes, de tapageurs ou de cochers en contravention ; après dix-huit heures de violon, nous sommes conduits devant un commissaire, qui nous envoie à la Préfecture, toujours sous le poids des mêmes préventions. Dès lors notre position prenait du moins de l'intérêt. Nous pouvions écrire aux journaux, faire appel à l'opinion, nous plaindre amèrement d'être traités en criminels ; mais nous préférâmes prendre bien les choses et profiter gaiement de cette occasion d'étudier des détails nouveaux pour nous. Malheureusement nous eûmes la faiblesse de nous faire mettre à la *pistole*, au lieu de partager la salle commune, ce qui ôte beaucoup à la valeur de nos observations.

La *pistole* se compose de petites chambres fort propres à un ou deux lits, où le concierge fournit tout ce qu'on demande, comme à la prison de la garde nationale ; le plancher est en dalles, les murs sont couverts de dessins et d'inscriptions ; on boit, on lit et on fume ; la situation est donc fort supportable.

Vers midi, le concierge nous demanda si nous voulions *passer avec la société*, pendant qu'on faisait le service. Cette proposition n'était que dans le but de nous distraire, car nous pouvions simplement attendre dans une autre chambre. La *société*, c'étaient les voleurs.

Nous entrâmes dans une vaste salle garnie de bancs et de tables ; cela ressemblait simplement à un cabaret de bas étage. On nous fit voir près du poêle un homme en redingote verte qu'on nous dit être le célèbre Fossard. arrêté pour le vol des médailles de la Bibliothèque.

C'était une figure assez farouche et renfrognée, des cheveux grisonnants, un œil hypocrite. Un de mes compagnons se mit à causer avec lui. Il crut pouvoir le plaindre d'être une *haute intelligence* mal dirigée peut-être ; il émit une foule d'idées sociales et de paradoxes de l'époque, lui trouva au front du génie et lui demanda la permission de lui tâter la tête, pour examiner les bosses phrénologiques.

Là-dessus M. Fossard se fâcha très-vertement, s'écriant qu'il n'était nullement un homme d'intelligence, mais un bijoutier fort honorable et fort connu dans son quartier, arrêté par erreur ; qu'il n'y avait que des mouchards qui pussent l'interroger comme on le faisait.

« Apprenez, monsieur, dit un voisin à notre camarade, qu'il ne se trouve que d'honnêtes gens ici. »

Nous nous hâtâmes d'excuser et d'expliquer la sollicitude d'artiste de notre ami, qui, pour dissiper la malveillance naissante, se mit à dessiner un superbe Napoléon sur le mur ; on le reconnut aussitôt pour un peintre fort distingué.

En rentrant dans nos cellules, nous apprîmes du concierge que le Fossard auquel nous avions parlé n'était pas le forçat célébré par Vidocq, mais son frère, arrêté en même temps que lui.

Quelques heures après, nous comparûmes devant un juge d'instruction, qui envoya deux d'entre nous à Sainte-Pélagie, *sous la prévention* de complot contre l'État. Il s'agissait alors, autant que je puis m'en souvenir, du célèbre complot de la rue des Prouvaires, auquel on avait rattaché notre pauvre souper par je ne sais quels fils très-embrouillés.

A cette époque Sainte-Pélagie offrait trois grandes divisions complètement séparées. Les détenus politiques occupaient la plus belle partie de la prison. Une cour très-vaste, entourée de grilles et de galeries couvertes, servait toute la journée à la promenade et à la circulation. Il y avait le quartier des carlistes et le quartier des républicains. Beaucoup d'illustrations des deux partis se trouvaient alors sous les verrous. Les gérants de journaux, destinés à rester longtemps prisonniers, avaient tous obtenu de fort jolies chambres. Ceux du *National*, de la *Tribune* et de la *Révolution* étaient les mieux logés dans le pavillon de droite. La *Gazette* et la *Quotidienne* habitaient le pavillon de gauche, au-dessus du *chauffoir* public.

Je viens de citer l'aristocratie de la prison ; les détenus non journalistes, mais payant la pistole, étaient répartis en plusieurs chambrées de sept à huit personnes ; on avait égard dans ces divisions non-seulement aux opinions prononcées, mais même aux nuances. Il y avait plusieurs chambrées de républicains, parmi lesquels on distinguait rigoureusement les unitaires, les fédéralistes, et même les socialistes, peu nombreux encore. Les bonapartistes, qui avaient pour journal la *Révolution de* 1830, éteinte depuis, étaient aussi représentés ; les combattants carlistes de la Vendée et les conspirateurs de la rue des Prouvaires ne le cédaient guère en nombre aux républicains ; de plus, il y avait tout un vaste dortoir rempli des malheureux Suisses arrêtés en Vendée et constituant la *plèbe* du parti légitimiste. Celle des divers partis populaires, le résidu de tant d'émeutes et de tant de complots d'alors, composait encore la partie la plus nombreuse et la plus turbulente de la prison ; mais toutefois il était merveilleux de voir l'ordre parfait et même l'union qui régnaient entre tous ces prisonniers de diverses origines ; jamais une dispute, jamais une parole hostile ou railleuse ; les légitimistes chantaient *O Richard* ou *Vive Henri IV* d'un côté, les républicains répondaient avec la *Marseillaise* ou le *Chant du Départ ;* mais cela sans inimitié, et cela sans trouble, sans affectation, sans inimitié, et comme les apôtres de deux religions opprimées qui protestent chacun devant leur autel.

J'étais arrivé fort tard à Sainte-Pélagie, et l'on ne pouvait me donner place à la pistole que le lendemain. Il me fallut donc coucher dans l'un des dortoirs communs. C'était une vaste galerie qui contenait une quarantaine de lits. J'étais fatigué, ennuyé du bruit qui se faisait dans le chauffoir, où l'on m'avait introduit d'abord, et où j'avais le droit de rester jusqu'à l'heure du couvre-feu ; je préférais gagner le lit de sangle qu'on m'avait assigné, et où je m'endormis profondément.

L'arrivée de mes camarades de chambre ne tarda pas à me réveiller. Ces messieurs montaient l'escalier en chantant la *Marseillaise* à gorge déployée ; on appelait cela la *prière du soir*. Après la *Marseillaise* arrivait naturellement le *Chant du Départ*, puis le *Ça ira*, à la suite duquel j'espérais pouvoir me rendormir en paix ; mais j'étais bien loin de compte. Ces braves gens eurent l'idée de compléter la cérémonie par une représentation de la Révolution de juillet. C'était une sorte de pièce de leur composition, une *charade* à grand spectacle, qu'ils exécutaient fort souvent, à ce qu'on m'apprit. On commençait par réunir deux ou trois tables ; quelques-uns se dévouaient et représentaient Charles X et ses ministres tenant conseil sur cette scène improvisée ; on peut penser avec quel déguisement et quel dialogue. Ensuite venait la prise de l'Hôtel de Ville ; puis *une soirée de la cour* à Saint-Cloud, le gouvernement provisoire, la Fayette, Laffitte, etc. : chacun avait son rôle et parlait en conséquence. Le bouquet de la représentation était un vaste combat des barricades, pour lequel on avait dû renverser lits et matelas ; les traversins de crin, durs comme des bûches, servaient de projectiles. Pour moi, qui m'étais obstiné à garder mon lit, je ne veux point cacher que je reçus quelques éclaboussures de la bataille. Enfin, quand le triomphe fut regardé comme suffisamment décidé, vainqueurs et vaincus se réunirent pour chanter de nouveau la *Marseillaise*, ce qui dura jusqu'à une heure du matin.

En me réveillant, le lendemain, d'un sommeil si interrompu, j'entendis une voix partir du lit de sangle situé à ma gauche. Cette voix s'adressait à l'habitant du lit de sangle situé à ma droite ; personne encore n'était levé:

« Pierre ?

— Qu'est-ce que c'est ?

— C'est-il toi qui es de corvée ce matin ?

— Non, ce n'est pas moi ; j'ai fait la chambre hier.

— Eh bien, qui donc ?

— C'est le nouveau ; c'est un qui est là, qui dort. »

Il devenait clair que le nouveau c'était moi-même ; je feignis de continuer à dormir ; mais déjà ce n'était plus possible ; tout le monde se levait aux coups d'une cloche, et je fus forcé d'en faire autant.

Je songeais tristement à la *corvée* et à l'ennui de travailler pour les représentants du peuple libre ; les inconvénients de l'égalité m'apparaissaient cette fois bien positivement ; mais je ne tardai pas à apprendre que là aussi l'argent était une aristocratie. Mon voisin de droite vint me dire à l'oreille : « Monsieur, si vous voulez, je ferai votre corvée ; cela coûte cinq sous. »

On comprend avec quel plaisir je me rachetai de la charge que m'imposait l'égalité républicaine, et je me disais, en y songeant, qu'il eût été peut-être moins pénible, en fait de corvée, de faire la chambre d'un roi que celle d'un peuple. Les gens qui ont fait la Jacquerie n'avaient peut-être pas prévu ma position.

Une demi-heure après, un second coup de cloche nous avertit que toute la prison était rendue à sa liberté intérieure ; c'était en même temps le signal de la distribution des vivres. Chacun prit une sébile de terre et une cruche, ce qui nous faisait un peu ressembler à l'armée de Gédéon. Dans une galerie inférieure, la distribution était déjà commencée ; elle se faisait à tous les prisonniers sans exception, et se composait d'un pain de munition et d'une

MES PRISONS. 173

cruche d'eau ; après quoi on remplissait les sébiles d'une sorte de bouillon sur lequel flottait un très-léger morceau de bœuf; au fond de ce bouillon limpide on trouvait encore des gros pois ou des haricots que les prisonniers appelaient des *vestiges*, en raison, sans doute, de leur rareté.

Du reste, la cantine était ouverte au fond de la cour et desservait les trois divisions de Sainte-Pélagie. Seulement, les prisonniers politiques avaient seuls l'avantage de pouvoir y entrer et s'y mettre à table. Deux petites lucarnes suffisaient au service des prisonniers de la dette (qui n'étaient pas encore à Clichy) et des voleurs, situés dans une aile différente. La communication n'était même pas tout à fait interdite entre ces prisonniers si divers. Quelques lucarnes percées dans le mur servaient à faire passer d'une prison à l'autre de l'eau-de-vie, du vin ou des livres. Ainsi les voleurs manquaient d'eau-de-vie, mais l'un d'eux tenait une sorte de cabinet de lecture ; on échangeait, à l'aide de ficelles, des bouteilles et des romans ; les dettiers envoyaient des journaux ; on leur rendait leurs politesses en provisions de bouche, dont la section politique était mieux fournie que toute autre.

En effet, le parti légitimiste nourrissait libéralement ses défenseurs. Tous les matins, des montagnes de pâtés, de volailles et de bouteilles s'amoncelaient au parloir de la prison. Les Suisses-Vendéens étaient surtout l'objet de ces attentions et tenaient table ouverte. Je fus invité à prendre part à l'un de ces repas, ou plutôt à ce repas, qui dura tout le temps de mon séjour; car la plupart des convives restaient à table toute la journée, et sous la table toute la nuit, et l'on pouvait appliquer là ce vers de Victor Hugo:

Toujours, par quelque bout, le festin recommence.

D'ailleurs, les liaisons étaient rapides, et toutes les opinions prenaient part à cette hospitalité, chacun apportant, en outre, ce qu'il pouvait, en comestibles et en vins ; il n'y avait qu'un fort petit nombre de républicains farouches qui se tinssent à part de ces réunions ; encore cherchaient-ils à n'y point mettre d'affectation. Vers le milieu du jour, la grande cour, le *promenoir*, présentait un spectacle fort animé ; quelques bonnets phrygiens indiquaient seuls la nuance la plus prononcée ; du reste, il y avait parfaite liberté de costumes, de paroles et de chants. Cette prison était l'idéal de l'indépendance absolue rêvée par un grand nombre de ces messieurs, et hormis la faculté de franchir la porte extérieure, ils s'applaudissaient d'y jouir de toutes les libertés et de tous les droits de l'homme et du citoyen.

Cependant, si la liberté régnait avec évidence dans ce petit coin du monde, il n'en était pas de même de l'égalité. Ainsi que je l'ai remarqué déjà, la question d'argent mettait une grande différence dans les positions, comme celle de costume et d'éducation dans les relations et dans les amitiés. Mes anciens camarades de dortoir y étaient si accoutumés, qu'à partir du moment où je fus logé à la pistole, aucun d'entre eux n'osa plus m'adresser la parole ; de même, on ne voyait presque jamais un républicain en redingote se promener ou causer familièrement avec un républicain en veste. J'eus lieu souvent de remarquer que ces derniers s'en apercevaient fort bien, et l'on s'en convaincra par une aventure assez amusante qui arriva pendant mon séjour. L'un des garçons de l'établissement portait un poulet à l'un des gros bonnets du parti, logé dans le pavillon de droite. Il avait en même temps à remettre une bouteille de vin à des ouvriers qui jouaient aux cartes dans le chauffoir. Il entre là, tenant d'une main la bouteille, et de l'autre le plat dans une serviette :

« A qui portes-tu cela? lui dit un gamin de Juillet familier.

— C'est un poulet pour M. M***.

— Tiens! tiens! mais cela doit être bon...

— C'est meilleur que ton bouilli et tes *vestiges*, observe un autre.

— Il n'y a pas une patte pour moi? dit l'enfant de Paris... Et il tire un peu une patte qui sortait de la serviette. Par malheur, la patte se détache. On comprend dès lors ce qui dut arriver. Le poulet disparut en un clin d'œil. Le garçon de la cantine se désolait, ne sachant à qui s'en prendre.

— Porte-lui cela, » dit un plaisant de la chambrée.

Il réunit tous les os dans l'assiette et écrivit sur un morceau de papier : « Les républicains ne doivent pas manger de poulet. »

De temps en temps une grande voiture, dite *panier à salade*, venait chercher quelques-uns des prisonniers qui n'étaient que *prévenus*, et les transportait au Palais de Justice, devant le juge d'instruction. Je dus moi-même y comparaître deux fois. C'était alors une journée entière perdue ; car, arrivé à la Préfecture, il fallait attendre son tour dans une grande salle remplie de monde, qu'on appelait, je crois, la *souricière*. Je ne puis m'empêcher de protester ici contre la confusion qui se faisait alors des diverses sortes de détenus. Je pense que cela ne provenait d'ailleurs que d'un encombrement momentané.

Après ma dernière entrevue avec le juge, ma liberté ne dépendait plus que d'une décision de la chambre du conseil. Il fut déclaré qu'il n'y avait lieu à suivre, et dès lors je n'avais plus même à défendre mon innocence. Je dînais fort gaiement avec plusieurs de mes nouveaux amis, lorsque j'entendis crier mon nom du bas de l'escalier, avec ces mots : *Armes et bagages!* qui signifient : en liberté. La prison m'était devenue si agréable, que je demandai à rester jusqu'au lendemain. Mais il fallait partir. Je voulus du moins finir le dîner ; cela ne se pouvait pas. Je faillis donner le spectacle d'un prisonnier mis de force à la porte de la prison. Il était cinq heures. L'un des convives me reconduisit jusqu'à la porte, et m'embrassa, me promettant de venir me voir en sortant de prison. Il avait, lui, deux ou trois mois à faire encore. C'était le malheureux Gallois, que je ne revis plus, car il fut tué en duel le lendemain de sa mise en liberté.

LES
NUITS D'OCTOBRE

PARIS — PANTIN — MEAUX

I

LE RÉALISME

Avec le temps, la passion des grands voyages s'éteint, à moins qu'on n'ait voyagé assez longtemps pour devenir étranger à sa patrie. Le cercle se rétrécit de plus en plus, se rapprochant peu à peu du foyer. — Ne pouvant m'éloigner beaucoup cet automne, j'avais formé le projet d'un simple voyage à Meaux.

Il faut dire que j'ai déjà vu Pontoise.

J'aime assez ces petites villes qui s'écartent d'une dizaine de lieues du centre rayonnant de Paris, planètes modestes. Dix lieues, c'est assez loin pour qu'on ne soit pas tenté de revenir le soir, — pour qu'on soit sûr que la même sonnette ne vous réveillera pas le lendemain, pour qu'on trouve entre deux jours affairés une matinée de calme.

Je plains ceux qui, cherchant le silence et la solitude, se réveillent candidement à Asnières.

Lorsque cette idée m'arriva, il était déjà plus de midi. J'ignorais qu'au 1ᵉʳ du mois on avait changé l'heure des départs au chemin de Strasbourg.—Il fallait attendre jusqu'à trois heures et demie.

Je redescends la rue Hauteville. — Je rencontre un flâneur que je n'aurais pas reconnu si je n'eusse été désœuvré, — et qui, après les premiers mots sur la pluie et le beau temps, se met à ouvrir une discussion touchant un point de philosophie. Au milieu de mes arguments en réplique, je manque l'omnibus de trois heures. — C'était sur le boulevard Montmartre que cela se passait. Le plus simple était d'aller prendre un verre d'absinthe au café Vachette et de dîner ensuite tranquillement chez Désiré et Baurain.

La politique des journaux fut bientôt lue, et je me mis à effeuiller négligemment la *Revue britannique*. L'intérêt de quelques pages, traduites de Charles Dickens, me porta à lire tout l'article intitulé : *la Clef de la rue.*

Qu'ils sont heureux, les Anglais, de pouvoir écrire et lire des chapitres d'observation dénués de tout alliage d'invention romanesque! A Paris on nous demanderait que cela fût semé d'anecdotes et d'histoires sentimentales, — se terminant soit par une mort, soit par un mariage.

L'intelligence réaliste de nos voisins se contente du vrai absolu.

En effet, le roman rendra-t-il jamais l'effet des combinaisons bizarres de la vie. Vous inventez l'homme, — ne sachant pas l'observer. Quels sont les romans préférables aux histoires comiques, — ou tragiques d'un journal de tribunaux?

Cicéron critiquait un orateur prolixe qui, ayant à dire que son client s'était embarqué, s'exprimait ainsi : « Il se lève, — il s'habille, — il ouvre sa porte, — il met le pied hors du seuil, — il suit à droite la voie Flaminia, — pour gagner la place des Thermes, » etc., etc.

On se demande si ce voyageur arrivera jamais au port, — mais déjà il vous intéresse, et, loin de trouver l'avocat prolixe, j'aurais exigé le portrait du client, la description de sa maison et la physionomie des rues; j'aurais voulu connaître même l'heure du jour et le temps qu'il faisait. — Mais Cicéron était l'orateur de convention, et l'autre n'était pas assez l'orateur vrai.

II

MON AMI

« Et puis, qu'est-ce que cela prouve? » — comme disait Denis Diderot.

Cela prouve que l'ami dont j'ai fait la rencontre est un de ces *badauds* enracinés que Dickens appellerait *cock-*

neys, — produits assez communs de notre civilisation et de la capitale. Vous l'aurez aperçu vingt fois, vous êtes son ami, — et il ne vous reconnaît pas. Il marche dans un rêve comme les dieux de l'*Iliade* marchaient parfois dans un nuage, — seulement c'est le contraire : vous le voyez, et il ne vous voit pas.

Il s'arrêtera une heure à la porte d'un marchand d'oiseaux, cherchant à comprendre leur langage d'après le dictionnaire phonétique laissé par Dupont de Nemours, — qui a déterminé quinze cents mots dans la langue seule du rossignol.

Pas un cercle entourant quelque chanteur ou quelque marchand de cirage, pas une rixe, pas une bataille de chiens, où il n'arrête sa contemplation distraite. L'escamoteur lui emprunte toujours son mouchoir, qu'il a quelquefois, ou la pièce de cent sous, — qu'il n'a pas toujours.

L'abordez-vous? le voilà charmé d'obtenir un auditeur à son bavardage, à ses systèmes, à ses interminables dissertations, à ses récits de l'autre monde. Il vous parlera *de omni re scibili et quibusdam aliis*, pendant quatre heures, avec des poumons qui prennent de la force en s'échauffant ; — et ne s'arrêtera qu'en s'apercevant que les passants font cercle, ou que les garçons du café font leurs lits. Il attend encore qu'ils éteignent le gaz. Alors il faut bien partir ; — laissez-le s'enivrer du triomphe qu'il vient d'obtenir, car il a toutes les ressources de la dialectique, et avec lui vous n'aurez jamais le dernier mot sur quoi que ce soit. A minuit, tout le monde pense avec terreur à son portier. — Quant à lui-même, il a déjà fait son deuil du sien, et il ira se promener à quelques lieues, — ou, seulement, à Montmartre.

Quelle bonne promenade, en effet, que celle des buttes

Montmartre, à minuit, quand les étoiles scintillent et que l'on peut les observer régulièrement au méridien de Louis XIII, près du Moulin de Beurre ! Un tel homme ne craint pas les voleurs. Ils le connaissent ; — non qu'il soit pauvre toujours, quelquefois il est riche ; mais ils savent qu'au besoin il saurait jouer du couteau, ou faire le *moulinet à quatre faces*, en s'aidant du premier bâton venu. Pour le chausson, c'est l'élève de Lozès. Il n'ignore que l'escrime, parce qu'il n'aime pas les pointes, — et n'a jamais appris sérieusement le pistolet, parce qu'il croit que les balles ont leurs numéros.

III

LA NUIT DE MONTMARTRE

Ce n'est pas qu'il songe à coucher dans les carrières de Montmartre, mais il aura de longues conversations avec les chaufourniers. Il demandera aux carriers des renseignements sur les animaux antédiluviens, s'enquérant des anciens carriers qui furent les compagnons de Cuvier dans ses recherches géologiques. Il s'en trouve encore. Ces hommes abrupts, mais intelligents, écouteront pendant des heures, aux lueurs des fagots qui flambent, l'histoire des monstres dont ils retrouvent encore des débris, et le tableau des révolutions primitives du globe. — Parfois un vagabond se réveille et demande du silence, mais on le fait taire aussitôt.

Malheureusement les grandes carrières sont fermées aujourd'hui. Il y en avait une du côté du Château-Rouge, qui semblait un temple druidique, avec ses hauts piliers soutenant des voûtes carrées. L'œil plongeait dans des profondeurs — d'où l'on tremblait de voir sortir Ésus, ou Thot, ou Cérunnos, les dieux redoutables de nos pères.

Il n'existe plus aujourd'hui que deux carrières habitables du côté de Clignancourt. Mais tout cela est rempli de travailleurs dont la moitié dort pour pouvoir plus tard relayer l'autre. — C'est ainsi que la couleur se perd ! — Un voleur sait toujours où coucher : on n'arrêtait en général dans les carrières que d'honnêtes vagabonds qui n'osaient pas demander asile au poste, ou des ivrognes descendus des buttes, qui ne pouvaient se traîner plus loin.

Il y a quelquefois, du côté de Clichy, d'énormes tuyaux de gaz préparés pour servir plus tard, et qu'on laisse en dehors parce qu'ils défient toute tentative d'enlèvement. Ce fut le dernier refuge des vagabonds, après la fermeture des grandes carrières. On finit par les déloger ; ils sortaient des tuyaux par séries de cinq ou six. Il suffisait d'attaquer l'un des bouts avec la crosse d'un fusil.

Un commissaire demandait paternellement à l'un d'eux depuis combien de temps il habitait ce gîte. « Depuis un terme. — Et cela ne vous paraissait pas trop dur ? — Pas trop... Et même, vous ne croiriez pas, monsieur le commissaire, le matin, j'étais paresseux au lit. »

J'emprunte à mon ami ces détails sur les nuits de Montmartre. Mais il est bon de songer que, ne pouvant partir, je trouve inutile de rentrer chez moi en costume de voyage. Je serais obligé d'expliquer pourquoi j'ai manqué deux fois les omnibus. — Le premier départ du chemin de fer de Strasbourg n'est qu'à sept heures du matin ; — que faire jusque-là ?

IV

CAUSERIE

« Puisque nous sommes *annuités*, dit mon ami, si tu n'as pas sommeil, nous irons souper quelque part. — La *Maison d'Or*, c'est bien mal composé : des lorettes, des quarts d'agent de change, et les débris de la jeunesse dorée. Aujourd'hui tout le monde a quarante ans, — ils en ont soixante. Cherchons encore la jeunesse non dorée. Rien ne me blesse comme les mœurs d'un jeune homme dans un homme âgé, à moins qu'il ne soit Brancas — ou Saint-Cricq. Tu n'as jamais connu Saint-Cricq?

— Au contraire.

— C'est lui qui se faisait de si belles salades au café Anglais, entremêlées de tasses de chocolat. Quelquefois, par distraction, il mêlait le chocolat avec la salade, cela n'offensait personne. Eh bien, les viveurs sérieux, les gens ruinés qui voulaient se refaire avec des places, les diplomates en herbe, les sous-préfets en expectative, les directeurs de théâtre ou de n'importe quoi — futurs — avaient mis ce pauvre Saint-Cricq en interdit. Mis au ban, — comme nous disions jadis, — Saint-Cricq s'en vengea d'une manière bien spirituelle. On lui avait refusé la porte du café Anglais; visage de bois partout. Il délibéra en lui-même pour savoir s'il n'attaquerait pas la porte avec des rossignols — ou à grands coups de pavé. Une réflexion l'arrêta : « Pas d'effraction, pas de dégradation ; il vaut mieux aller trouver mon ami le préfet de police. »

Il prend un fiacre, deux fiacres ; il aurait pris quarante fiacres s'il les eût trouvés sur la place.

A une heure du matin, il faisait grand bruit rue de Jérusalem.

— Je suis Saint-Cricq, je viens demander justice — d'un tas de.... polissons ; hommes charmants — mais qui ne comprennent pas...., enfin, qui ne comprennent pas ! Où est Gisquet ?

— Monsieur le préfet est couché.

— Qu'on le réveille. J'ai des révélations importantes à lui faire.

On réveille le préfet, croyant qu'il s'agissait d'un complot politique. Saint-Cricq avait eu le temps de se calmer. Il redevient posé, précis, parfait gentilhomme, traite avec aménité le haut fonctionnaire, lui parle de ses parents, de ses entours, lui raconte des scènes du grand monde, et s'étonne un peu de ne pouvoir, lui Saint-Cricq, aller souper paisiblement dans un café où il a ses habitudes.

Le préfet, fatigué, lui donne quelqu'un pour l'accompagner. Il retourne au café Anglais, dont l'agent fait ouvrir la porte ; Saint-Cricq triomphant demande ses salades et ses chocolats ordinaires, et adresse à ses ennemis cette objurgation :

« Je suis ici par la volonté de mon père et de monsieur le préfet, etc., et je n'en sortirai, » etc.

Ton histoire est jolie, dis-je à mon ami, mais je la connaissais, — et je ne l'ai écoutée que pour l'entendre raconter par toi. Nous savons toutes les facéties de ce bonhomme, ses grandeurs et sa décadence, — ses quarante fiacres, — son amitié pour Harel et ses procès avec la

Comédie-Française, — en raison de ce qu'il admirait trop
hautement Molière. — Il traitait les ministres d'alors de
polichinelles. Il osa s'adresser plus haut.... Le monde ne
pouvait supporter de telles excentricités. — Soyons gais,
mais convenables. Ceci est la parole du sage.

V

LES NUITS DE LONDRES

Eh bien, si nous ne soupons pas *dans la haute,* dit mon
ami, — je ne sais guère où nous irions à cette heure-ci.
Pour la Halle, il est trop tôt encore. J'aime que cela soit
peuplé autour de moi. — Nous avions récemment au
boulevard du Temple, dans un café près de l'Épi-Scié,
une combinaison de soupers à un franc, où se réunissaient
principalement des modèles, hommes et femmes, — em-
ployés quelquefois dans les tableaux vivants ou dans les
drames et vaudevilles à poses. — Des festins de Trimal-
cion comme ceux du vieux Tibère à Caprée. On a encore
fermé cela.

— Pourquoi.

— Je le demande. Es-tu allé à Londres?

— Trois fois.

— Eh bien, tu sais la splendeur de ses nuits, auxquelles
manque trop souvent le soleil d'Italie? Quand on sort de
Majesty-Theater, ou de *Drury-Lane* ou de *Covent-Gar-
den,* ou seulement de la charmante bonbonnière du

Strand, dirigée par madame Céleste, l'âme excitée par une musique bruyante ou délicieusement énervante (oh! les Italiens!), — par les facéties de je ne sais quel clown, par des scènes de boxe que l'on voit dans des box [1].....
l'âme, dis-je, sent le besoin, dans cette heureuse ville où le portier manque, — où l'on a négligé de l'inventer, — de se remettre d'une telle tension. La foule alors se précipite dans les *bœuf-maisons,* dans les *huître-maisons,* dans les cercles, dans les clubs et dans les *saloons!*

— Que m'apprends-tu là! Les nuits de Londres sont délicieuses; c'est une série de paradis ou une série d'*enfers,* selon les moyens qu'on possède. Les *gin-palace* (palais de genièvre) resplendissants de gaz, de glaces et de dorures, où l'on s'enivre entre un pair d'Angleterre et un chiffonnier... Les petites filles maigrelettes qui vous offrent des fleurs. Les dames des wauxhalls et des amphithéâtres, qui, rentrant à pied, vous coudoient à l'anglaise, et vous laissent éblouis d'une désinvolture de pairesse! Des velours, des hermines, des diamants, comme au théâtre de la Reine!... De sorte que l'on ne sait si ce sont les grandes dames qui sont des.....

— Tais-toi!

[1] Loges.

VI

DEUX SAGES

Nous nous entendons si bien, mon ami et moi, qu'en vérité, sans le désir d'agiter notre langue et de nous animer un peu, il serait inutile que nous eussions ensemble la moindre conversation. Nous ressemblerions au besoin à ces deux philosophes marseillais qui avaient longtemps abîmé leurs organes à discuter sur le *grand Peut-être*. A force de dissertations, ils avaient fini par s'apercevoir qu'ils étaient du même avis, — que leurs pensées se trouvaient *adéquates*, et que les angles sortants du raisonnement de l'un s'appliquaient exactement aux angles rentrants du raisonnement de l'autre.

Alors, pour ménager leurs poumons, ils se bornaient, sur toute question philosophique, — politique — ou religieuse, à un certain « *Hum* ou *Heuh*, » — diversement accentué, qui suffisait pour amener la résolution du problème.

L'un, par exemple, montrait à l'autre, — pendant qu'ils prenaient le café ensemble, — un article sur la *fusion*. — *Hum!* disait l'un ; *Heuh!* disait l'autre.

La question des classiques et des scolastiques, soulevée par un journal bien connu, était pour eux comme celle des réalistes et des nominaux du temps d'Abeilard ; *Heuh!* disait l'un ; — *Hum!* disait l'autre.

Il en était de même pour ce qui concerne la femme ou l'homme, le chat ou le chien. Rien de ce qui est dans la nature, ou qui s'en éloigne, n'avait la vertu de les étonner autrement.

Cela finissait toujours par une partie de dominos ;—jeu spécialement silencieux et méditatif.

— Mais pourquoi, dis-je à mon ami, n'est-ce pas ici comme à Londres ? Une grande capitale ne devrait jamais dormir ?

— Parce qu'il y a ici des portiers, — et qu'à Londres chacun, ayant un passe-partout de la porte extérieure, rentre à l'heure qu'il veut.

— Cependant, moyennant cinquante centimes, on peut ici rentrer partout après minuit.

— Et l'on est regardé comme un homme qui n'a pas de conduite.

— Si j'étais préfet de police, au lieu de faire fermer les boutiques, les théâtres, les cafés et les restaurants à minuit, je payerais une prime à ceux qui resteraient ouverts jusqu'au matin. Car enfin je ne crois pas que la police ait jamais favorisé les voleurs ; mais il semble, d'après ces dispositions, qu'elle leur livre la ville sans défense, — une ville surtout où un grand nombre d'habitants : imprimeurs, acteurs, critiques, machinistes, allumeurs, etc., ont des occupations qui les retiennent jusqu'après minuit.

— Et les étrangers, que de fois je les ai entendus rire... en voyant que l'on couche les Parisiens sitôt.

— La routine ! dit mon ami.

VII

LE CAFÉ DES AVEUGLES

— Mais, reprit-il, si nous ne craignons pas les *tirelaines*, nous pouvons encore jouir des agréments de la soirée ; ensuite nous reviendrons souper, soit à la *Pâtisserie* du boulevard Montmartre, soit à la *Boulangerie*, que d'autres appellent la *Boulange*, rue Richelieu. Ces établissements ont la permission de deux heures. Mais on n'y soupe guère *à fond*. Ce sont des pâtés, des *sandwich*, — une volaille peut-être, ou quelques assiettes assorties de gâteaux, que l'on arrose invariablement de madère. — Souper de figurante, ou de pensionnaire... lyrique. Allons plutôt chez le rôtisseur de la rue Saint-Honoré.

Il n'était pas encore tard en effet. Notre désœuvrement nous faisait paraître les heures longues... En passant au perron pour traverser le Palais-Royal, un grand bruit de tambour nous avertit que le Sauvage continuait ses exercices au café des Aveugles.

L'orchestre *homérique*[1] exécutait avec zèle les accompagnements. La foule était composée d'un parterre inouï, garnissant les tables, et qui, comme aux Funambules, vient fidèlement jouir tous les soirs du même spectacle et du même acteur. Les dilettantes trouvaient que M. Blon-

---

[1] Ὁ μὴ ὁράων, aveugle.

delet (le sauvage) semblait fatigué et n'avait pas dans son jeu toutes les nuances de la veille. Je ne pus apprécier cette critique; mais je l'ai trouvé fort beau. Je crains seulement que ce ne soit aussi un aveugle et qu'il n'ait des yeux d'émail.

Pourquoi des aveugles, direz-vous, dans ce seul café, qui est un caveau? C'est que vers la fondation, qui remonte à l'époque révolutionnaire, il se passait là des choses qui eussent révolté la pudeur d'un orchestre. Aujourd'hui tout est calme et décent. Et même la galerie sombre du caveau est placée sous l'œil vigilant d'un sergent de ville.

Le spectacle éternel de l'*Homme à la poupée* nous fit fuir, parce que nous le connaissions déjà. Du reste, cet homme imite parfaitement le français-belge.

Et maintenant plongeons-nous plus profondément encore dans les cercles inextricables de l'enfer parisien. Mon ami m'a promis de me faire passer la nuit *à Pantin*.

VIII

PANTIN

Pantin — c'est le Paris obscur, — quelques-uns diraient le Paris canaille; mais ce dernier s'appelle, en argot, Pantruche. N'allons pas si loin.

En tournant la rue de Valois, nous avons rencontré une façade lumineuse d'une douzaine de fenêtres; — c'est l'ancien *Athénée*, inauguré par les doctes leçons de Laharpe.

Aujourd'hui c'est le splendide estaminet des *Nations*, contenant douze billards. Plus d'esthétique, plus de poésie ; — on y rencontre des gens assez forts pour faire circuler des billes autour de trois chapeaux espacés sur le tapis vert, aux places où sont les mouches. Les *blocs* n'existent plus ; le progrès a dépassé ces vaines promesses de nos pères. Le carambolage seul est encore admis ; mais il n'est pas convenable d'en manquer un seul (de carambolage).

J'ai peur de ne plus parler français, — c'est pourquoi je viens de me permettre cette dernière parenthèse. — Le français de M. Scribe, celui de la Montansier, celui des estaminets, celui des lorettes, des concierges, des réunions bourgeoises, des salons, commence à s'éloigner des traditions du grand siècle. La langue de Corneille et de Bossuet devient peu à peu du *sanscrit* (langue savante). Le règne du *pràcrit* (langue vulgaire) commence pour nous, — je m'en suis convaincu en prenant mon billet et celui de mon ami — au bal situé rue *Honoré*, que les envieux désignent sous le nom de *Bal des Chiens*. Un habitué nous a dit : Vous *roulez* (vous entrez) dans le bal (on prononce b-a-l), c'est assez *rigollot* ce soir.

Rigollot signifie amusant.

En effet, c'était *rigollot*.

La maison intérieure, à laquelle on arrive par une longue allée, peut se comparer aux gymnases antiques. La jeunesse y rencontre tous les exercices qui peuvent développer sa force et son intelligence. Au rez-de-chaussée, le café-billard ; au premier, la salle de danse ; au second, la salle d'escrime et de boxe ; au troisième, le daguerréotype, instrument de patience qui s'adresse aux esprits fatigués, et qui, détruisant les illusions, oppose à chaque figure le miroir de la vérité.

Mais, la nuit, il n'est question ni de boxe ni de portraits; un orchestre étourdissant de cuivres, dirigés par M. Hesse, dit *Décati*, vous attire invinciblement à la salle de danse, où vous commencez à vous débattre contre les marchandes de biscuits et de gâteaux. On arrive dans la première pièce, où sont les tables, et où l'on a le droit d'échanger son billet de 25 centimes contre la même somme *en consommation*. Vous apercevez des colonnes entre lesquelles s'agitent des quadrilles joyeux. Un sergent de ville vous avertit paternellement que l'on ne peut fumer que dans la salle d'entrée, — le prodrome.

Nous jetons nos bouts de cigare, immédiatement ramassés par des jeunes gens moins fortunés que nous. — Mais, vraiment, le bal est très-bien ; on se croirait dans le monde — si l'on ne s'arrêtait à quelques imperfections de costume. C'est, au fond, ce qu'on appelle à Vienne un *bal négligé.*

Ne faites pas le fier. — Les femmes qui sont là en valent bien d'autres, et l'on peut dire des hommes, en parodiant certains vers d'Alfred de Musset sur les derviches turcs :

> Ne les dérange pas, ils t'appelleraient chien...
> Ne les insulte pas, car ils te valent bien !

Tâchez de trouver dans le monde une pareille animation. La salle est assez grande et peinte en jaune. Les gens respectables s'adossent aux colonnes, avec défense de fumer, et n'exposent que leurs poitrines aux coups de coude, et leurs pieds aux trépignements éperdus du galop et de la valse. Quand la danse s'arrête, les tables se garnissent. Vers onze heures, les ouvrières sortent et font place à des personnes qui sortent des théâtres, des cafés-concerts et de plusieurs établissements publics. L'orchestre se ranime pour cette population nouvelle, et ne s'arrête que vers minuit.

IX

LA GOGUETTE

Nous n'attendîmes pas cette heure. Une affiche bizarre attira notre attention. Le règlement d'une goguette était affiché dans la salle :

SOCIÉTÉ LYRIQUE DES TROUBADOURS.

Bury, président. Beauvais, maître de chant, etc.
Art. 1er. Toutes chansons politiques ou atteignant la religion ou les mœurs sont formellement interdites.
2° Les *échos* ne seront accordés que lorsque le président le jugera convenable.
3° Toute personne se présentant en état de troubler l'ordre de la soirée, l'entrée lui en sera refusée.
4° Toute personne qui aurait troublé l'ordre, qui, après **deux avertissements** dans la soirée, n'en tiendrait pas compte, sera priée de sortir immédiatement.

Approuvé, etc.

Nous trouvons ces dispositions fort sages; mais la Société lyrique des Troubadours, si bien placée en face de l'ancien Athénée, ne se réunit pas ce soir-là. Une autre goguette existait dans une autre cour du quartier. Quatre lanternes mauresques annonçaient la porte, surmontée d'une équerre dorée.

Un contrôleur vous prie de déposer le montant d'une chopine (six sous), et l'on arrive au premier, où derrière la porte se rencontre le *chef d'ordre*. — « Êtes-vous du bâtiment? nous dit-il. — Oui, nous sommes du bâtiment, » répondit mon ami.

Ils se firent les attouchements obligés, et nous pûmes entrer dans la salle.

Je me rappelai aussitôt la vieille chanson exprimant l'étonnement d'un *louveteau* [1] nouveau-né qui rencontre une société fort agréable et se croit obligé de la célébrer : « Mes yeux sont éblouis, dit-il. Que vois-je dans cette enceinte?

> « Des menuisiers! des ébénisses!
> Des entrepreneurs de bâtisses !...
> Qu'on dirait un bouquet de fleurs,
> Paré de ses mille couleurs! »

Enfin nous étions *du bâtiment*, — et le mot se dit aussi au moral, attendu que le *bâtiment* n'exclut pas les poëtes; — Amphyon, qui élevait des murs aux sons de sa lyre, était du bâtiment. — Il en est de même des artistes peintres et statuaires, qui en sont les enfants gâtés.

Comme le *louveteau*, je fus ébloui de la splendeur du coup d'œil. Le *chef d'ordre* nous fit asseoir à une table, d'où nous pûmes admirer les trophées ajustés entre chaque panneau. Je fus étonné de ne pas y rencontrer les ancien-

---

[1] Fils de maître, selon les termes du compagnonnage.

nes légendes obligées : « Respect aux dames ! Honneur aux Polonais. » Comme les traditions se perdent !

En revanche, le bureau, drapé de rouge, était occupé par trois commissaires fort majestueux. Chacun avait devant soi sa sonnette, et le président frappa trois coups avec le marteau consacré. La *mère* des compagnons était assise au pied du bureau. On ne la voyait que de profil, mais le profil était plein de grâce et de dignité.

— Mes petits amis, dit le président, notre ami *** va chanter une nouvelle composition, intitulée *la Feuille de saule.* »

La chanson n'était pas plus mauvaise que bien d'autres. Elle imitait faiblement le genre de Pierre Dupont. Celui qui la chantait était un beau jeune homme aux longs cheveux noirs, si abondants, qu'il avait dû s'entourer la tête d'un cordon, afin de les maintenir; il avait une voix douce parfaitement timbrée, et les applaudissements furent doubles, — pour l'*auteur* et pour le *chanteur*.

Le président réclama l'indulgence pour une demoiselle dont le premier essai allait se produire devant *les amis* Ayant frappé les trois coups, il se recueillit, et au milieu du plus complet silence on entendit une voix jeune, encore imprégnée des rudesses du premier âge, mais qui, *se dépouillant* peu à peu (selon l'expression d'un de nos voisins), arrivait aux *traits* et aux fioritures les plus hardis. L'éducation classique n'avait pas gâté cette fraîcheur d'intonation, cette pureté d'organe, cette parole émue et vibrante, qui n'appartiennent qu'aux talents vierges encore des leçons du Conservatoire.

X

LE RÔTISSEUR

O jeune fille à la voix perlée! — tu ne sais pas *phraser* comme au Conservatoire; — tu ne *sais pas chanter*, ainsi que dirait un critique musical... Et pourtant ce timbre jeune, ces désinences tremblées à la façon des chants naïfs de nos aïeules, me remplissent d'un certain charme! Tu as composé des paroles qui ne riment pas et une mélodie qui n'est pas *carrée;* — et c'est dans ce petit cercle seulement que tu es comprise et rudement applaudie. On va conseiller à ta mère de t'envoyer chez un maître de chant, — et dès lors te voilà perdue... perdue pour nous! — Tu chantes au bord des abîmes, comme les cygnes de l'Edda. Puissé-je conserver le souvenir de ta voix si pure et si ignorante, et ne t'entendre plus, soit dans un théâtre lyrique, soit dans un concert, — ou seulement dans un café chantant!

Adieu, adieu, et pour jamais adieu!... Tu ressembles au séraphin doré du Dante, qui répand un dernier éclair de poésie sur les cercles ténébreux — dont la spirale immense se rétrécit toujours, pour aboutir à ce puits sombre où Lucifer est enchaîné jusqu'au jour du dernier jugement.

Et maintenant passez autour de nous, couples souriants

ou plaintifs... « spectres où saigne encore la place de l'amour! » Les tourbillons que vous formez s'effacent peu à peu dans la brume... La *Pia*, la *Francesca*, passent peut-être à nos côtés... L'adultère, le crime et la faiblesse se coudoient, sans se reconnaître, à travers ces ombres trompeuses.

Derrière l'ancien cloître Saint-Honoré, dont les derniers débris subsistent encore, cachés par les façades des maisons modernes, est la boutique d'un rôtisseur ouvert jusqu'à deux heures du matin. Avant d'entrer dans l'établissement, mon ami murmura, cette chanson colorée :

« A la Grand'Pinte, quand le vent — fait grincer l'enseigne en fer-blanc, — alors qu'il gèle, — dans la cuisine, on voit briller, — toujours un tronc d'arbre au foyer; — flamme éternelle, —

« Où rôtissent en chapelets, — oisons, canards, dindons, poulets, — au tournebroche! — Et puis le soleil jaune d'or — sur les casseroles encor, — darde et s'accroche! »

Mais ne parlons pas du soleil, il est minuit passé.

Les tables du rôtisseur sont peu nombreuses; elles étaient toutes occupées.

Allons ailleurs, — dis-je. — Mais auparavant, répondit mon ami, consommons un petit bouillon de poulet. Cela ne peut suffire à nous ôter l'appétit, et chez Véry cela coûterait 1 fr.; ici, c'est 10 c. Tu conçois qu'un rôtisseur qui débite par jour cinq cents poulets en doit conserver les abattis, les cœurs et les foies, qu'il lui suffit d'entasser dans une marmite pour faire d'excellents consommés.

Les deux bols nous furent servis sur le comptoir, et le bouillon était parfait. — Ensuite on suce quelques écrevisses de Strasbourg grosses comme de petits homards. Les moules, la friture, et les volailles découpées jusque dans les prix les plus modestes, composent le souper ordinaire des habitués.

Aucune table ne se dégarnissait. Une femme d'un aspect majestueux, type habillé des néréides de Rubens ou des bacchantes de Jordaëns, donnait, près de nous, des conseils à un jeune homme.

Ce dernier, élégamment vêtu, mince de taille, et dont la pâleur était relevée par de longs cheveux noirs et de petites moustaches soigneusement tordues et cirées aux pointes, écoutait avec déférence les avis de l'imposante matrone. On ne pouvait guère lui reprocher qu'une chemise prétentieuse à jabot de dentelle et à manchettes plissées, une cravate bleue et un gilet d'un rouge ardent croisé de lignes vertes. Sa chaîne de montre pouvait être en chrysocale, son épingle en strass du Rhin; mais l'effet en était assez riche aux lumières.

— Vois-tu, *muffeton*, disait la dame, tu n'es pas fait pour ce métier-là de vivre la nuit. Tu t'obstines, tu ne pourras pas! Le bouillon de poulet te soutient, c'est vrai; mais la liqueur t'abîme. Tu as des palpitations, et les pommettes rouges le matin. Tu as l'air fort, parce que tu es nerveux... Tu feras mieux de dormir à cette heure-ci.

— De quoi? — observa le jeune homme avec cet accent des voyous parisiens qui semble un râle, et que crée l'usage précoce de l'eau-de-vie et de la pipe : est-ce qu'il ne faut pas que je fasse mon état? C'est les chagrins qui me font boire : pourquoi est-ce que Gustine m'a trahi!

— Elle t'a trahi sans te trahir... C'est une baladeuse, voilà tout.

— Je te parle comme à ma mère : si elle revient, c'est fini, je me range. Je prends un fonds de bimbeloterie. Je l'épouse

— Encore une bêtise!

— Puisqu'elle m'a dit que je n'avais pas d'établissement!

— Ah! jeune homme! cette femme-là, ça sera ta mort.

— Elle ne sait pas encore la roulée qu'elle va recevoir!

— Tais-toi donc! dit la femme-Rubens en souriant, ce n'est pas toi qui es capable de corriger une femme!

Je n'en voulus pas entendre davantage. — Jean-Jacques avait bien raison de s'en prendre aux mœurs des villes d'un principe de corruption qui s'étend plus tard jusqu'aux campagnes. — A travers tout cela cependant, n'est-il pas triste d'entendre retentir l'accent de l'amour, la voix pénétrée d'émotion, la voix mourante du vice, à travers la phraséologie de la crapule?

Si je n'étais sûr d'accomplir une des missions douloureuses de l'écrivain, je m'arrêterais ici; mais mon ami me dit comme Virgile à Dante : — *Or sie forte ed ardito; — omai si scende per i fatte scale...* [1].

A quoi je répondis sur un air de Mozart :

And am'! and am'! andiamo bene!...

— Tu te trompes! reprit-il, ce n'est pas là l'enfer : c'est tout au plus le purgatoire. Allons plus loin.

XI

LA HALLE

— Quelle belle nuit! — dis-je en voyant scintiller les étoiles au-dessus du vaste emplacement où se dessinent, à

---

[1] Sois fort et hardi : on ne descend ici que par de tels escaliers.

gauche, la coupole de la Halle aux Blés avec la colonne cabalistique qui faisait partie de l'hôtel de Soissons, et qu'on appelait l'Observatoire de Catherine de Médicis, puis le marché à la volaille ; à droite, le marché au beurre, et plus loin la construction inachevée du marché à la viande. — La silhouette grisâtre de Saint-Eustache ferme le tableau. Cet admirable édifice, où le style fleuri du moyen âge s'allie si bien aux dessins corrects de la Renaissance, s'éclaire encore magnifiquement aux rayons de la lune, avec son armature gothique, ses arcs-boutants multipliés comme les côtes d'un cétacé prodigieux, et les cintres romains de ses portes et de ses fenêtres, dont les ornements semblent appartenir à la coupe ogivale. Quel malheur qu'un si rare vaisseau soit déshonoré, à droite par une porte de sacristie à colonnes d'ordre ionique, et à gauche par un portail dans le goût de Vignole !

Le petit carreau des halles commençait à s'animer. Les charrettes des maraîchers, des mareyeurs, des beurriers, des verduriers, se croisaient sans interruption. Les charretiers arrivés au port se rafraîchissaient dans les cafés et dans les cabarets, ouverts sur cette place pour toute la nuit. Dans la rue Mauconseil, ces établissements s'étendent jusqu'à la halle aux huîtres ; dans la rue Montmartre, de la pointe Saint-Eustache à la rue du Jour.

On trouve là, à droite, des marchands de sangsues ; l'autre côté est occupé par les pharmacies-Raspail et les débitants de cidre, — chez lesquels on peut se régaler d'huîtres et de tripes à la mode de Caen. Les pharmaciens ne sont pas inutiles, à cause des accidents ; mais, pour des gens sains qui se promènent, il est bon de boire un verre de cidre ou de poiré. C'est rafraîchissant.

Nous demandâmes du cidre nouveau, — car il n'y a que

des Normands ou des Bretons qui puissent se plaire au cidre *dur*. — On nous répondit que les cidres nouveaux n'arriveraient que dans huit jours, et qu'encore la récolte était mauvaise. — Quant aux poirés, ajouta-t-on, ils sont arrivés depuis hier ; ils avaient manqué l'année passée.

La ville de Domfront (ville de malheur) est cette fois très-heureuse. — Cette liqueur blanche et écumante comme le champagne rappelle beaucoup la blanquette de Limoux. Conservée en bouteille, elle grise très-bien son homme. — Il existe de plus une certaine eau-de-vie de cidre de la même localité, dont le prix varie selon la grandeur des petits verres. Voici ce que nous lûmes sur une pancarte attachée au flacon :

Le monsieur.	4 sous.
La demoiselle.	2
Le misérable.	1 sou.

Cette eau-de-vie, dont les diverses mesures sont ainsi qualifiées, n'est point mauvaise et peut servir d'absinthe — Elle est inconnue sur les grandes tables.

XII

LE MARCHÉ DES INNOCENTS

En passant à gauche du marché aux poissons, où l'animation ne commence que de cinq à six heures, moment de la vente à la criée, nous avons remarqué une foule d'hommes en blouse, en chapeau rond et en manteau blanc rayé de noir, couchés sur des sacs de haricots... Quelques-uns se chauffaient autour de feux comme ceux que font les soldats qui campent, — d'autres s'allumaient des *foyers* intérieurs dans les cabarets voisins. D'autres, encore debout près des sacs, se livraient à des adjudications de haricots... Là, on parlait prime, différence, couverture, reports; hausse et baisse enfin comme à la bourse.

— Ces gens en blouse sont plus riches que nous, dit mon compagnon. Ce sont de faux paysans. Sous leur roulière ou leur bourgeron ils sont parfaitement vêtus et laisseront demain leur blouse chez le marchand de vin pour retourner chez eux en tilbury. Le spéculateur adroit revêt la blouse comme l'avocat revêt la robe. Ceux de ces gens-là qui dorment sont les *moutons,* ou les simples voituriers.

— 46-66 l'haricot de Soissons! dit près de nous une voix grave. — 48, fin courant, ajouta un autre. — Les suisses blancs sont hors de prix. — Les nains 28. — **La** vesce à 13-34... Les *flageolets* sont mous, etc.

Nous laissons ces braves gens à leurs combinaisons. — Que d'argent il se gagne et se perd ainsi!... Et l'on a supprimé les jeux !

XIII

LES CHARNIERS

Sous les colonnes du marché aux pommes de terre, des femmes matinales, ou bien tardives, épluchaient leurs denrées à la lueur des lanternes. Il y en avait de jolies qui travaillaient sous l'œil des mères en chantant de vieilles chansons. Ces dames sont souvent plus riches qu'il ne semble, et la fortune même n'interrompt pas leur rude labeur. Mon compagnon prit plaisir à s'entretenir très-longtemps avec une jolie blonde, lui parlant du dernier bal de la Halle, dont elle avait dû faire l'un des plus beaux ornements... Elle répondait fort élégamment et comme une personne du monde, quand je ne sais par quelle fantaisie il s'adressa à la mère en lui disant : « Mais votre demoiselle est charmante... *A-t elle le sac?* (cela veut dire en langage des halles : A-t-elle de l'argent?) — Non, mon fy, dit la mère, c'est moi qui l'ai, le sac! — Et mais, madame, si vous étiez veuve, on pourrait... Nous recauserons de cela! — Va-t'en donc, vieux *mufl!* » cria la jeune fille avec un accent entièrement local qui tranchait sur ses phrases précédentes.

Elle me fit l'effet de la blonde sorcière de *Faust*, qui, causant tendrement avec son valseur, laisse échapper de sa bouche une souris rouge.

Nous tournâmes les talons, poursuivis d'imprécations railleuses, qui rappelaient d'une façon assez classique les colloques de Vadé.

— Il s'agit décidément de souper, dit mon compagnon. Voici Bordier, mais la salle est étroite. C'est le rendez-vous des fruitiers-orangers et des orangères. Il y a un autre Bordier qui fait le coin de la rue aux Ours, et qui est passable; puis le restaurant des Halles, fraîchement sculpté et doré, près de la rue de la Reynie... Mais autant vaudrait la Maison d'Or.

— En voilà d'autres, dis-je en tournant les yeux vers cette longue ligne de maisons régulières qui bordent la partie du marché consacré aux choux.

Y penses-tu? Ce sont les *charniers*. C'est là que des poëtes en habit de soie, épée et manchettes, venaient souper, au siècle dernier, les jours où leur manquaient les invitations du grand monde. Puis, après avoir consommé l'ordinaire de six sous, ils lisaient leurs vers par habitude aux rouliers, aux maraîchers et aux forts : « Jamais je n'ai eu tant de succès, disait Robbé, qu'auprès de ce public formé aux arts par les mains de la nature ! »

Les hôtes poétiques de ces caves voûtées s'étendaient, après souper, sur les bancs ou sur les tables, et il fallait, le lendemain matin, qu'ils se fissent poudrer à deux sols par quelque *merlan* en plein air, et repriser par les ravaudeuses, pour aller ensuite briller aux petits levers de madame de Luxembourg, de mademoiselle Hus ou de la comtesse de Beauharnais.

XIV

BARATTE

Ces temps sont passés. — Les caves des charniers sont aujourd'hui restaurées, éclairées au gaz ; la consommation y est propre, et il est défendu d'y dormir, soit sur les tables, soit dessous ; mais que de choux dans cette rue !... La rue parallèle de la Ferronnerie en est également remplie, et le cloître voisin de Sainte-Opportune en présente de véritables montagnes. La carotte et le navet appartiennent au même département : « Voulez-vous des *frisés*, des *milans*, des *cabus*, mes petits amours ? » nous crie une marchande.

En traversant la place, nous admirons des potirons monstrueux. On nous offre des saucisses et des boudins, du café à un sou la tasse, — et aux pieds mêmes de la fontaine de Pierre Lescot et de Jean Goujon sont installés, en plein vent, d'autres soupeurs plus modestes encore que ceux des charniers.

Nous fermons l'oreille aux provocations, et nous nous dirigeons vers Barrate, en fendant la presse des marchandes de fruits et de fleurs. — L'une crie : « Mes petits choux ! fleurissez vos dames ! » Et, comme on ne vend à cette heure-là qu'en gros, il faudrait avoir beaucoup de dames *à fleurir* pour acheter de telles bottes de bouquets ; — une autre chante la chanson de son état :

« Pommes de reinette et pommes d'api ! — Calvil, calvil, calvil rouge ! — Calvil rouge et calvil gris ! —

« Étant en crique, — dans ma boutique, — j'vis des inconnus qui m'dirent : Mon p'tit cœur : — venez me voir, vous aurez grand débit ! —

« Nenni, messieurs ! — je n'puis, d'ailleurs, — car il n' m' reste — qu'un artichaut — et trois petits choux-fleurs ! »

Insensibles aux voix de ces sirènes, nous entrons enfin chez Baratte. Un individu en blouse, qui semblait avoir *son petit jeune homme* (être gris), roulait au même instant sur les bottes de fleurs, expulsé avec force, parce qu'il avait fait du bruit. Il s'apprête à dormir sur un amas de roses rouges, imaginant sans doute être le vieux Silène, et que les bacchantes lui ont préparé ce lit odorant. Les fleuristes se jettent sur lui, et le voilà bien plutôt exposé au sort d'Orphée.... Un sergent de ville s'entremet et le conduit au poste de la halle aux Cuirs, signalé de loin par une campanille et un cadran éclairé.

La grande salle est un peu tumultueuse chez Baratte ; mais il y a des salles particulières et des cabinets. Il ne faut pas se dissimuler que c'est là le restaurant des aristos. L'usage est d'y demander des huîtres d'Ostende avec un petit ragoût d'échalotes découpées dans du vinaigre et poivrées, dont on arrose légèrement lesdites huîtres. Ensuite, c'est la soupe à l'oignon, qui s'exécute admirablement à la Halle, et dans laquelle les raffinés sèment du parmesan râpé.
— Ajoutez à cela un perdreau ou quelque poisson qu'on obtient naturellement de première main, du bordeaux, un dessert de fruits premier choix, et vous conviendrez qu'on soupe fort bien à la Halle. — C'est une affaire de sept francs par personne environ.

On ne comprend guère que tous ces hommes en blouse, mélangés du plus beau sexe de la banlieue en cornettes et ne marmottes, se nourrissent si convenablement ; mais, je l'ai dit, ce sont de faux paysans et des millionnaires méconnaissables. Les facteurs de la Halle, les gros marchands de légumes, de viande, de beurre et de marée sont des gens qui savent se traiter comme il faut, et les forts eux-mêmes ressemblent un peu à ces braves portefaix de Marseille qui soutiennent de leurs capitaux les maisons qui les font travailler.

XV

PAUL NIQUET

Le souper fait, nous allâmes prendre le café et le pousse-café à l'établissement célèbre de Paul Niquet. — Il y a là

évidemment moins de millionnaires que chez Baratte.....
Les murs, très-élevés et surmontés d'un vitrage, sont entièrement nus. Les pieds posent sur des dalles humides. Un comptoir immense partage en deux la salle, et sept ou huit chiffonnières, habituées de l'endroit, font tapisserie sur un banc opposé au comptoir. Le fond est occupé par une foule assez mêlée, où les disputes ne sont pas rares. Comme on ne peut pas à tout moment aller chercher la garde, — le vieux Niquet, si célèbre sous l'Empire par ses cerises à l'eau-de-vie, avait fait établir des conduits d'eau très-utiles dans le cas d'une rixe violente.

On les lâche de plusieurs points de la salle sur les combattants, et, si cela ne les calme pas, on lève un certain appareil qui bouche hermétiquement l'issue. Alors l'eau monte, et les plus furieux demandent grâce; — c'est du moins ce qui se passait autrefois.

Mon compagnon m'avertit qu'il fallait payer une tournée aux chiffonnières pour se faire un parti dans l'établissement en cas de dispute. C'est, du reste, l'usage pour les gens mis en bourgeois. Ensuite vous pouvez vous livrer sans crainte aux charmes de la société. — Vous avez conquis la faveur des dames.

Une des chiffonnières demanda de l'eau-de-vie : — Tu sais bien que ça t'est défendu! répondit le garçon limonadier. — Eh bien alors, un petit *verjus!* mon amour de Polyte! Tu es si gentil avec tes beaux yeux noirs... Ah! si j'étais encore... ce que j'ai été! Sa main tremblante laissa échapper le petit verre plein de grains de verjus à l'eau-de-vie, que l'on ramassa aussitôt; — les petits verres chez Paul Niquet sont épais comme des bouchons de carafe : ils rebondissent, et la liqueur seule est perdue.

— Un autre verjus! dit mon ami.

— Toi t'es bien zentil aussi, mon p'tit fy, lui dit la chiffonnière; tu me *happelles* le p'tit *Ba'as* (Barras) qu'était si *zentil*, si zentil, avec ses cadenettes et son *zabot* d'Angueleterre... Ah! c'était z'un homme *aux oizeaux*, mon p'tit fy, aux oizeaux!... vrai! z'un bel homme comme toi!

Après le second verjus elle nous dit : — Vous ne savez pas, mes enfants, que j'ai été une des *merveilleuses* de ce temps-là... J'ai eu des bagues à mes doigts de pieds... Il y a des *mirliflores* et des généraux qui se sont battus pour moi !

— Tout ça, c'est la punition du bon Dieu ! dit un voisin. Où est-ce qu'il est à présent ton *phaéton ?*

— Le *bon Dieu !* dit la chiffonnière exaspérée, le bon Dieu, c'est le diable !

Un homme maigre, en habit noir râpé, qui dormait sur un banc, se leva en trébuchant : Si le bon Dieu c'est le diable, alors c'est le diable qui est le bon Dieu, cela revient toujours au même. Cette brave femme fait un affreux paralogisme, dit-il en se tournant vers nous... Comme ce peuple est ignorant! Ah! l'éducation, je m'y suis livré bien longtemps. Ma philosophie me console de tout ce que j'ai perdu.

— Et un petit verre ! dit mon compagnon.

— J'accepte ! si vous me permettez de définir la loi divine et la loi humaine...

La tête commençait à me tourner au milieu de ce public étrange; mon ami cependant prenait plaisir à la conversation du philosophe, et redoublait les petits verres pour l'entendre raisonner et déraisonner plus longtemps.

Si tous ces détails n'étaient exacts, et si je ne cherchais ici à daguerréotyper la vérité, que de ressources romanesques me fourniraient ces deux types du malheur et de l'abrutissement! Les hommes riches manquent trop du courage qui consiste à pénétrer dans de semblables lieux, dans ce vestibule du purgatoire d'où il serait peut-être facile de sauver quelques âmes... Un simple écrivain ne peut que mettre les doigts sur ces plaies, sans prétendre à les fermer.

Les prêtres eux-mêmes qui songent à sauver des âmes chinoises, indiennes ou thibétaines, n'accompliraient-ils pas dans de pareils lieux de dangereuses et sublimes missions? — Pourquoi le Seigneur vivait-il avec les païens et les publicains?

Le soleil commence à percer le vitrage supérieur de la salle, la porte s'éclaire. Je m'élance de cet enfer au moment d'une arrestation, et je respire avec bonheur le parfum de fleurs entassées sur le trottoir de la rue aux Fers.

La grande enceinte du marché présente deux longues rangées de femmes dont l'aube éclaire les visages pâles. Ce sont les revendeuses des divers marchés, auxquelles on a distribué des numéros, et qui attendent leur tour pour recevoir leurs denrées d'après la mercuriale fixée.

Je crois qu'il est temps de me diriger vers l'embarcadère de Strasbourg, emportant dans ma pensée le vain fantôme de cette nuit.

XVI

MEAUX

Voilà, voilà, celui qui vient de l'enfer!

Je m'appliquais ce vers en roulant le matin sur les rails du chemin de Strasbourg, — et je me flattais... et je n'avais pas encore pénétré jusqu'aux plus profondes *souricières*; je n'avais guère, au fond, rencontré que d'honnêtes travailleurs, — des pauvres diables avinés, des malheureux sans asile... Là n'est pas encore le dernier abîme.

L'air frais du matin, l'aspect des vertes campagnes, les bords riants de la Marne, Pantin à droite, d'abord, — le vrai Pantin, — Chelles à gauche, et plus tard Lagny, les longs rideaux de peupliers, les premiers coteaux abrités qui se dirigent vers la Champagne, tout cela me charmait et faisait rentrer le calme dans mes pensées.

Malheureusement un gros nuage noir se dessinait au fond de l'horizon, et, quand je descendis à Meaux, il pleuvait à verse. Je me réfugiai dans un café, où je fus frappé par l'aspect d'une énorme affiche rouge conçue en ces termes :

PAR PERMISSION DE M. LE MAIRE (de Meaux)
MERVEILLE SURPRENANTE
Tout ce que la nature offre de plus bizarre :
UNE TRÈS-JOLIE **FEMME**
Ayant pour chevelure une belle
TOISON DE MÉRINOS
Couleur marron.

« M. Montaldo, de passage en cette ville, a l'honneur d'exposer au public une rareté, un phénomène tellement extraordinaire, que Messieurs de la Faculté de médecine de Paris et de Montpellier n'ont pu encore le définir.

CE PHÉNOMÈNE

consiste en une jeune femme de dix-huit ans, native de Venise, qui, au lieu de chevelure, porte une magnifique toison en laine mérinos de Barbarie, couleur marron.

d'une longueur d'environ 52 centimètres. Elle pousse comme les plantes, et on lui voit sur la tête des tiges qui supportent quatorze ou quinze branches.

« Deux de ces tiges s'élèvent sur son front et forment des cornes.

« Dans le cours de l'année, il tombe de sa toison, comme de celle des moutons qui ne sont pas tondus à temps, des fragments de laine.

« Cette personne est très-avenante, ses yeux sont expressifs, elle a la peau très-blanche; elle a excité dans les grandes villes l'admiration de ceux qui l'ont vue, et, dans son séjour à Londres, en 1846, S. M. la reine, à qui elle a été présentée, a témoigné sa surprise en disant que jamais la nature ne s'était montrée si bizarre.

« Les spectateurs pourront s'assurer de la vérité au tact de la laine, comme à l'élasticité, à l'odorat, etc., etc.

« Visible tous les jours jusqu'à dimanche 5 courant.

« Plusieurs morceaux d'opéra seront exécutés par un artiste distingué.

« Des danses de caractère, espagnoles et italiennes, par des artistes pensionnés.

« Prix d'entrée : 25 centimes. — Enfants et militaires : 10 centimes [1]. »

A défaut d'autre spectacle, je voulus vérifier par moi-même les merveilles de cette affiche, et je ne sortis de la représentation qu'après minuit.

J'ose à peine analyser maintenant les sensations étranges du sommeil qui succéda à cette soirée. — Mon esprit, sur-

---

[1] Tout, dans ces récits, étant véritable, l'auteur a déposé l'affiche aux bureaux de l'*Illustration*, où elle est visible.

excité sans doute par les souvenirs de la nuit précédente, et un peu par l'aspect du pont des Arches, qu'il fallut traverser pour me rendre à l'hôtel, imagina le rêve suivant, dont le souvenir m'est fidèlement resté :

XVII

CAPHARNAUM

Des corridors, — des corridors sans fin! Des escaliers, — des escaliers où l'on monte, où l'on descend, où l'on remonte, et dont le bas trempe toujours dans une eau noire agitée par des roues, sous d'immenses arches de pont... à travers des charpentes inextricables! — Monter, descendre, ou parcourir les corridors, — et cela pendant plusieurs éternités... Serait-ce la peine à laquelle je serais condamné pour mes fautes?

J'aimerais mieux vivre!!!

Au contraire, — voilà qu'on me brise la tête à grands coups de marteau : qu'est-ce que cela veut dire?

« Je rêvais à des queues de billard... à des petits verres *de verjus...* »

« Monsieur et mame le maire est-il content? »

Bon! je confonds à présent Bilboquet avec Macaire. Mais ce n'est pas une raison pour qu'on me casse la tête avec des foulons.

« Brûler n'est pas répondre! »

Serait-ce pour avoir embrassé la femme à cornes, — ou

pour avoir promené mes doigts dans sa chevelure de mérinos?

« Qu'est-ce que c'est donc que ce cynisme ! » dirait Macaire.

Mais Desbarreaux le cartésien répondrait à la Providence : « Voilà bien du tapage pour...

« Bien peu de chose. »

XVIII

CHŒUR DES GNOMES [1]

Les petits gnomes chantent ainsi :

« Profitons de son sommeil ! — Il a eu bien tort de régaler le saltimbanque, et d'absorber tant de bière de Mars en octobre, — à ce même café — de Mars, avec accompagnement de cigares, de cigarettes, de clarinette et de basson.

« Travaillons, frères, — jusqu'au point du jour, jusqu'au chant du coq, — jusqu'à l'heure où part la voiture de Dammartin, — et qu'il puisse entendre la sonnerie de la vieille cathédrale où repose L'AIGLE DE MEAUX.

« Décidément la femme mérinos lui travaille l'esprit, — non moins que la bière de Mars et les foulons du pont

---

[1] Ceci est un chapitre dans le goût allemand. Les *gnomes* sont de petits êtres appartenant à la classe des esprits de la terre, qui sont attachés au service de l'homme, ou du moins que leur sympathie conduit parfois à lui être utile. (Voir les légendes recueillies par Simrock.)

des Arches; — cependant les cornes de cette femme ne sont pas telles que l'avait dit le saltimbanque : — notre Parisien est encore jeune... Il ne s'est pas assez méfié du *boniment.*

« Travaillons, frères, travaillons pendant qu'il dort. — Commençons par lui dévisser la tête, — puis, à petits coups de marteaux, — oui, de marteaux, — nous descellerons les parois de ce crâne philosophique — et biscornu !

« Pourvu qu'il n'aille pas se loger dans une des cases de son cerveau — l'idée d'épouser la femme à la chevelure de mérinos ! Nettoyons d'abord le sinciput et l'occiput; — que le sang circule plus clair à travers les centres nerveux qui s'épanouissent au-dessus des vertèbres.

« Le *moi* et le *non moi* de Fichte se livrent un terrible combat dans cet esprit plein d'objectivité. — Si seulement il n'avait pas arrosé la bière de Mars — de quelques tournées de punch offert à ces dames!... L'Espagnole était presque aussi séduisante que la Vénitienne; mais elle avait de faux mollets, — et sa cachucha paraissait due aux leçons de Mabille.

« Travaillons, frères, travaillons ; — la boîte osseuse se nettoie. — Le compartiment de la mémoire embrasse déjà une certaine série de faits. — La causalité, — oui, la causalité, — le ramènera au sentiment de sa subjectivité. — Prenons garde seulement qu'il ne s'éveille avant que notre tâche soit finie.

« Le malheureux se réveillerait pour mourir d'un coup de sang, que la Faculté qualifierait d'épanchement au cerveau, — et c'est nous qu'on accuserait *là haut.* — Dieux immortels! il fait un mouvement; il respire avec peine. — Raffermissons la boîte osseuse avec un dernier coup de foulon, — oui, de foulon. — Le coq chante, — l'heure sonne... Il en est quitte pour un mal de tête... *Il le fallait!* »

XIX

JE M'ÉVEILLE

Décidément ce rêve est trop extravagant... même pour moi! Il vaut mieux se réveiller tout à fait. — Ces petits drôles! qui me démontaient la tête, — et qui se permettaient après de rajuster les morceaux du crâne avec de grands coups de leurs petits marteaux! — Tiens, un coq qui chante!... Je suis donc à la campagne! C'est peut-être le coq de Lucien : ἀλεκτρυών. — Oh! souvenirs classiques, que vous êtes loin de moi!

Cinq heures sonnent, — où suis-je? — ce n'est pas là ma chambre... Ah! je m'en souviens, — je me suis endormi hier à la *Syrène*, tenue par le Vallois, — *dans la bonne ville de Meaux* (Meaux en Brie, Seine-et-Marne).

Et j'ai négligé d'aller présenter mes hommages à monsieur et à mame le maire! — C'est la faute de Bilboquet (*Faisant sa toilette*) :

Air des Prétendus.

Allons présenter — hum! — présenter notre hommage
A la fille de la maison!... (*Bis.*)
Oui, j'en conviens, elle a raison,
Oui, oui, la friponne a raison!
Allons présenter, etc.

Tiens, le mal de tête s'en va…. oui, mais la voiture es partie. Restons, et tirons-nous de cet affreux mélange de comédie, — de rêve, — et de réalité.

Pascal a dit :

« Les hommes sont fous, si nécessairement fous, que ce serait être fou par une autre sorte que de n'être pas fou. »

La Rochefoucauld a ajouté :

« C'est une grande folie de vouloir être sage tout seul. »

Ces maximes sont consolantes.

XX

RÉFLEXIONS

Recomposons nos souvenirs.

Je suis majeur et vacciné ; — mes qualités physiques importent peu pour le moment. Ma position sociale est supérieure à celle du saltimbanque d'hier au soir ; — et décidément sa Vénitienne n'aura pas ma main.

Un sentiment de soif me travaille.

Retourner au café de Mars à cette heure, — ce serait vouloir marcher sur les fusées d'un feu d'artifice éteint.

D'ailleurs, personne n'y peut être levé encore. — Allons errer sur les bords de la Marne et le long de ces terribles moulins à eau dont le souvenir a troublé mon sommeil.

Ces moulins, écaillés d'ardoises, si sombres et si bruyants au clair de lune, doivent être pleins de charmes aux rayons du soleil levant.

Je viens de réveiller les garçons du *Café du Commerce.*
Une légion de chats s'échappe de la grande salle de billard,
et va se jouer sur la terrasse parmi les thuyas, les orangers et les balsamines roses et blanches. — Les voilà qui
grimpent comme des singes le long des berceaux de treillage revêtus de lierre.

O nature, je te salue !

Et, quoique ami des chats, je caresse aussi ce chien à
longs poils gris qui s'étire péniblement. Il n'est pas muselé. — N'importe ; la chasse est ouverte.

Qu'il est doux pour un cœur sensible *de voir lever
l'aurore* sur la Marne, à quarante kilomètres de Paris !

Là bas, sur le même bord, au delà des moulins, est
un autre café non moins pittoresque, qui s'intitule
Café de l'Hôtel-de-Ville (sous-préfecture). Le maire de
Meaux, qui habite tout près, doit, en se levant, y reposer
ses yeux sur les allées d'ormeaux et sur les berceaux
d'un vert glauque qui garnissent la terrasse. On admire
là une statue en terre cuite de la Camargo, grandeur
naturelle, dont il faut regretter les bras cassés. Ses jambes
sont effilées comme celles de l'Espagnole d'hier — et des
Espagnoles de l'Opéra.

Elle préside à un jeu de boules.

J'ai demandé de l'encre au garçon. Quant au café, il
n'est pas encore fait. Les tables sont couvertes de tabourets ; j'en dérange deux ; et je me recueille en prenant
possession d'un petit chat blanc qui a les yeux verts.

On commence à passer sur le pont ; j'y compte huit
arches. La Marne est *marneuse* naturellement ; mais elle
revêt maintenant des teintes plombées que rident parfois
les courants qui sortent des moulins, ou plus loin les jeux
folâtres des hirondelles

Est-ce qu'il pleuvra ce soir?

Quelquefois un poisson fait un soubresaut qui ressemble, ma foi, à la cachucha éperdue de cette demoiselle bronzée que je n'oserais qualifier de dame sans plus d'informations.

Il y a en face de moi, sur l'autre bord, des sorbiers à grains de corail du plus bel effet : « sorbier des oiseaux, — *aviaria.* » — J'ai appris cela quand je me destinais à la position de bachelier dans l'Université de Paris.

XXI

LA FEMME MÉRINOS

... Je m'arrête. — Le métier de *réaliste* est trop dur à faire. La lecture d'un article de Charles Dickens est pourtant la source de ces divagations!... Une voix grave me rappelle à moi-même.

Je viens de tirer de dessous plusieurs journaux parisiens et *marnois* un certain feuilleton d'où l'anathème s'exhale avec raison sur les imaginations bizarres qui constituent aujourd'hui l'*école du vrai.*

Le même mouvement a existé après 1830, après 1794, après 1716 et après bien d'autres dates antérieures. Les esprits, fatigués des conventions politiques ou romanesques, voulaient du *vrai* à tout prix.

Or le vrai, c'est le faux, — du moins en art et en poésie. Quoi de plus faux que l'*Iliade*, que l'*Enéide*, que la *Jé-*

rusalem délivrée, que la *Henriade ?* — que les tragédies, que les romans?...

Eh bien, moi, dit le critique, j'aime ce faux : Est-ce que cela m'amuse que vous me racontiez votre vie pas à pas, que vous analysiez vos rêves, vos impressions, vos sensations?... Que m'importe que vous ayez couché à la *Syrène*, chez le Vallois? Je présume que cela n'est pas vrai, — ou bien que cela est arrangé : — Vous me direz d'aller y voir... Je n'ai pas besoin de me rendre à Meaux! — Du reste, les mêmes choses m'arriveraient, que je n'aurais pas l'aplomb d'en entretenir le public.

Et d'abord est-ce que l'on croit à cette femme aux cheveux de mérinos?

— Je suis forcé d'y croire; et plus sûrement encore que par les promesses de l'affiche. L'affiche *existe*, mais la femme pourrait ne pas exister... Eh bien, le saltimbanque n'avait rien écrit que de véritable :

La représentation a commencé à l'heure dite. Un homme assez replet, mais encore vert, est entré en costume de Figaro. Les tables étaient garnies en partie par le peuple de Meaux, en partie par les cuirassiers du 6ᵉ.

M. Montaldo, — car c'était lui, — a dit avec modestie : « Signori, ze vais vi faire entendre le grand aria di Figaro. »

Il commence : *Tra de ra la, de ra la, de ra la, ah!.....*

Sa voix, un peu usée, mais encore agréable, était accompagnée d'un basson.

Quand il arriva au vers : *Largo al fattotum della cità!* — je crus devoir me permettre une observation. Il prononçait *cita*. Je dis tout haut : *tchità!* ce qui étonna un peu les cuirassiers et le peuple de Meaux. Le chanteur me fit un signe d'assentiment, et quand il arriva à cet autre vers : « Figaro *ci*, Figaro là... » il eut soin de prononcer *tchi*. — J'étais flatté de cette attention.

Mais en faisant sa quête, il vint à moi et me dit (je ne donne pas ici la phrase patoisée) : « On est heureux de rencontrer des amateurs instruits..., ma ze souis de Tourino, et à Tourino nous prononçons *ci*. Vous aurez entendu le *tchi* à Rome ou à Naples?

— Effectivement!... Et votre Vénitienne?

— Elle va paraître à neuf heures. En attendant, je vais danser une cachucha avec cette jeune personne que j'ai l'honneur de vous présenter.

La cachucha n'était pas mal, mais exécutée dans un goût un peu classique... Enfin, la femme aux cheveux de mérinos parut dans toute sa splendeur. C'étaient effectivement des cheveux de mérinos. Deux touffes, placées sur le front, se dressaient en cornes. — Elle aurait pu se faire faire un châle de cette abondante chevelure. Que de maris seraient heureux de trouver dans les cheveux de leurs femmes cette *matière première* qui réduirait le prix de leurs vêtements à la simple main-d'œuvre!

La figure était pâle et régulière. Elle rappelait le type des vierges de Carlo Dolci. Je dis à la jeune femme : *Sete voi Veneziana?* Elle me répondit : *Signor si.*

Si elle avait dit : *Si signor*, je l'aurais soupçonnée Piémontaise ou Savoyarde; mais évidemment c'est une Vénitienne des montagnes qui confinent au Tyrol. Les doigts sont effilés, les pieds petits, les attaches fines; elle a les yeux presque rouges et la douceur d'un mouton, — sa voix même semble un bêlement accentué. Les cheveux, si l'on peut appeler cela des cheveux, résisteraient à tous les efforts du peigne. C'est un amas de cordelettes comme celles que se font les Nubiennes en les imprégnant de beurre. Toutefois, sa peau étant d'un blanc mat irrécusable et sa chevelure d'un *marron* assez clair (voir l'affiche), je pense qu'il y a eu croisement; — un nègre, — Othello peut-être, se sera allié au type vénitien, et, après plusieurs générations, ce produit local se sera révélé.

Quant à l'Espagnole, elle est évidemment originaire de Savoie ou d'Auvergne, ainsi que M. Montaldo.

Mon récit est terminé. « Le vrai est ce qu'il peut, » comme disait M. Dufongeray. — J'aurais pu raconter l'histoire de la Vénitienne, de M. Montaldo, de l'Espagnole, et même du basson. Je pourrais supposer que je me suis épris de l'une ou de l'autre de ces deux femmes, et que la rivalité du saltimbanque ou du basson m'a conduit aux aventures les plus extraordinaires. — Mais la vérité, c'est qu'il n'en est rien. L'Espagnole avait, comme je l'ai dit, les jambes maigres, — la femme mérinos ne m'intéressait qu'à travers une atmosphère de fumée de tabac et une consommation de bière qui me rappelait l'Allemagne. — Laissons ce phénomène à ses habitudes et à ses attachements probables.

Je soupçonne le basson, jeune homme assez fluet, noir de chevelure, de ne pas lui être indifférent.

XXII

ITINÉRAIRE

Je n'ai pas encore expliqué au lecteur le motif véritable de mon voyage à Meaux... Il convient d'avouer que je n'ai rien à faire dans ce pays; — mais, comme le public français veut toujours savoir les raisons de tout, il est temps d'indiquer ce point. — Un de mes amis, — un limonadier de Creil, — ancien *Hercule* retiré, et se livrant à la chasse dans ses moments perdus, m'avait invité, ces jours derniers, à une chasse à la loutre sur les bords de l'Oise.

Il était très-simple de me rendre à Creil par le Nord; mais le chemin du Nord est un chemin tortu, bossu, qui fait un coude considérable avant de parvenir à Creil, où se trouve le confluent du railway de Lille et de celui de Saint-Quentin. De sorte que je m'étais dit : En prenant par Meaux, je rencontrerai l'omnibus de Dammartin; je traverserai à pied les bois d'Ermenonville, et, suivant les bords de la Nonette, je parviendrai, après trois heures de marche, à Senlis, où je rencontrerai l'omnibus de Creil. De là, j'aurai le plaisir de revenir à Paris par *le plus long*, c'est-à-dire par le chemin de fer du Nord.

En conséquence, ayant manqué la voiture de Dammartin, il s'agissait de trouver une autre correspondance. — Le système des chemins de fer a dérangé toutes les voitures des pays intermédiaires. Le pâté immense des contrées situées au nord de Paris se trouve privé de communications directes ;—il faut faire dix lieues à droite ou dix-huit lieues à gauche, en chemin de fer, pour y parvenir, au moyen des correspondances, qui mettent encore deux ou trois heures à vous transporter dans des pays où l'on arrivait autrefois en quatre heures.

La spirale célèbre que traça en l'air le bâton du caporal Trim n'était pas plus capricieuse que le chemin qu'il faut faire, soit d'un côté, soit de l'autre.

On m'a dit à Meaux : La voiture de Nanteuil-le-Haudouin vous mettra à une lieue d'Ermenonville, et dès lors vous n'avez plus qu'à marcher.

A mesure que je m'éloignais de Meaux, le souvenir de la femme mérinos et de l'Espagnole s'évanouissait dans les brumes de l'horizon. Enlever l'une au basson, ou l'autre au ténor chorégraphe, eût été un procédé plein de petitesse, en cas de réussite, attendu qu'ils avaient été polis et charmants ; — une tentative vaine m'aurait couvert de confusion. N'y pensons plus. — Nous arrivons à Nanteuil par un temps abominable ; il devient impossible de traverser les bois. Quant à prendre des voitures à volonté, je connais trop les chemins vicinaux du pays pour m'y risquer.

Nanteuil est un bourg montueux qui n'a jamais eu de remarquable que son château désormais disparu. Je m'informe à l'hôtel des moyens de sortir d'un pareil lieu, et l'on me répond : « Prenez la voiture de Crespy en Valois, qui passe à deux heures ; cela vous fera faire un détour, mais vous trouverez ce soir une autre voiture qui vous conduira sur les bords de l'Oise. »

Dix lieues encore pour voir une pêche à la loutre. Il était si simple de rester à Meaux, dans l'aimable compagnie du saltimbanque, de la Vénitienne et de l'Espagnole !...

XXIII

CRESPY EN VALOIS

Trois heures plus tard nous arrivons à Crespy. Les portes de la ville sont monumentales et surmontées de trophées dans le goût du dix-septième siècle. Le clocher de la cathédrale est élancé, taillé à six pans et découpé à jour comme celui de la vieille église de Soissons.

Il s'agissait d'attendre jusqu'à huit heures la voiture de correspondance. L'après-dînée le temps s'est éclairci. J'ai admiré les environs assez pittoresques de la vieille cité valoise, et la vaste place du marché que l'on y crée en ce moment. Les constructions sont dans le goût de celles de Meaux. Ce n'est plus parisien, et ce n'est pas encore flamand. On construisait une église dans un quartier signalé par un assez grand nombre de maisons bourgeoises. — Un dernier rayon de soleil, qui teignait de rose la face de l'ancienne cathédrale, m'a fait revenir dans le quartier opposé. Il ne reste malheureusement que le chevet. La tour et les ornements du portail m'ont paru remonter au quatorzième siècle. — J'ai demandé à des voisins pourquoi l'on s'occupait de construire une église moderne, au lieu de restaurer un si beau monument.

— C'est, m'a-t-on dit, parce que les bourgeois ont principalement leurs maisons dans l'autre quartier, et cela les dérangerait trop de venir à l'ancienne église... Au contraire, l'autre sera sous leur main.

— C'est en effet, dis-je, bien plus commode d'avoir une église à sa porte; — mais les vieux chrétiens n'auraient pas regardé à deux cents pas de plus pour se rendre à une vieille et splendide basilique. Aujourd'hui tout est changé, c'est le bon Dieu qui est obligé de se rapprocher des paroissiens!...

XXIV

EN PRISON

Certes, je n'avais rien dit d'inconvenant ni de monstrueux. Aussi, la nuit arrivant, je crus bon de me diriger vers le bureau des voitures. Il fallait encore attendre une demi-heure. — J'ai demandé à souper pour passer le temps.

Je finissais une excellente soupe, et je me tournais pour demander autre chose, lorsque j'aperçus un gendarme qui me dit : « Vos papiers? » J'interroge ma poche avec dignité... Le passe-port était resté à Meaux, où on me l'avait demandé à l'hôtel pour m'inscrire; — et j'avais oublié de le reprendre le lendemain matin. La jolie servante à laquelle j'avais payé mon compte n'y avait pas pensé plus que moi. « Eh bien, dit le gendarme, vous allez me suivre chez M. le maire. »

Le maire! Encore si c'était le maire de Meaux! Mais c'est le maire de Crespy! — L'autre eût certainement été plus indulgent :

« D'où venez-vous? — De Meaux. — Où allez-vous? — A Creil. — Dans quel but? — Dans le but de faire une chasse à la loutre. — Et pas de papiers, à ce que dit le gendarme? — Je les ai oubliés à Meaux. »

Je sentais moi-même que ces réponses n'avaient rien de satisfaisant; aussi le maire me dit-il paternellement : « Eh bien, vous êtes en état d'arrestation! — Et où coucheraije ? — A la prison. — Diable ! mais je crains de ne pas être bien couché. — C'est votre affaire. — Et si je payais un ou deux gendarmes pour me garder à l'hôtel ?... — Ce n'est pas l'usage. — Cela se faisait au dix-huitième siècle. — Plus aujourd'hui. »

Je suivis le gendarme assez mélancoliquement.

La prison de Crespy est ancienne. Je pense même que le caveau dans lequel on m'a introduit date du temps des croisades ; il a été soigneusement recrépi avec du béton romain.

J'ai été fâché de ce luxe ; j'aurais aimé à élever des rats ou à apprivoiser des araignées. « Est-ce que c'est humide ? dis-je au geôlier. — Très-sec, au contraire. Aucun de *ces messieurs* ne s'en est plaint depuis les restaurations. Ma femme va vous faire un lit. — Pardon, je suis Parisien : je le voudrais très-doux. — On vous mettra deux lits de plume. — Est-ce que je ne pourrais pas finir de souper ? Le gendarme m'a interrompu après le potage. — Nous n'avons rien. Mais demain j'irai vous chercher ce que vous voudrez ; maintenant tout le monde est couché à Crespy. — A huit heures et demie ! — Il en est neuf. »

La femme du geôlier avait établi un lit de sangle dans le caveau, comprenant sans doute que je payerais bien la pistole. Outre les lits de plume, il y avait un édredon. J'étais dans les plumes de tous côtés.

XXV

AUTRE RÊVE

J'eus à peine deux heures d'un sommeil tourmenté ; — je ne revis pas les petits gnomes bienfaisants ; — ces êtres panthéistes, éclos sur le sol germain, m'avaient totalement abandonné. En revanche, je comparaissais devant un tribunal, qui se dessinait au fond d'une ombre épaisse, imprégnée au bas d'une poussière scolastique.

Le président avait un faux air de M. Nisard; les deux assesseurs ressemblaient à M. Cousin et à M. Guizot, — mes anciens maîtres. Je ne passais plus comme autrefois devant eux mon examen en Sorbonne. J'allais subir une condamnation capitale.

Sur une table étaient étendus plusieurs noméros de *Magazines* anglais et américains, et une foule de livraisons illustrées à *jour* et à *six pence*, où apparaissaient vaguement les noms d'Edgar Poë, de Dickens, d'Ainsworth, etc., et trois figures pâles et maigres se dressaient à droite du tribunal, drapées de thèses en latin imprimées sur satin, où je crus distinguer ces noms : *Sapientia, Ethica, Grammatica.* — Les trois spectres accusateurs me jetaient ces mots méprisants :

« *Fantaisiste! réaliste!! essayiste!!!*

Je saisis quelques phrases de l'accusation, formulée à l'aide d'un organe qui semblait être celui de M. Patin : « Du *réalisme* au crime il n'y a qu'un pas ; car le crime est essentiellement réaliste. Le *fantaisisme* conduit tout droit à l'adoration des monstres. L'*essayisme* amène ce faux esprit à pourrir sur la paille humide des cachots. On commence par visiter Paul Niquet, — on en vient à adorer une femme à cornes et à chevelure de mérinos, — on finit par se faire arrêter à Crespy pour cause de vagabondage et de troubadourisme exagéré!...»

J'essayai de répondre : j'invoquai Lucien, Rabelais, Érasme et autres fantaisistes classiques. — Je sentis alors que je devenais prétentieux.

Alors je m'écriai en pleurant : *Confiteor! plangior! juro!...* — Je jure de renoncer à ces œuvres maudites par la Sorbonne et par l'Institut : je n'écrirai plus que de l'histoire, de la philosophie, de la philologie et de la statistique... On semble en douter... eh bien, je ferai des romans vertueux et champêtres, je viserai aux prix de poésie, de morale, je ferai des livres contre l'esclavage et pour les enfants, des poëmes didactiques... Des tragédies! — des tragédies!... Je vais même en réciter une que j'ai écrite en seconde, et dont le souvenir me revient...

Les fantômes disparurent en jetant des cris plaintifs.

XXVI

MORALITÉ

Nuit profonde! où suis-je? au cachot.

Imprudent! voilà pourtant où t'a conduit la lecture de

l'article anglais intitulé la *Clef de la rue*... Tâche maintenant de découvrir la clef des champs !

La serrure a grincé, les barres ont résonné. Le geôlier m'a demandé si j'avais bien dormi : « Très-bien ! trèsbien ! » Il faut être poli.

— Comment sort-on d'ici?

— On écrira à Paris, et, si les renseignements sont favorables, au bout de trois ou quatre jours....

— Est-ce que je pourrais causer avec un gendarme?

— Le vôtre viendra tout à l'heure.

Le gendarme, quand il entra, me parut un dieu. Il me dit : « Vous avez de la chance. — En quoi? — C'est aujourd'hui jour de *correspondance* avec Senlis, vous pourrez paraître devant le substitut. Allons, levez-vous. — Et comment va-t-on à Senlis? — A pied; cinq lieues, ce n'est rien. — Oui, mais s'il pleut... entre deux gendarmes, sur des routes détrempées. — Vous pouvez prendre une voiture. »

Il m'a bien fallu prendre une voiture. Une petite affaire de onze francs; deux francs à la pistole ; — en tout treize.
— O fatalité !

Du reste, les deux gendarmes étaient très-aimables, et je me suis mis fort bien avec eux sur la route en leur racontant les combats qui avaient eu lieu dans ce pays du temps de la Ligue. En arrivant en vue de la tour de Montépilloy, mon récit devint pathétique, je peignis la bataille, j'énumerai les escadrons de gens d'armes qui reposaient sous les sillons; — ils s'arrêtèrent cinq minutes à contempler la tour, et je leur expliquai ce que c'était qu'un château fort de ce temps-là.

Histoire ! archéologie ! philosophie ! Vous êtes donc bonnes à quelque chose.

Il fallut monter à pied au village de Montépilloy, situé dans un bouquet de bois. Là mes deux braves gendarmes de Crespy m'ont remis aux mains de ceux de Senlis, et leur ont dit : « Il a pour *deux jours de pain* dans le coffre de la voiture. — Si vous voulez déjeuner? m'a-t-on dit avec bienveillance. — Pardon, je suis comme les Anglais, je mange très-peu de pain. — Oh! l'on s'y fait. »

Les nouveaux gendarmes semblaient moins aimables que les autres. L'un d'eux me dit : « Nous avons encore une petite formalité à remplir. » Il m'attacha des chaînes comme à un héros de l'Ambigu, et ferma les fers avec deux cadenas. « Tiens, dis-je, pourquoi ne m'a-t-on mis des fers qu'ici? — Parce que les gendarmes étaient avec vous dans la voiture, et que nous, nous sommes à cheval. »

Arrivés à Senlis, nous allâmes chez le substitut, et, étant connu dans la ville, je fus relâché tout de suite. L'un des gendarmes m'a dit : « Cela vous apprrendra à oublier votrre passe-porrt une autrre fois quand vous sorrtirrez de votrre déparrtement. »

Avis au lecteur. — J'étais dans mon tort... Le substitut a été fort poli, ainsi que tout le monde. Je ne trouve de trop que le cachot et les fers. Ceci n'est pas une critique de ce qui se passe aujourd'hui. Cela s'est toujours fait ainsi. Je ne raconte cette aventure que pour demander que, comme pour d'autres choses, on tente un progrès sur ce point. — Si je n'avais pas parcouru la moitié du monde, et vécu avec les Arabes, les Grecs, les Persans, dans les khans des caravansérais et sous les tentes, j'aurais eu peut-être un sommeil plus troublé encore, et un réveil plus triste, pendant ce simple épisode d'un voyage de Meaux à Creil.

Il est inutile de dire que je suis arrivé trop tard pour la chasse à la loutre. Mon ami le limonadier, après sa chasse, était parti pour Clermont afin d'assister à un enterrement. Sa femme m'a montré la loutre empaillée, et complétant une collection de bêtes et d'oiseaux du Valois, qu'il espère vendre à quelque Anglais.

Voilà l'histoire fidèle de trois nuits d'octobre, qui m'on corrigé des excès d'un réalisme trop absolu ; — j'ai du moins tout lieu de l'espérer.

PROMENADES ET SOUVENIRS

I

LA BUTTE MONTMARTRE

Il est véritablement difficile de trouver à se loger dans Paris. — Je n'en ai jamais été si convaincu que depuis deux mois. Arrivé d'Allemagne, après un court séjour dans une ville de la banlieue, je me suis cherché un domicile plus assuré que les précédents, dont l'un se trouvait sur la place du Louvre et l'autre dans la rue du Mail. — Je ne remonte qu'à six années. — Évincé du premier avec vingt francs de dédommagement, que j'ai négligé, je ne sais pourquoi, d'aller toucher à la ville, j'avais trouvé dans le second ce qu'on ne trouve plus guère au centre de Paris : une vue sur deux ou trois arbres occupant un certain espace, qui permet à la fois de respirer et de se délasser l'esprit en regardant autre chose qu'un échiquier de fenêtres noires, où de jolies figures n'apparaissent que par exception. — Je respecte la vie intime de mes voisins, et ne suis pas de ceux qui examinent avec des longues-vues le galbe d'une femme qui se couche, ou surprennent à l'œil nu les silhouettes particulières aux incidents et accidents de la vie conjugale. — J'aime mieux tel horizon « à souhait pour le plaisir des yeux, » comme dirait Fénelon, où l'on peut jouir, soit d'un lever, soit d'un coucher de soleil, mais plus particulièrement du lever. Le coucher ne m'embarrasse guère : je suis sûr de le rencontrer partout ailleurs que chez moi. Pour le lever, c'est différent : j'aime à voir le soleil découper des angles sur les murs, à entendre au dehors des gazouillements d'oiseaux, fût-ce de simples moineaux francs... Grétry offrait un louis à entendre une chanterelle, je donnerais vingt francs pour un merle ; — les vingt francs que la ville de Paris me doit encore !

J'ai longtemps habité Montmartre ; on y jouit d'un air très-pur, de perspectives variées, et l'on y découvre des horizons magnifiques, soit « qu'ayant été vertueux, l'on aime à voir lever l'aurore » qui est très belle du côté de Paris, soit qu'avec des goûts moins simples on préfère ces teintes pourprées du couchant, où les nuages déchiquetés et flottants peignent des tableaux de bataille et de transfiguration au-dessous du grand cimetière, entre l'arc de l'Étoile et les coteaux bleuâtres qui vont d'Argenteuil à Pontoise. — Les maisons nouvelles s'avancent toujours, comme la mer diluvienne qui a baigné les flancs de l'antique montagne, gagnant peu à peu les retraites où s'étaient réfugiés les monstres informes reconstruits depuis par Cuvier. — Attaqué d'un côté par la rue de l'Empereur de l'autre par la mairie, qui sape les âpres montées et abaisse le hauteurs du versant de Paris, le vieux mont de Mars aura bientôt le sort de la butte des Moulins, qui, au siècle dernier, ne montrait guère un front moins superbe. — Cependant il nous reste encore un certain nombre de coteaux ceints d'épaisses haies vertes, que l'épine-vinette décore tour à tour de ses fleurs violettes et de ses baies pourprées.

Il y a des moulins, des cabarets et des tonnelles, des élysées champêtres et des ruelles silencieuses, bordées de chaumières, de granges et de jardins touffus, des plaines vertes coupées de précipices, où les sources filtrent dans la glaise, détachant peu à peu certains flots de verdure où s'ébattent des chèvres, qui broutent l'acanthe suspendue aux rochers ; des petites filles à l'œil fier, au pied montagnard, les surveillent en jouant entre elles. On rencontre même une vigne, la dernière du cru célèbre de Montmartre, qui luttait, du temps des Romains, avec Argenteuil et Surênes. Chaque année cet humble coteau perd une rangée de ses ceps rabougris, qui tombe dans une carrière. — Il y a dix ans, j'aurais pu l'acquérir au prix de trois mille francs... On en demande aujourd'hui trente mille. C'est le plus beau point de vue des environs de Paris.

Ce qui me séduisait dans ce petit espace abrité par les grands arbres du Château des Brouillards, c'était d'abord ce reste de vignoble lié au souvenir de saint Denis, qui, au point de vue des philosophes, était peut-être le second Bacchus (Διονύσιος), et qui a eu trois corps, dont l'un a été enterré à Montmartre, le second à Ratisbonne et le troisième à Corinthe. — C'était ensuite le voisinage de l'abreuvoir, qui le soir s'anime du spectacle de chevaux et de chiens que l'on y baigne, et d'une fontaine construite dans le goût antique, où les laveuses causent et chantent comme dans un des premiers chapitres de Werther. Avec un bas-relief consacré à Diane et peut-être deux figures de naïades sculptées en demi-bosse, on obtiendrait, à l'ombre des vieux tilleuls qui se penchent sur le monument, un admirable lieu de retraite, silencieux à ses heures, et qui rappellerait certains points d'étude de la campagne romaine. Au-dessus se dessine et serpente la rue des Brouillards, qui descend vers le chemin des Bœufs, puis le jardin du restaurant Gaucher, avec ses kiosques, ses lanternes et ses statues peintes... La plaine Saint-Denis a des lignes admirables, bornées par les coteaux de Saint-Ouen et de Montmorency, avec des reflets de soleil ou des nuages qui varient à chaque heure du jour. A droite est une rangée de maisons, la plupart fermées pour cause de craquements dans les murs. C'est ce qui assure la solitude relative de ce site : car les chevaux et les bœufs qui passent, les laveuses, ne troublent pas les méditations d'un sage, et même s'y associent. — La vie bourgeoise, ses intérêts et ses relations vulgaires, lui donnent seuls l'idée de s'éloigner le plus possible des grands centres d'activité.

Il y a à gauche de vastes terrains, recouvrant l'emplacement d'une carrière éboulée, que la commune a concédés à des hommes industrieux qui en ont transformé l'aspect. Ils ont planté des arbres, créé des champs où verdissent la pomme de terre et la betterave, où l'asperge montée étalait naguère ses panaches verts décorés de perles rouges.

On descend le chemin et l'on tourne à gauche. Là sont encore deux ou trois collines vertes, entaillées par une route qui plus loin comble des ravins profonds, et qui tend à joindre un jour la rue de l'Empereur entre les buttes et le cimetière. On rencontre là un hameau qui sent fortement la campagne, et qui a renoncé depuis trois ans aux travaux malsains d'un atelier de *poudrette*. — Aujourd'hui l'on y travaille les résidus des fabriques de bougies stéariques. — Que d'artistes repoussés du prix de Rome sont venus sur ce point étudier la campagne romaine et l'aspect des marais Pontins! Il y reste un marais animé par des canards, des oisons et des poules.

Il n'est pas rare aussi d'y trouver des haillons pittoresques sur les épaules des travailleurs. Les collines, fendues çà et là, accusent le tassement du terrain sur d'anciennes carrières; mais rien n'est plus beau que l'aspect de la grande butte, quand le soleil éclaire ses terrains d'ocre rouge veinés de plâtre et de glaise, ses roches dénudées et quelques bouquets d'arbres encore assez touffus, où serpentent des ravins et des sentiers.

La plupart des terrains et des maisons éparses de cette petite vallée appartiennent à de vieux propriétaires, qui ont calculé sur l'embarras des Parisiens à se créer de nouvelles demeures et sur la tendance qu'ont les maisons du quartier Montmartre à envahir, dans un temps donné, la plaine Saint-Denis. C'est une écluse qui arrête le torrent; quand elle s'ouvrira, le terrain vaudra cher. — Je regrette d'autant plus d'avoir hésité, il y a dix ans, à donner trois mille francs du dernier vignoble de Montmartre.

Il ne faut plus y penser. Je ne serai jamais propriétaire: et pourtant que de fois, au 8 ou au 15 de chaque trimestre (près Paris, du moins), j'ai chanté le refrain de M. Vautour·

Quand on n'a pas de quoi payer son terme,

J'aurais fait faire dans cette vigne une construction si légère !... Une petite villa dans le goût de Pompeï avec un impluvium et une cella, quelque chose comme la maison du poëte tragique. Le pauvre Laviron, mort depuis sous les murs de Rome, m'en avait dessiné le plan. — A dire le vrai pourtant, il n'y a pas de propriétaires aux buttes de Montmartre. On ne peut asseoir légalement sur des terrains minés par des cavités peuplées dans leurs parois de mammouths et de mastodontes. La commune concède un droit de possession qui s'éteint au bout de cent ans... On est campé comme les Turcs ; et les doctrines les plus avancées auraient peine à contester un droit si fugitif où l'hérédité ne peut longuement s'établir [1]

II

LE CHATEAU DE SAINT-GERMAIN

J'ai parcouru les quartiers de Paris qui correspondent à mes relations, et n'ai rien trouvé qu'à des prix impossibles, augmentés par les conditions que formulent les concierges. Ayant rencontré un seul logement au-dessous de trois cents francs, on m'a demandé si j'avais un état pour lequel il fallût du jour. — J'ai répondu, je crois, qu'il m'en fallait pour l'état de ma santé. « C'est, m'a dit le concierge,

---

[*] Certains propriétaires nient ce détail, qui m'a été affirmé par d'autres. N'y aurait-il pas eu là aussi des usurpations pareilles à celles qui ont rendu les fiefs héréditaires sous Hugues Capet.

que la fenêtre de la chambre s'ouvre sur un corridor qui n'est pas bien clair. » Je n'ai pas voulu en savoir davantage, et j'ai même négligé de visiter une cave à louer, me souvenant d'avoir vu à Londres cette même inscription, suivie de ces mots : « Pour un gentleman seul. »

Je me suis dit : Pourquoi ne pas aller demeurer à Versailles ou à Saint-Germain? La banlieue est encore plus chère que Paris ; mais, en prenant un abonnement du chemin de fer, on peut sans doute trouver des logements dans la plus déserte ou dans la plus abandonnée de ces deux villes. En réalité, qu'est-ce qu'une demi-heure de chemin de fer le matin et le soir? On a là les ressources d'une cité, et l'on est presque à la campagne. Vous vous trouvez logé par le fait rue Saint-Lazare, n° 150. Le trajet n'offre que de l'agrément, et n'équivaut jamais, comme ennui ou comme fatigue, à une course d'omnibus. — Je me suis trouvé très-heureux de cette idée, et j'ai choisi Saint-Germain, qui est pour moi une ville de souvenirs. Quel voyage charmant! Asnières, Chatou, Nanterre et le Pecq ; la Seine trois fois repliée, des points de vue d'îles vertes, de plaines, de bois, de chalets et de villas; à droite, les coteaux de Colombe, d'Argenteuil et de Carrières; à gauche, le mont Valérien, Bougival, Lucienne et Marly; puis la plus belle perspective du monde : la terrasse et les vieilles galeries du château de Henri IV, couronnées par le profil sévère du château de François Ier. J'ai toujours aimé ce château bizarre, qui, sur le plan, a la forme d'un D gothique, en l'honneur, dit-on, du nom de la belle Diane. — Je regrette seulement de n'y pas voir ces grands toits écaillés d'ardoises, ces clochetons à jour où se déroulaient des escaliers en spirale, ces hautes fenêtres sculptées s'élançant d'un fouillis de toits anguleux qui caractérisent l'architecture valoise. Des maçons ont défiguré, sous Louis XVIII, la face qui regarde le parterre. Depuis, l'on a transformé ce monument en pénitencier, et l'on a déshonoré l'aspect des fossés et des ponts antiques par une enceinte de murailles couvertes d'affiches. Les hautes fenêtres et les balcons dorés, les terrasses où ont paru tour à tour les beautés blondes de la cour des Valois et de la cour des Stuarts, les galants chevaliers des Médicis et les Écossais fidèles de Marie Stuart et du roi Jacques, n'ont jamais été restaurés; il n'en reste rien que le noble dessin des baies, des tours et des façades, que cet étrange contraste de la brique et de l'ardoise, s'éclairant des feux du soir ou des reflets argentés de la nuit, et cet aspect moitié galant, moitié guerrier, d'un château fort, qui en dedans contenait un palais splendide dressé sur une montagne, entre une vallée boisée où serpente un fleuve et un parterre qui se dessine sur la lisière d'une vaste forêt.

Je revenais là, comme Ravenswood au château de ses pères; j'avais eu des parents parmi les hôtes de ce château, — il y a vingt ans déjà; — d'autres, habitants de la ville; en tout, quatre tombeaux... Il se mêlait encore à ces impressions des souvenirs d'amour et de fêtes remontant à l'époque des Bourbons; — de sorte que je fus tour à tour heureux et triste tout un soir!

Un incident vulgaire vint m'arracher à la poésie de ces rêves de jeunesse. La nuit étant venue, après avoir parcouru les rues et les places, et salué des demeures aimées jadis, donné un dernier coup d'œil aux côtes de l'étang de Mareil et de Chambourcy, je m'étais enfin reposé dans un café qui donne sur la place du marché. On me servit une chope de bière. Il y avait au fond trois cloportes; — un homme qui a vécu en Orient est incapable de s'affecter d'un pareil détail : « Garçon ! dis-je, il est possible que j'aime les cloportes ; mais, une autre fois, si j'en demande, je désirerais qu'on me les servît à part. » Le mot n'était pas neuf, s'étant déjà appliqué à des cheveux servis sur une omelette ; — mais il pouvait encore être goûté à Saint-Germain. Les habitués, les bouchers ou conducteurs de bestiaux, le trouvèrent agréable.

Le garçon me répondit imperturbablement : « Monsieur, cela ne doit pas vous étonner ; on fait en ce moment des réparations au château, et ces insectes se réfugient dans les maisons de la ville. Ils aiment beaucoup la bière et y trouvent leur tombeau. — Garçon, lui dis-je, vous êtes plus beau que nature ; et votre conversation me séduit... Mais est-il vrai que l'on fasse des réparations au château ? — Monsieur vient d'en être convaincu. — Convaincu, grâce à votre raisonnement ; mais êtes-vous sûr du fait en lui-même ? — Les journaux en ont parlé. »

Absent de France pendant longtemps, je ne pouvais contester ce témoignage. Le lendemain, je me rendis au château pour voir où en était la restauration. Le sergent-concierge me dit, avec un sourire qui n'appartient qu'à un militaire de ce grade : « Monsieur, seulement pour raffermir les fondations, il faudrait neuf millions, les apportez-vous ? » Je suis habitué à ne m'étonner de rien. « Je ne les ai pas sur moi, observai-je, mais cela pourrait encore se trouver ! — Eh bien, dit-il, quand vous les apporterez, nous vous ferons voir le château. »

J'étais piqué ; ce qui me fit retourner à Saint-Germain deux jours après. J'avais trouvé l'idée. Pourquoi, me disais-je, ne pas faire une souscription ? La France est pauvre ; mais il viendra beaucoup d'Anglais l'année prochaine pour l'exposition des Champs-Élysées. Il est impossible qu'ils ne nous aident pas à sauver de la destruction un château qui a hébergé plusieurs générations de leurs reines et de leurs rois. Toutes les familles jacobites y ont passé. — La ville encore est à moitié pleine d'Anglais; j'ai chanté tout enfant les chansons du roi Jacques et pleuré Marie Stuart en déclamant les vers de Ronsard et de Dubellai... La race des *King-Charles* emplit les rues comme une preuve vivante encore des affections de tant de races disparues... Non! me dis-je, les Anglais ne refuseront pas de s'associer à une souscription doublement nationale. Si nous contribuons par des monacos, ils trouveront bien des couronnes et des guinées!

Fort de cette combinaison, je suis allé la soumettre aux habitués du café du marché. Ils l'ont accueillie avec enthousiasme, et, quand j'ai demandé une chope de bière *sans cloportes*, le garçon m'a dit : « Oh! non, monsieur, plus aujourd'hui! »

Au château, je me suis présenté la tête haute. Le sergent m'a introduit au corps de garde, où j'ai développé mon idée avec succès, et le commandant, qu'on a averti, a bien voulu permettre que l'on me fît voir la chapelle et les appartements des Stuarts, fermés aux simples curieux. Ces derniers sont dans un triste état, et, quant aux galeries, aux salles antiques et aux chambres des Médicis, il est impossible de les reconnaître depuis des siècles, grâce aux clôtures, aux maçonneries et aux faux plafonds qui ont approprié ce château aux gouvernances militaires.

Que la cour est belle, pourtant! ces profils sculptés, ces arceaux, ces galeries chevaleresques, l'irrégularité même du plan, la teinte rouge des façades, tout cela fait rêver aux châteaux d'Écosse et d'Irlande, à Walter Scott et à Byron. On a tant fait pour Versailles et tant pour Fontainebleau. Pourquoi donc ne pas relever ce débris précieux de notre histoire? La malédiction de Catherine de Médicis, jalouse du monument construit en l'honneur de Diane, s'est continuée sous les Bourbons. Louis XIV craignait de voir la flèche de Saint-Denis; ses successeurs ont tout fait pour Saint-Cloud et Versailles. Aujourd'hui Saint-Germain attend encore le résultat d'une promesse que la guerre a peut-être empêché de réaliser.

III

UNE SOCIÉTÉ CHANTANTE

Ce que le concierge m'a fait voir avec le plus d'amour, c'est une série de petites loges qu'on appelle les *cellules*, où couchent quelques militaires du pénitencier. Ce sont de véritables boudoirs ornés de peintures à fresque représentant des paysages. Le lit se compose d'un matelas de crin soutenu par des élastiques; le tout très-propre et très-coquet, comme une cabine d'officier de vaisseau.

Seulement le jour y manque, comme dans la chambre qu'on m'offrait à Paris, et l'on ne pourrait pas y demeurer ayant *un état* pour lequel il faudrait du jour. « J'aimerais, dis-je au sergent, une chambre moins bien décorée et plus près des fenêtres. — Quand on se lève avant le jour, c'est bien indifférent! » me répondit-il. Je trouvai cette observation de la plus grande justesse.

En repassant par le corps de garde, je n'eus qu'à

remercier le commandant de sa politesse, et le sergent ne voulut accepter aucune *buona mano.*

Mon idée de souscription anglaise me trottait dans la tête, et j'étais bien aise d'en essayer l'effet sur les habitants de la ville ; de sorte qu'allant dîner au pavillon de Henri IV, d'où l'on jouit de la plus admirable vue qui soit en France, dans un kiosque ouvert sur un panorama de dix lieues, j'en fis part à trois Anglais et à une Anglaise, qui en furent émerveillés, et trouvèrent ce plan très-conforme à leurs idées nationales. — Saint-Germain a cela de particulier, que tout le monde s'y connaît, qu'on y parle haut dans les établissements publics, et que l'on peut même s'y entretenir avec des dames anglaises sans leur être présenté. On s'ennuierait tellement sans cela ! Puis c'est une population à part, classée, il est vrai, selon les conditions, mais entièrement locale.

Il est très-rare qu'un habitant de Saint-Germain vienne à Paris ; certains d'entre eux ne font pas ce voyage une fois en dix ans. Les familles étrangères vivent aussi là entre elles avec la familiarité qui existe dans les villes d'eaux. Et ce n'est pas l'eau, c'est l'air pur que l'on vient chercher à Saint-Germain. Il y a des maisons de santé charmantes, habitées par des gens très-bien portants, mais fatigués du bourdonnement et du mouvement insensés de la capitale. La garnison, qui était autrefois de gardes du corps, et qui est aujourd'hui de cuirassiers de la garde, n'est pas étrangère peut-être à la résidence de quelques jeunes beautés, filles ou veuves, qu'on rencontre à cheval ou à âne sur la route des Loges ou du château du Val. — Le soir, les boutiques s'éclairent rue de Paris et rue au Pain ; on cause d'abord sur la porte, on rit, on chante même. — L'accent des voix est fort distinct de celui de

Paris; les jeunes filles ont la voix pure et bien timbrée, comme dans les pays de montagnes. En passant dans la rue de l'Église, j'entendis chanter au fond d'un petit café. J'y voyais entrer beaucoup de monde et surtout des femmes. En traversant la boutique, je me trouvai dans une grande salle toute pavoisée de drapeaux et de guirlandes avec les insignes maçonniques et les inscriptions d'usage. — J'ai fait partie autrefois des *Joyeux* et des Bergers de Syracuse; je n'étais donc pas embarrassé de me présenter.

Le bureau était majestueusement établi sous un dais orné de draperies tricolores, et le président me fit le salut cordial qui se doit à un *visiteur*. — Je me rappelai qu'aux Bergers de Syracuse on ouvrait généralement la séance par ce toast : « Aux Polonais !... et à ces dames ! » Aujourd'hui les Polonais sont un peu oubliés. — Du reste, j'ai entendu de fort jolies chansons dans cette réunion, mais surtout des voix de femmes ravissantes. Le Conservatoire n'a pas terni l'éclat de ces intonations pures et naturelles, de ces trilles empruntés au chant du rossignol ou du merle; on n'a pas faussé avec les leçons du solfége ces gosiers si frais et si riches en mélodie. Comment se fait-il que ces femmes chantent si juste? Et pourtant tout musicien de profession pourrait dire à chacune d'elles : « Vous ne savez pas chanter. ». Rien n'est amusant comme les chansons que les jeunes filles composent elles-mêmes, et qui font, en général, allusion aux trahisons des amoureux ou aux caprices de l'autre sexe. Quelquefois il y a des traits de raillerie locale qui échappent au visiteur étranger. Souvent un jeune homme et une jeune fille se répondent comme Daphnis et Chloé, comme Myrtil et Sylvie. En m'attachant à cette pensée, je me suis trouvé tout ému, tout attendri comme à un souvenir de la jeunesse... C'est qu'il y a un âge, — âge critique, comme on le dit pour les femmes, où les souvenirs renaissent si vivement, où certains dessins oubliés reparaissent sous la trame froissée de la vie! On n'est pas assez vieux pour ne plus songer à l'amour, on n'est plus assez jeune pour penser toujours à plaire.— Cette phrase, je l'avoue, est un peu Directoire. Ce qui l'amène sous ma plume, c'est que j'ai entendu un ancien jeune homme qui, ayant décroché du mur une guitare, exécuta admirablement la vieille romance de Garat :

> Plaisir d'amour ne dure qu'un instant...
> Chagrin d'amour dure toute la vie!

Il avait les cheveux frisés à l'incroyable, une cravate blanche, une épingle de diamant sur son jabot, et des bagues à lacs d'amour. Ses mains étaient blanches et fines comme celles d'une jolie femme. Et, si j'avais été femme, je l'aurais aimé, malgré son âge; car sa voix allait au cœur.

Ce brave homme m'a rappelé mon père, qui, jeune encore, chantait avec goût des airs italiens à son retour de Pologne. Il y avait perdu sa femme, et ne pouvait s'empêcher de pleurer, en s'accompagnant de la guitare, aux paroles d'une romance qu'elle avait aimée, et dont j'ai toujours retenu ce passage :

> Mamma mia, medicate
> Questa piaga, per pietà!
> Melicerto fu l'arciero
> Perché pace in cor non ho [1]...

---

[1] O ma mère! guérissez-moi cette blessure, par pitié! Mélicerte fut l'archer par qui j'ai perdu la paix de mon cœur.

Malheureusement la guitare est aujourd'hui vaincue par le piano, ainsi que la harpe ; ce sont là des galanteries et des grâces d'un autre temps. Il faut aller à Saint-Germain pour retrouver, dans le petit monde paisible encore, les charmes effacés de la société d'autrefois.

Je suis sorti par un beau clair de lune, m'imaginant vivre en 1827, époque où j'ai quelque temps habité Saint-Germain. Parmi les jeunes filles présentes à cette petite fête, j'avais reconnu des yeux accentués, des traits réguliers, et, pour ainsi dire, classiques, des intonations particulières au pays, qui me faisaient rêver à des cousines, à des amies de cette époque, comme si dans un autre monde j'avais retrouvé mes premières amours. Je parcourais au clair de lune ces rues et ces promenades endormies. J'admirais les profils majestueux du château, j'allais respirer l'odeur des arbres effeuillés à la lisière de la forêt, je goûtais mieux à cette heure l'architecture de l'église où repose l'épouse de Jacques II, et qui semble un temple romain[1].

Vers minuit j'allai frapper à la porte d'un hôtel où je couchais souvent, il y a quelques années. Impossible d'éveiller personne. Des bœufs passaient silencieusement, et leurs conducteurs ne purent me renseigner sur les moyens de passer la nuit. En revenant sur la place du marché, je demandai au factionnaire s'il connaissait un hôtel où l'on pût recevoir un Parisien relativement attardé. « Entrez au poste, on vous dira cela, » me répondit-il.

Dans le poste, je rencontrai de jeunes militaires qui me

---

[1] L'intérieur est aujourd'hui restauré dans le style byzantin, et l'on commence à y découvrir des fresques remarquables commencées depuis plusieurs années.

dirent : « C'est bien difficile ! On se couche ici à dix heures ; mais chauffez-vous un instant. » On jeta du bois dans le poêle ; je me mis à causer de l'Afrique et de l'Asie. Cela les intéressa tellement, que l'on réveillait pour m'écouter ceux qui s'étaient endormis. Je me vis conduit à chanter des chansons arabes et grecques ; car la société chantante m'avait mis dans cette disposition. Vers deux heures, un des soldats me dit : « Vous avez bien couché sous la tente... Si vous voulez, prenez place sur le lit de camp. » On me fit un traversin avec un sac de munition, je m'enveloppai de mon manteau, et je m'apprêtais à dormir quand le sergent rentra et dit : « Où est-ce qu'ils ont encore ramassé cet homme-là ? — C'est un homme qui parle assez bien, dit un des fusiliers ; il a été en Afrique. — S'il a été en Afrique, c'est différent, dit le sergent ; mais on admet quelquefois ici des individus qu'on ne connaît pas ; c'est imprudent... Ils pourraient enlever quelque chose ! — Ce ne serait pas un matelas, m'écriai-je. — Ne faites pas attention, me dit l'un des soldats : c'est son caractère ; et puis il vient de recevoir une *politesse*... ça le rend grognon. »

J'ai dormi fort bien jusqu'au point du jour ; et, remerciant ces braves soldats ainsi que le sergent, tout à fait radouci, je m'en allai faire un tour vers les coteaux de Mareil pour admirer les splendeurs du soleil levant.

Je le disais tout à l'heure : — mes jeunes années me reviennent, — et l'aspect des lieux aimés rappelle en moi le sentiment des choses passées. Saint-Germain, Senlis et Dammartin, sont les trois villes qui, non loin de Paris, correspondent à mes souvenirs les plus chers. La mémoire de vieux parents morts se rattache mélancoliquement à la pensée de plusieurs jeunes filles dont l'amour m'a fait poëte, ou dont les dédains m'ont fait parfois ironique et songeur.

J'ai appris le style en écrivant des lettres de tendresse ou d'amitié, et, quand je relis celles qui ont été conservées, j'y retrouve fortement tracée l'empreinte de mes lectures d'alors, surtout de Diderot, de Rousseau et de Sénancourt. Ce que je viens de dire expliquera le sentiment dans lequel ont été écrites les pages suivantes. Je m'étais repris à aimer Saint-Germain par ces derniers beaux jours d'automne. Je m'établis à l'*Ange Gardien*, et, dans les intervalles de mes promenades, j'ai tracé quelques souvenirs que je n'ose intituler *Mémoires*, et qui seraient plutôt conçus selon le plan des promenades solitaires de Jean-Jacques. Je les terminerai dans le pays même où j'ai été élevé, et où il est mort.

IV

JUVENILIA

Le hasard a joué un si grand rôle dans ma vie, que je ne m'étonne pas en songeant à la façon singulière dont il a présidé à ma naissance. C'est, dira-t-on, l'histoire de tout le monde. Mais tout le monde n'a pas occasion de raconter son histoire.

Et, si chacun le faisait, il n'y aurait pas grand mal : l'expérience de chacun est le trésor de tous.

Un jour, un cheval s'échappa d'une pelouse verte qui bordait l'Aisne, et disparut bientôt entre les halliers ; il gagna la région sombre des arbres et se perdit dans la forêt de Compiègne. Cela se passait vers 1770.

Ce n'est pas un accident rare qu'un cheval échappé travers une forêt. Et cependant je n'ai guère d'autre titre à l'existence. Cela est probable du moins, si l'on croit à ce que Hoffmann appelait l'*enchaînement des choses*.

Mon grand-père était jeune alors. Il avait pris le cheval dans l'écurie de son père, puis il s'était assis sur le bord de la rivière, rêvant à je ne sais quoi, pendant que le soleil se couchait dans les nuages empourprés du Valois et du Beauvoisis.

L'eau verdissait et chatoyait de reflets sombres, des bandes violettes striaient les rougeurs du couchant. Mon grand-père, en se retournant pour partir, ne trouva plus le cheval qui l'avait amené. En vain il le chercha, l'appela jusqu'à la nuit. Il lui fallut revenir à la ferme.

Il était d'un naturel silencieux; il évita les rencontres, monta à sa chambre et s'endormit, comptant sur la Providence et sur l'instinct de l'animal, qui pouvait bien lui faire retrouver la maison.

C'est ce qui n'arriva pas. Le lendemain matin, mon grand-père descendit de sa chambre et rencontra dans la cour son père, qui se promenait à grands pas. Il s'était aperçu déjà qu'il manquait un cheval à l'écurie. Silencieux comme son fils, il n'avait pas demandé quel était le coupable : il le reconnut en le voyant devant lui.

Je ne sais ce qui se passa. Un reproche trop vif fut cause sans doute de la résolution que prit mon grand-père. Il monta à sa chambre, fit un paquet de quelques habits, et, à travers la forêt de Compiègne, il gagna un petit pays situé entre Ermenonville et Senlis, près des étangs de Châalis, vieille résidence carlovingienne. Là, vivait un de ses oncles, qui descendait, dit-on, d'un peintre flamand du dix-septième siècle. Il habitait un ancien pavillon de chasse aujourd'hui ruiné, qui avait fait partie des apanages de Marguerite de Valois. Le champ voisin, entouré de halliers qu'on appelle les *bosquets*, était situé sur l'emplacement d'un ancien camp romain et a conservé le nom du dixième des Césars. On y récolte du seigle dans les parties qui ne sont pas couvertes de granits et de bruyères. Quelquefois on y a rencontré, en *traçant*, des pots étrusques, des médailles, des épées rouillées ou des images informes de dieux celtiques.

Mon grand-père aida le vieillard à cultiver ce champ, et fut récompensé patriarcalement en épousant sa cousine. Je ne sais pas au juste l'époque de leur mariage; mais, comme il se maria avec l'épée, comme aussi ma mère reçut le nom de Marie-Antoinette avec celui de Laurence, il est probable qu'ils furent mariés un peu avant la Révolution. Aujourd'hui mon grand-père repose avec sa femme et sa plus jeune fille au milieu de ce champ qu'il cultivait jadis. Sa fille aînée est ensevelie bien loin de là, dans la froide Silésie, au cimetière catholique polonais de Cross-Glogaw. Elle est morte à vingt-cinq ans des fatigues de la guerre, d'une fièvre qu'elle gagna en traversant un pont chargé de cadavres, où sa voiture manqua d'être renversée. Mon père, forcé de rejoindre l'armée à Moscou, perdit plus tard ses lettres et ses bijoux dans les flots de la Bérésina.

Je n'ai jamais vu ma mère, ses portraits ont été perdus ou volés; je sais seulement qu'elle ressemblait à une gravure du temps, d'après Prudhon ou Fragonard, qu'on appelait la *Modestie*. La fièvre dont elle est morte m'a saisi trois fois, à des époques qui forment dans ma vie des divisions régulières, périodiques. Toujours, à ces époques, je me suis senti l'esprit frappé des images de deuil et de désolation qui ont entouré mon berceau. Les lettres qu'écrivait ma mère des bords de la Baltique, ou des rives de la Sprée ou du Danube, m'avaient été lues tant de fois! Le sentiment du merveilleux, le goût des voyages lointains, ont été sans doute pour moi le résultat de ces impressions premières, ainsi que du séjour que j'ai fait longtemps dans une campagne isolée au milieu des bois. Livré souvent aux soins des domestiques et des paysans, j'avais nourri mon esprit de croyances bizarres, de légendes et de vieilles chansons. Il y avait là de quoi faire un poëte, et je ne suis qu'un rêveur en prose.

J'avais sept ans, et je jouais, insoucieux, sur la porte de mon oncle, quand trois officiers parurent devant la maison; l'or noirci de leurs uniformes brillait à peine sous leurs capotes de soldat. Le premier m'embrassa avec une telle effusion, que je m'écriai : « Mon père!... tu me fais mal! » De ce jour mon destin changea.

Tous trois revenaient du siége de Strasbourg. Le plus âgé, sauvé des flots de la Bérésina glacée, me prit avec lui pour m'apprendre ce qu'on appelait mes devoirs. J'étais faible encore, et la gaieté de son plus jeune frère me charmait pendant mon travail. Un soldat qui les servait eut l'idée de me consacrer une partie de ses nuits. Il me réveillait avant l'aube et me promenait sur les collines voisines de Paris, me faisant déjeuner de pain et de crème dans les fermes ou dans les laiteries.

V

PREMIÈRES ANNÉES

Une heure fatale sonna pour la France ; son héros, captif lui-même au sein d'un vaste empire, voulut réunir dans le champ de Mai l'élite de ses héros fidèles. Je vis ce spectacle sublime dans la loge des généraux. On distribuait aux régiments des étendards ornés d'aigles d'or, confiés désormais à la fidélité de tous.

Un soir, je vis se dérouler sur la grande place de la ville une immense décoration qui représentait un vaisseau en mer. La nef se mouvait sur une onde agitée, et semblait voguer vers une tour qui marquait le rivage. Une rafale violente détruisit l'effet de cette représentation. Sinistre augure, qui prédisait à la patrie le retour des étrangers.

Nous revîmes les fils du Nord, et les cavales de l'Ukraine rongèrent encore une fois l'écorce des arbres de nos jardins. Mes sœurs du hameau revinrent à tire-d'aile, comme des colombes plaintives, et m'apportèrent dans leurs bras une tourterelle aux pieds roses, que j'aimais comme une autre sœur.

Un jour, une des belles dames qui visitaient mon père me demanda un léger service : j'eus le malheur de lui répondre avec impatience. Quand je retournai sur la terrasse, la tourterelle s'était envolée.

J'en conçus un tel chagrin, que je faillis mourir d'une

fièvre purpurine qui fit porter à l'épiderme tout le sang de mon cœur. On crut me consoler en me donnant pour compagnon un jeune sapajou rapporté d'Amérique par un capitaine, ami de mon père. Cette jolie bête devint la compagne de mes jeux et de mes travaux.

J'étudiais à la fois l'italien, le grec et le latin, l'allemand, l'arabe et le persan. Le *Pastor fido*, *Faust*, Ovide et Anacréon, étaient mes poëmes et mes poëtes favoris. Mon écriture, cultivée avec soin, rivalisait parfois de grâce et de correction avec les manuscrits les plus célèbres de l'Iram. Il fallait encore que le trait de l'amour perçât mon cœur d'une de ses flèches les plus brûlantes ! Celle-là partit de l'arc délié du sourcil noir d'une vierge à l'œil d'ébène, qui s'appelait Héloïse. — J'y reviendrai plus tard.

J'étais toujours entouré de jeunes filles ; — l'une d'elles était ma tante ; deux femmes de la maison, Jeannette et Fanchette, me comblaient aussi de leurs soins. Mon sourire enfantin rappelait celui de ma mère, et mes cheveux blonds, mollement ondulés, couvraient avec caprice la grandeur précoce de mon front. Je devins épris de Fanchette, et je conçus l'idée singulière de la prendre pour épouse selon les rites des aïeux. Je célébrai moi-même le mariage, en figurant la cérémonie au moyen d'une vieille robe de ma grand'mère que j'avais jetée sur mes épaules. Un ruban pailleté d'argent ceignait mon front, et j'avais relevé la pâleur ordinaire de mes joues d'une légère couche de fard. Je pris à témoin le Dieu de nos pères et la Vierge sainte, dont je possédais une image, et chacun se prêta avec complaisance à ce jeu naïf d'un enfant.

Cependant j'avais grandi ; un sang vermeil colorait mes joues ; j'aimais à respirer l'air des forêts profondes. Les ombrages d'Ermenonville, les solitudes de Morfontaine, n'avaient plus de secrets pour moi. Deux de mes cousines habitaient par là. J'étais fier de les accompagner dans ces vieilles forêts, qui semblaient leur domaine.

Le soir, pour divertir de vieux parents, nous représentions les chefs-d'œuvre des poëtes, et un public bienveillant nous comblait d'éloges et de couronnes. Une jeune fille vive et spirituelle, nommée Louise, partageait nos triomphes; on l'aimait dans cette famille, où elle représentait la gloire des arts.

Je m'étais rendu très-fort sur la danse. Un mulâtre, nommé Major, m'enseignait à la fois les premiers éléments de cet art et ceux de la musique, pendant qu'un peintre de portraits, nommé Mignard, me donnait des leçons de dessin. Mademoiselle Nouvelle était l'*étoile* de notre salle de danse. Je rencontrai un rival dans un joli garçon nommé Provost. Ce fut lui qui m'enseigna l'art dramatique : nous représentions ensemble de petites comédies qu'il improvisait avec esprit. Mademoiselle Nouvelle était naturellement notre actrice principale et tenait une balance si exacte entre nous deux, que nous soupirions sans espoir... Le pauvre Provost s'est fait depuis acteur sous le nom de Raymond; il se souvint de ses premières tentatives, et se mit à composer des féeries, dans lesquelles il eut pour collaborateurs les frères Cogniard. — Il a fini bien tristement en se prenant de querelle avec un régisseur de la Gaîté, auquel il donna un soufflet. Rentré chez lui, il réfléchit amèrement aux suites de son imprudence, et, la nuit suivante, se perça le cœur d'un coup de poignard.

VI

HÉLOÏSE

La pension que j'habitais avait un voisinage de jeunes brodeuses. L'une d'elles, qu'on appelait la Créole, fut l'objet de mes premiers vers d'amour; son œil sévère, la sereine placidité de son profil grec, me réconciliaient avec la froide dignité des études; c'est pour elle que je composai des traductions versifiées de l'ode d'Horace *A Tyndaris*, et d'une mélodie de Byron, dont je traduisais ainsi le refrain :

> Dis-moi, jeune fille d'Athènes,
> Pourquoi m'as-tu ravi mon cœur?

Quelquefois je me levais dès le point du jour et je prenais la route de ***, courant et déclamant mes vers au milieu d'une pluie battante. La cruelle se riait de mes amours errantes et de mes soupirs ! C'est pour elle que je composai la pièce suivante, imitée d'une mélodie de Thomas Moore

> Quand le plaisir brille en tes yeux
> Pleins de douceur et d'espérance;
> Quand le charme de l'existence
> Embellit tes traits gracieux, —
> Bien souvent alors je soupire
> En songeant que l'amer chagrin,

Aujourd'hui loin de toi, peut t'atteindre demain,
Et de ta bouche aimable effacer le sourire;
Car le Temps, tu le sais, entraîne sur ses pas
      Les illusions dissipées,
Et les feux refroidis, et les amis ingrats,
      Et les espérances trompées !

Mais crois-moi, mon amour ! tous ces charmes naissants
      Que je contemple avec ivresse,
S'ils s'évanouissaient sous mes bras caressants,
      Tu conserverais ma tendresse ! —
      Si tes attraits étaient flétris,
      Si tu perdais ton doux sourire,
      La grâce de tes traits chéris
      Et tout ce qu'en toi l'on admire,
      Va, mon cœur n'est pas incertain :
De sa sincérité tu pourrais tout attendre.
Et mon amour, vainqueur du Temps et du Destin,
S'enlacerait à toi, plus ardent et plus tendre !

Oui, si tous tes attraits te quittaient aujourd'hui,
J'en gémirais pour toi ; mais en ce cœur fidèle
Je trouverais peut-être une douceur nouvelle,
Et, lorsque loin de toi les amants auraient fui,
Chassant la jalousie en tourments si féconde,
Une plus vive ardeur me viendrait animer.
Elle est donc à moi seul, dirais-je, puisqu'au monde
Il ne reste que moi qui puisse encor l'aimer !

Mais qu'osé-je prévoir ? tandis que la jeunesse
T'entoure d'un éclat, hélas ! bien passager,
Tu ne peux te fier à toute la tendresse
D'un cœur en qui le temps ne pourra rien changer.

> Tu le connaîtras mieux : s'accroissant d'âge en âge,
> L'amour constant ressemble à la fleur du Soleil,
> Qui rend à son déclin, le soir, le même hommage
> Dont elle a, le matin, salué son réveil !

J'échappe à ces amours volages pour raconter mes premières peines. Jamais un mot blessant, un soupir impur, n'avaient souillé l'hommage que je rendais à mes cousines. Héloïse, la première, me fit connaître la douleur. Elle avait pour gouvernante une bonne vieille Italienne qui fut instruite de mon amour. Celle-ci s'entendit avec la servante de mon père pour nous procurer une entrevue. On me fit descendre en secret dans une chambre où la figure d'Héloïse était représentée par un vaste tableau. Une épingle d'argent perçait le nœud touffu de ses cheveux d'ébène, et son buste étincelait comme celui d'une reine, pailleté de tresses d'or sur un fond de soie et de velours. Éperdu, fou d'ivresse, je m'étais jeté à genoux devant l'image ; une porte s'ouvrit, Héloïse vint à ma rencontre et me regarda d'un œil souriant. « Pardon, reine, m'écriai-je, je me croyais le Tasse aux pieds d'Éléonore, ou le tendre Ovide aux pieds de Julie !... »

Elle ne put rien me répondre, et nous restâmes tous deux muets dans une demi-obscurité. Je n'osai lui baiser la main, car mon cœur se serait brisé. — O douleurs et regrets de mes jeunes amours perdus ! que vos souvenirs sont cruels ! « Fièvres éteintes de l'âme humaine, pourquoi revenez-vous encore échauffer un cœur qui ne bat plus ? » Héloïse est mariée aujourd'hui ; Fanchette, Sylvie et Adrienne sont à jamais perdues pour moi : — le monde est désert. Peuplé de fantômes aux voix plaintives, il murmure des chants d'amour sur les débris de mon néant ! Revenez pourtant, douces images; j'ai tant aimé! j'ai tant souffert! « Un oiseau qui vole dans l'air a dit son secret au bocage, qui l'a redit au vent qui passe, — et les eaux plaintives ont répété le mot suprême : — Amour ! amour ! »

VII

VOYAGE AU NORD

Que le vent enlève ces pages écrites dans des instants de fièvre ou de mélancolie, — peu importe : il en a déjà dispersé quelques-unes, et je n'ai pas le courage de les récrire. En fait de mémoires, on ne sait jamais si le public s'en soucie, — et cependant je suis du nombre des écrivains dont la vie tient intimement aux ouvrages qui les ont fait connaître. N'est-on pas aussi, sans le vouloir, le sujet de biographies directes ou déguisées? Est-il plus modeste de se peindre dans un roman sous le nom de Lélio, d'Octave ou d'Arthur, ou de trahir ses plus intimes émotions dans un volume de poésies? Qu'on nous pardonne ces élans de personnalité, à nous qui vivons sous le regard de tous, et qui, glorieux ou perdus, ne pouvons plus atteindre au bénéfice de l'obscurité!

Si je pouvais faire un peu de bien en passant, j'essayerais d'appeler quelque attention sur ces pauvres villes délaissées dont les chemins de fer ont détourné la circulation et la vie. Elles s'asseyent tristement sur les débris de leur fortune passée, et se concentrent en elles-mêmes, jetant un regard désenchanté sur les merveilles d'une civilisation qui les condamne ou les oublie. Saint-Germain m'a fait penser à Senlis, et, comme c'était un mardi, j'ai pris l'omnibus de Pontoise, qui ne circule plus que les jours de marché. J'aime à contrarier les chemins de fer, et Alexandre Dumas, que j'accuse d'avoir un peu brodé dernièrement sur mes folies de jeunesse, a dit avec vérité que j'avais dépensé deux cents francs et mis huit jours pour l'aller voir à Bruxelles, par l'ancienne route de Flandre, — et en dépit du chemin de fer du Nord.

Non, je n'admettrai jamais, quelles que soient les difficultés des terrains, que l'on fasse huit lieues, ou, si vous voulez, trente-deux kilomètres, pour aller à Poissy en évitant Saint-Germain, et trente lieues pour aller à Compiègne en évitant Senlis. Ce n'est qu'en France que l'on peut rencontrer des chemins si contrefaits. Quand le chemin belge perçait douze montagnes pour arriver à Spa, nous étions en admiration devant ces faciles contours de notre principale artère, qui suivent tour à tour les lits capricieux de la Seine et de l'Oise, pour éviter une ou deux pentes de l'ancienne route du Nord.

Pontoise est encore une de ces villes, situées sur des hauteurs, qui me plaisent par leur aspect patriarcal, leurs promenades, leurs points de vue, et la conservation de certaines mœurs, qu'on ne rencontre plus ailleurs. On y joue encore dans les rues, on cause, on chante le soir sur le devant des portes; les restaurateurs sont des pâtissiers; on trouve chez eux quelque chose de la vie de famille; les rues, en escaliers, sont amusantes à parcourir; la promenade tracée sur les anciennes tours domine la magnifique vallée où coule l'Oise. De jolies femmes et de beaux enfants s'y promènent. On surprend en passant, on envie tout ce petit monde paisible qui vit à part dans ses vieilles maisons, sous ses beaux arbres, au milieu de ces beaux aspects et de cet air pur. L'église est belle et d'une conservation parfaite. Un magasin de nouveautés parisiennes s'éclaire auprès, et ses demoiselles sont vives et rieuses comme dans la *Fiancée* de M. Scribe... Ce qui fait le charme, pour moi, des petites villes un peu abandonnées, c'est que j'y retrouve quelque chose du Paris de ma jeunesse. L'aspect des maisons, la forme des boutiques, certains usages, quelques costumes... A ce point de vue, si Saint-Germain rappelle 1830, Pontoise rappelle 1820 ; — je vais plus loin encore retrouver mon enfance et le souvenir de mes parents.

Cette fois je bénis le chemin de fer,—une heure au plus me sépare de Saint-Leu : — le cours de l'Oise, si calme et si verte, découpant au clair de lune ses îlots de peupliers, l'horizon festonné de collines et de forêts, les villages aux noms connus qu'on appelle à chaque station, l'accent déjà sensible des paysans qui montent d'une distance à l'autre, les jeunes filles coiffées de madras, selon l'usage de cette province, tout cela m'attendrit et me charme : il me semble que je respire un autre air ; et, en mettant le pied sur le sol, j'éprouve un sentiment plus vif encore que celui qui m'animait naguère en repassant le Rhin : la terre paternelle, c'est deux fois la patrie.

J'aime beaucoup Paris, où le hasard m'a fait naître, — mais j'aurais pu naître aussi bien sur un vaisseau, — et Paris, qui porte dans ses armes la *bari* ou nef mystique des Égyptiens, n'a pas dans ses murs cent mille Parisiens véritables. Un homme du Midi, s'unissant là par hasard à une femme du Nord, ne peut produire un enfant de nature lutécienne. On dira à cela : Qu'importe ! Mais demandez un peu aux gens de province s'il importe d'être de tel ou tel pays.

Je ne sais si ces observations ne semblent pas bizarres ; — cherchant à étudier les autres dans moi-même, je me dis qu'il y a dans l'attachement à la terre beaucoup de l'amour de la famille. Cette piété qui s'attache aux lieux est aussi une portion du noble sentiment qui nous unit à la patrie. En revanche, les cités et les villages se parent avec fierté des illustrations qui proviennent de leur sol. Il n'y a plus là division ou jalousie locale, tout se rapporte au centre national, et Paris est le foyer de toutes ces gloires. Me direz-vous pourquoi j'aime tout le monde dans ce pays, où je retrouve des intonations connues autrefois, où les vieilles ont les traits de celles qui m'ont bercé, où les jeunes gens et les jeunes filles me rappellent les compagnons de ma première jeunesse ? Un vieillard passe : il m'a semblé voir mon grand-père ; il parle, c'est presque sa voix ; — cette jeune personne a les traits de ma tante, morte à vingt-cinq ans ; une plus jeune me rappelle une petite paysanne qui m'a aimé, qui m'appelait son petit mari, — qui dansait et chantait toujours, et qui, le dimanche au printemps, se faisait des couronnes de marguerites. Qu'est-elle devenue, la pauvre Célénie, avec qui je courais dans la forêt de Chantilly, et qui avait si peur des gardes-chasse et des loups !

VIII

CHANTILLY

Voici les deux tours de Saint-Leu, le village sur la hauteur, séparé par le chemin de fer de la partie qui borde l'Oise. On monte vers Chantilly en côtoyant de hautes collines de grès d'un aspect solennel, puis c'est un bout de la forêt; la Nonette brille dans les prés bordant les dernières maisons de la ville. — La Nonette! une des chères petites rivières où j'ai pêché des écrevisses; — de l'autre côté de la forêt coule sa sœur la Thève, où je me suis presque noyé pour n'avoir pas voulu paraître poltron devant la petite Célénie!

Célénie m'apparaît souvent dans mes rêves comme une nymphe des eaux, tentatrice naïve, follement enivrée de l'odeur des prés, couronnée d'ache et de nénufar, découvrant, dans son rire enfantin, entre ses joues à fossettes, les dents de perles de la nixe germanique. Et certes, l'ourlet de sa robe était très-souvent mouillé comme il convient à ses pareilles... Il fallait lui cueillir des fleurs aux bords marneux des étangs de Commelle, ou parmi les joncs et oseraies qui bordent les métairies de Coye. Elle aimait les grottes perdues dans les bois, les ruines des vieux châteaux, les temples écroulés aux colonnes festonnées de lierre, le foyer des bûcherons, où elle chantait et racontait les vieilles légendes du pays: — madame de Montfort, prisonnière dans sa tour, qui tantôt s'envolait en cygne, et tantôt frétillait en beau poisson d'or dans les fossés de son château; — la fille du pâtissier, qui portait des gâteaux au comte d'Ory, et qui, forcée à passer la nuit chez son seigneur, lui demanda son poignard pour ouvrir le nœud d'un lacet et s'en perça le cœur; — les moines rouges, qui enlevaient les femmes, et les plongeaient dans des souterrains; — la fille du sire de Pontarmé, éprise du beau Lautrec, et enfermée sept ans par son père, après quoi elle meurt; et le chevalier, revenant de la croisade, fait découdre avec un couteau d'or fin son linceul de fine toile; elle ressuscite, mais ce n'est plus qu'une goule affamée de sang... Henri IV et Gabrielle, Biron et Marie de Loches, et que sais-je encore de tant de récits dont sa mémoire était peuplée ! Saint Rieul parlant aux grenouilles, saint Nicolas ressuscitant les trois petits enfants hachés comme chair à pâté par un boucher de Clermont-sur-Oise. Saint Léonard, saint Loup et saint Guy ont laissé dans ces cantons mille témoignages de leur sainteté et de leurs miracles. Célénie montait sur les roches ou sur les dolmens druidiques, et les racontait aux jeunes bergers. Cette petite Velléda du vieux pays des Sylvanectes m'a laissé des souvenirs que le temps ravive. Qu'est-elle devenue? Je m'en informerai du côté de la Chapelle-en-Serval ou de Charlepont, ou de Montméliant... Elle avait des tantes partout, des cousines sans nombre : que de morts dans tout cela ! que de malheureux sans doute dans un pays si heureux autrefois !

Au moins Chantilly porte noblement sa misère; comme ces vieux gentilshommes au linge blanc, à la tenue irréprochable, il a cette fière attitude qui dissimule le chapeau déteint ou les habits râpés... Tout est propre, rangé, circonspect; les voix résonnent harmonieusement dans les salles sonores. On sent partout l'habitude du respect, et la cérémonie qui régnait jadis au château règle un peu les rapports des placides habitants. C'est plein d'anciens domestiques retraités, conduisant des chiens invalides, — quelques-uns sont devenus des maîtres, et ont pris l'aspect vénérable des vieux seigneurs qu'ils ont servis.

Chantilly est comme une longue rue de Versailles. Il faut voir cela l'été, par un splendide soleil, en passant à grand bruit sur ce beau pavé qui résonne. Tout est préparé là pour les splendeurs princières et pour la foule privilégiée des chasses et des courses. Rien n'est étrange comme cette grande porte qui s'ouvre sur la pelouse du château et qui semble un arc de triomphe, comme le monument voisin, qui paraît une basilique et qui n'est qu'une écurie. Il y a là quelque chose encore de la lutte des Condé contre la branche aînée des Bourbons. — C'est la chasse qui triomphe à défaut de la guerre, et où cette famille trouva encore une gloire après que Clio eut déchiré les pages de la jeunesse guerrière du grand Condé, comme l'exprime le mélancolique tableau qu'il a fait peindre lui-même.

A quoi bon maintenant revoir ce château démeublé qui n'a plus à lui que le cabinet satirique de Watteau et l'ombre tragique du cuisinier Vatel se perçant le cœur dans un fruitier! J'ai mieux aimé entendre les regrets sincères de mon hôtesse touchant ce bon prince de Condé, qui est encore le sujet des conversations locales. Il y a dans ces sortes de villes quelque chose de pareil à ces cercles du purgatoire de Dante immobilisés dans un seul souvenir, et où se refont dans un centre plus étroit les actes de la vie passée. « Et qu'est devenue votre fille, qui était si blonde et gaie? lui ai-je dit; elle s'est sans doute mariée? — Mon Dieu oui, et depuis elle est morte de la poitrine... » J'ose à peine dire que cela me frappa plus vivement que les souvenirs du prince de Condé. Je l'avais vue toute jeune, et certes je l'aurais aimée, si à cette époque je n'avais eu le cœur occupé d'une autre... Et maintenant voilà que je pense à la ballade allemande : la *Fille de l'hôtesse*, et aux trois compagnons, dont l'un disait : « Oh! si je l'avais connue, comme je l'aurais aimée! » — et le second : « Je t'ai connue, et je t'ai tendrement aimée! » — et le troisième : « Je ne t'ai pas connue... mais je t'aime et t'aimerai pendant l'éternité!

Encore une figure blonde qui pâlit, se détache et tombe

glacée à l'horizon de ces bois baignés de vapeurs grises...
J'ai pris la voiture de Senlis, qui suit le cours de la Nonette
en passant par Saint-Firmin et par Courteuil ; nous laissons
à gauche Saint-Léonard et sa vieille chapelle, et nous apercevons déjà le haut clocher de la cathédrale. A gauche est
le champ des *Raines*, où saint Rieul, interrompu par les
grenouilles dans une de ses prédications, leur imposa silence, et, quand il eut fini, permit à une seule de se faire
entendre à l'avenir. Il y a quelque chose d'oriental dans
cette naïve légende et dans cette bonté du saint qui permet
du moins à une grenouille d'exprimer les plaintes des autres.

J'ai trouvé un bonheur indicible à parcourir les rues et
les ruelles de la vieille cité romaine, si célèbre encore depuis par ses siéges et ses combats. « O pauvre ville ! que tu
es enviée ! » disait Henri IV. — Aujourd'hui personne n'y
pense, et ses habitants paraissent peu se soucier du reste de
l'univers. Ils vivent plus à part encore que ceux de Saint-Germain. Cette colline aux antiques constructions domine
fièrement son horizon de prés verts bordés de quatre forêts : Halatte, Apremont, Pontarmé, Ermenonville, dessinent au loin leurs masses ombreuses où pointent çà et là
les ruines des abbayes et des châteaux.

En passant devant la porte de Reims, j'ai rencontré une
de ces énormes voitures de saltimbanques qui promènent
de foire en foire toute une famille artistique, son matériel
et son ménage. Il s'était mis à pleuvoir, et l'on m'offrit cordialement un abri. Le local était vaste, chauffé par un poêle,
éclairé par huit fenêtres, et six personnes paraissaient y
vivre assez commodément. Deux jolies filles s'occupaient
de repriser leurs ajustements pailletés, une femme encore
belle faisait la cuisine, et le chef de la famille donnait des

leçons de maintien à un jeune homme de bonne mine qu'il dressait à jouer les amoureux. C'est que ces gens ne se bornaient pas aux exercices d'agilité, et jouaient aussi la comédie. On les invitait souvent dans les châteaux de la province, et ils me montrèrent plusieurs attestations de leurs talents, signées de noms illustres. Une des jeunes filles se mit à déclamer des vers d'une vieille comédie du temps au moins de Monfleury, car le nouveau répertoire leur est défendu. Ils jouent aussi des pièces à l'impromptu sur des canevas à l'italienne, avec une grande facilité d'invention et de répliques. En regardant les deux jeunes filles, l'une vive et brune, l'autre, blonde et rieuse, je me mis à penser à Mignon et Philine dans *Wilhelm Meister*, et voilà un rêve germanique qui me revient entre la perspective des bois et l'antique profil de Senlis. Pourquoi ne pas rester dans cette maison errante à défaut d'un domicile parisien? Mais il n'est plus temps d'obéir à ces fantaisies de la verte bohème; et j'ai pris congé de mes hôtes, car la pluie avait cessé.

LE
THÉATRE CONTEMPORAIN [1]

I

ODÉON. — PORTE-SAINT-MARTIN

Le Vieux Consul, de M. Ponroy. — Les Mystères de Paris.

Sifflets à l'Odéon, sifflets à la Porte-Saint-Martin : voilà où en est l'art dramatique pour le moment. L'Odéon a voulu renouveler le grand succès de *Lucrèce;* ambition légitime. Il en a donné une seconde, plus riche, plus ample, plus Lucrèce encore que l'autre, plus chargée de couleur antique, plus Romaine... Mais le vent avait tourné; le public s'écriait déjà, comme au temps de Berchoux : « Qui me délivrera des Grecs et des Romains? » Il avait applaudi le pastiche inspiré, il a condamné l'imitation, franche, neuve, intelligente pourtant.

[1] Ces chapitres ont paru dans l'*Artiste* de 1844 à 1848.

M. Ponroy s'est fait une illusion généreuse, que le théâtre a partagée. Il a pris au sérieux le succès de M. Ponsard, succès réel et mérité à beaucoup d'égards, mais grossi et dénaturé par un esprit de réaction littéraire que chacun apprécie aujourd'hui. Ce n'est pas la tragédie libre et originale, étudiée au plein cœur de l'antiquité, colorée d'un reflet senti de la poésie latine; ce n'est pas ce côté d'innovation loyale, compris par le public artiste, qui avait déterminé la vogue inouïe de *Lucrèce*, mais bien le calque exact des formules de l'ancien genre académique. Les hommes mûrs, les députés, les gens *de bon goût*, ont pardonné à l'auteur quelques hérésies de détail en faveur de l'orthodoxie du fond. Pour réussir après lui par les mêmes moyens, il fallait suivre plus servilement encore le *pensif* de l'école et renouer tout à fait la chaîne classique interrompue à la mort de Talma, dont mademoiselle Rachel a déjà relevé quelques anneaux. Voilà ce que M. Ponroy n'a pas voulu faire, et nous commencerons par l'en féliciter. Il n'est pas d'un écrivain honnête de chercher le succès dans des conventions étrangères au but de l'art, ou d'en profiter trop bénévolement, comme ces adroits politiques qui se font porter dans les bras de tous les partis.

Nous arrivons forcément trop tard pour donner une analyse complète de la tragédie nouvelle. Elle repose d'abord sur l'ambition rusée du célèbre Marius, qui veut, par tous les moyens, se faire élire consul pour la septième fois. Son compétiteur est un certain Annius Agrippa, patricien débauché, très-influent par son nom et par ses richesses. Marius cherche un moyen de le perdre. Une femme le lui fournira. C'est une belle républicaine, nommée Lavinie, épouse d'un vieillard. Annius l'aime, elle est vertueuse, et Marius, ami de la maison, l'applaudit de cette vertu, car il sait bien qu'Annius, poussé à bout, ne reculera pas devant un crime, et c'est de ce crime que Marius saura tirer parti. En effet, le patricien fait enlever Lavinie en plein forum, après une lutte politique où il a été vainqueur. Mais cette femme a un autre amant, nommé Lépidus, l'un des partisans les plus dévoués du vieux consul. Ce jeune homme parvient à pénétrer dans la maison où Lavinie est enfermée, et va l'arracher au déshonneur; Marius survient en ce moment même et le détourne de cette idée en lui persuadant qu'elle a suivi volontairement son ravisseur. Lavinie, abandonnée de son seul défenseur, subit l'outrage de Lucrèce; mais ensuite, échappée à la demeure infâme d'Annius, elle vient reprocher à Lépidus sa faiblesse et sa crédulité : « Car, dit-elle, tu m'as abandonnée, tu m'as trahie, et je t'aimais pourtant! » Lépidus, auquel la pudique Romaine n'avait jamais fait cet aveu, comprend tout et s'en va chercher une mort empoisonnée de regrets. Lavinie n'a plus qu'à punir Marius, cause de toute cette infamie ; elle vient, sous les voiles d'une prêtresse, se dresser devant le lit où va mourir le vieux consul, et l'accabler d'imprécations, tandis que le peuple fait justice d'Agrippa, le nouveau Sextus Tarquin.

Cette seconde *Lucrèce*, avec toutes ses invraisemblances et ses singularités, contient une situation plus poétique et plus théâtrale qu'aucune scène de son aînée. Le vers, moins correct et moins sobre, a aussi des éclairs d'une inspiration supérieure; il faut avouer maintenant que c'est davantage l'œuvre d'un auteur expérimenté. Cependant pourquoi tant d'applaudissements pour l'une de ces tragédies et tant de sifflets pour l'autre ? Obtenons, du moins, pour ces deux œuvres, l'impartialité de l'ennui. Décidément le réveil de la tragédie n'était qu'une *rêverie renou-*

velée des Grecs. Le public de l'Odéon s'est cru, tout le temps de celle-ci, à une reprise de ce chef-d'œuvre du bon Favart. Disons aussi, pour être juste, que la pièce s'est relevée à a seconde représentation, et paraît être appréciée désormais par un public plus attentif.

Les *Mystères de Paris* ont été peut-être le véritable *dérivatif* en cette occasion ; tous les sifflets s'y sont portés. Dès la première scène du second acte, on se croyait encore en plein Odéon. Heureusement, après avoir encore retenti toute la soirée, cette musique éolienne s'est arrêtée vers minuit. Les siffleurs quittaient la place ; ces hardis opposants n'avaient pas le courage de mécontenter leurs portiers. La pièce a donc fini devant une salle éclaircie et bienveillante avec raison pour le talent de Frédérick.

Mais quel rêve à l'heure du sommeil ! quel cauchemar à l'heure des rêves ! Le Chourineur, le Maître-d'École, la Goualeuse, tous ces héros de l'argot moderne, ont déjà causé tant d'insomnies ! Puis on était déjà fatigué de les avoir vus en imagination, en gravure, partout ! Ou la pièce allait suivre pas à pas le roman que l'on sait par cœur, ou elle s'en éloignerait parfois en froissant les souvenirs les plus tendres du spectateur. Ainsi, tout d'abord, Tortillard paraît sous les traits d'une femme, et joue le rôle d'un enfant malin, mais honnête ; Fleur-de-Marie n'est qu'une pauvre chanteuse des rues, enfant perdue d'un père illustre, comme *Preciosa*, comme la Gypsy, comme tant d'autres. Ce sont tout au plus les aventures de Cœlina ou l'Enfant du Mystère, que l'on voit se développer, et dans lesquelles Jacques Ferrand joue le rôle du farouche Truffaldin. Rodolphe ne paraît plus sous ses habits d'ouvrier, cherchant des aventures et protégeant la vertu, comme le calife de Bagdad ; c'est, d'un bout à l'autre du drame, un prince souverain, vêtu de noir et ganté de blanc. Le Maître-d'École n'est plus qu'un assassin vulgaire, le Chourineur, un ouvrier plein de maximes vertueuses, et, au dénoûment, c'est à Jacques Ferrand qu'on crève les yeux. Mais il n'est pas permis de travestir ainsi les classiques! L'histoire d'Eugène Sue existe désormais comme l'Iliade d'Homère. Les tragiques grecs, en traitant des sujets de cette épopée, ne se sont pas écartés de la vérité acquise dans l'art; ils n'ont pas fait traîner par des coursiers le corps d'Ajax ou de Pâris, en place de celui d'Hector... Où en seront désormais nos illusions? Bien plus, c'est M. Sue lui-même qui a disloqué son œuvre et l'a travestie, qui a menti à ses lecteurs ou à ses spectateurs tour à tour, qui a brisé de gaieté de cœur la plus sincère passion littéraire du public de ce temps-ci, et tout cela pour ajouter à ses gains du feuilleton et du livre quelques misérables droits d'auteur dramatique. Ce n'est guère princier.

Personne, d'ailleurs, ne lui eût été assez ennemi pour lui rendre un si mauvais service. L'agencement adroit des épisodes de son roman et sa publication fragmentée avaient dissimulé la faiblesse de l'action principale et le peu de rapport de tant de *nouvelles* réunies, dont la volonté de l'auteur avait seule fait un roman. Au théâtre, on se demande continuellement : « A quoi bon ces personnages? Pourquoi cette scène? Pourquoi cet acte? » Si bien qu'il n'en serait rien resté. Et puis ces assassins, cet argot, ces scènes de souricière, cette séduction, ce viol tenté, cette fille perdue et retrouvée, ce style mi-parti de prince et de voleur, tout cela était-il donc si nouveau sur un théâtre de boulevard? Mais non! Tout cela était usé au boulevard depuis dix ans et plus; c'était même usé dans les livres; cela n'a jamais été nouveau que dans le feuilleton du *Jour-*

nal des Débats. Pour produire au théâtre un pareil effet de contraste, il eût fallu donner la pièce au Théâtre-Français, et encore...

Nous n'avons nulle autre analyse à donner d'un sujet que tout le monde connaît trop bien. L'impression générale, au théâtre, est celle des infortunes banales de l'héroïne, que chaque tableau vient mettre dans un danger d'où chaque autre tableau la tire en l'y replongeant. Ce sont les malheurs et les profits de la vertu. La misère des Morel, traqués par les recors, a produit quelque effet, mais en dehors de l'action ; Frédérick a fait jaillir une scène magnifique de la situation graveleuse de Ferrand et de Cécily (dont Fleur-de-Marie a pris la place dans le drame). Il a également rendu d'une manière admirable la scène de l'aveuglement. Tels sont les éléments dont la Porte-Saint-Martin peut encore tirer un succès productif. C'est ce que nous souhaitons pour le théâtre, les auteurs ne nous paraissant guère le mériter. Les princes assistaient à cette représentation. Il est bien à eux de prendre quelque souci de la *littérature* de leur temps. Nous regrettons que la tragédie de M. Ponroy n'ait pas eu de si nobles spectateurs ; le respect eût peut-être empêché une partie du public de traiter sans ménagement le début d'un jeune poëte, que ses beaux vers et ses hautes études recommanderont peut-être davantage dans l'avenir.

II

OPÉRA-COMIQUE

La Sirène.

M. Scribe a créé un genre d'opéra-comique qui n'est qu'à lui. M. Auber sait appliquer à cette sorte de littérature une musique *idoine* également sûre de plaire à tous, et de cet ensemble spirituel et harmonieux il résulte une foule de succès aimables, qui ne s'arrêteront qu'à la mort de l'un ou de l'autre d'iceux. Puisse le dieu des vers et de la musique en retarder longtemps l'événement!

Car, ce jour-là, l'on commencerait à se demander de nouveau : Qu'est-ce donc qu'un opéra-comique?... Est-ce un opéra sérieux? Est-ce un opéra bouffon?... Est-ce un opéra jocoso-seria?... etc. — ou plutôt, n'est-ce pas du tout un opéra? — Aujourd'hui il suffit de dire : C'est de l'Auber, c'est du Scribe; c'est ce qu'ils voudront, c'est charmant!

Songe-t-on à demander compte à la mode de ses fantaisies? Elle est la mode, cela répond à tout. Elle ramasse un chiffon, c'est une parure; elle le jette, c'est un haillon. Heureux sommes-nous encore quand elle ne nous impose qu'un ridicule et non une gêne; qu'une frivolité et non un ennui. Si elle nous a condamnés aux Italiens à perpétuité, peut être se repentira-t-elle enfin de nous avoir livrés si longtemps aux pianistes. Avouons qu'elle a encore parfois des réactions terribles ; témoin la tragédie et les sermons ; mais, d'ordinaire, cela ne dure pas.

Il faut souhaiter, au contraire, que le règne de M. Scribe dure longtemps, mais seulement sur les scènes où il ne vient pas faire concurrence à la littérature véritable. Cette imagination gracieuse toujours, riche et puissante parfois, mais qui manque de style, c'est-à-dire de forme et de contour, s'accommode à merveille du secours de la musique, qui vient finir à point ce qu'elle n'a qu'ébauché. Rien ne ressemble plus à un drame complet et de haute portée qu'un opéra de Scribe *fini* par Meyerbeer ; rien n'imite davantage l'effet, non encore réalisé en France, de la comédie romanesque, comme Shakspeare et Calderon l'avaient comprise, qu'un opéra-comique de Scribe *fini* par Auber. *Robert le Diable*, les *Huguenots*, voilà ce qui démontrerait la première partie de notre proposition ; le *Domino Noir*, la *Part du Diable*, par exemple, nous suffiraient pour la seconde.

La *Sirène* aura-t-elle la même valeur de caprice heureux et de poétique invention ? Nous ne pouvons que le présumer. L'éblouissement nous domine au sortir de cette première soirée. La *Sirène* nous attire avec toutes sortes de charmes incontestables ; mais nous laissera-t-elle tristement embourbés dans l'onde épaisse d'une lagune, ou bien nous a-t-elle convoqués, en effet, à des noces divines sous e bleu manteau d'Amphitrite, en des grottes splendides écaillées de nacre et tapissées de corail ? Voilà ce qu'on pouvait se demander après le premier acte, ce que le second acte a laissé encore douteux, et ce que le troisième a résolu d'une manière assez heureuse.

Bossuet nous a dit : Sortez du temps et du changement... M. Scribe nous demande de sortir du vraisemblable et du possible... Dans le premier cas, il s'agit d'arriver à l'éternité; dans le second, il s'agit seulement de parvenir à la fin de sa soirée : c'est moins long. En atteignant ainsi notre dernier moment, nous avons patienté toujours, et il faut bien nous déclarer ensuite satisfaits, quoi qu'il arrive. En touchant à la fin du spectacle, nous ne pouvons trop nous plaindre non plus de l'aimable enchanteur qui nous a dit toujours : Attendez, ayez confiance, vous allez voir! et qui nous salue gracieusement quand il est tard, en nous disant : Mais vous avez tout vu!

Qu'est-ce donc enfin que cette *Sirène* qui nous induit nous-même à des raisonnements si dangereux? M. Scribe se gardera bien de nous la faire voir tout d'abord; nous l'entendrons seulement, et, grâce au choix de son actrice, il aura doublement raison. Voyez maintenant combien cet auteur est heureux d'avoir là sous la main Auber pour faire chanter la *Sirène!* Ajoutons qu'aucun vers appréciable ne viendra déranger encore cette poétique illusion.

Nous sommes dans un pauvre presbytère des Abruzzes. Le vieux curé est mort, et deux parents arrivent pour recueillir sa succession. L'un est l'impresario de San Carlo de Naples, nommé Bolbaya (ne pas confondre avec l'illustre feu Barbaja); l'autre est un jeune officier de marine, nommé Scipion. La vieille gouvernante accueille avec affection ce dernier-là surtout, qui a été élevé dans la maison. L'autre est une sorte de *Fortunatus*, qui joint à sa position d'héritier celle de chercher par toute l'Italie une *prima donna assoluta*, comme le marquis de Torcy cherchait un ténor. Tout à coup des sons de voix lointains viennent jusqu'à nous et agitent diversement nos deux voyageurs, l'un par un souvenir confus, l'autre par un espoir lyrique. C'est la *Sirène*, sa voix est fallacieuse comme le visage de Lilith, où chacun croit retrouver les traits de celle qu'il aime. De même, cette voix fait rêver à l'un une amante, à l'autre une cantatrice à roulades. Cependant un troisième hôte se présente dans la pauvre maison : c'est un drôle fort bien bâti, revêtu du costume consacré des bandits d'opéra-comique. Mais quoi! serait-ce encore un *Fra Diavolo?* Diable! non, la censure s'y opposerait aujourd'hui, et M. Scribe ne nous montre ici qu'un simple et délicat contrebandier. La contrebande, à Naples, peut se faire au profit de la France ; l'auteur a donc pu se permettre dans ce rôle une foule de hardiesses contre la douane et la direction des tabacs... napolitains. Le plastron de ses facéties est un épais gouverneur en uniforme orange, envoyé à la poursuite des fraudeurs, qui ne tarde pas à paraître. Le contrebandier le salue; il a servi chez lui autrefois, et il se donne comme tenant une auberge dans la montagne. Le gouverneur, qui est très-bête, croit à cela facilement.

Tout le monde connaît le commencement de ce vieux mélodrame où un proscrit s'avance, drapé dans son manteau, au milieu d'une contrée sauvage, et débute ainsi d'un ton concentré :

« Banni des États de Gênes, où il m'était interdit de porter le nom de Pietro... »

Il est aisé de comprendre la douleur d'un homme à qui l'on a défendu de porter le nom de Pietro ; mais quel ne doit pas être le chagrin d'un brave contrebandier qui tient de son père le nom de Marco Tempesta, et que des circonstances fatales obligent à paraître sous celui de Scopetto! Avec ce dernier nom, si propre à rassurer les honnêtes gens, notre contrebandier s'insinue tout à fait dans les bonnes grâces du gouverneur, et devient même le confident de ses galanteries. Un rendez-vous mystérieux l'attire seul dans la montagne, et c'est encore la Sirène qui agit là sur son imagination ; si bien que lui, Bolbaya et Scipion, mus par tant d'attractions diverses, se dirigent bientôt vers la *pietra nera*. Scopetto seul sait bien ce qui les y attend.

Voici des défilés terribles, une route qui passe sur une arche ; sous cette arche, une hôtellerie, enfouie comme Herculanum ; c'est le repaire des flibustiers. Ici nous apparaît la Sirène, que nous n'avons encore qu'entendue. Son plumage ne répond guère à son ramage ; c'est une simple modiste de Naples, qui se trouve être la sœur du chef de la bande et qui vient passer ses vacances chez lui. La pauvre fille ne se doute guère que ces belles vocalises, qu'elle se plaît à jeter aux vents tout le jour, servent à égarer les douaniers et à aider la contrebande. Scipion et Bolbaya ne tardent pas à paraître sur la route, cherchant la *pietra nera* ; la voix de la Sirène les attire et les égare tour à tour ; mais Scipion ne s'y trompe plus : c'est du ravin que les sons partent. Il descend. Reconnaissance, effusion ; il retrouve celle qu'il a aimée à Naples, dans la rue de Tolède, cette modiste éternelle des opéras de Scribe, dont il est lui-même l'éternel officier. Les flibustiers viennent interrompre l'entretien ; l'officier est leur ennemi naturel et leur a récemment enlevé des marchandises ; on va le tuer, quand Scopetto arrive et le délivre généreusement ; mais il garde en otage Bolbaya, son compagnon. L'instant d'après, survient le gouverneur avec cinquante gendarmes. La bande se voit découverte ; mais Scopetto trouve le moyen de faire passer ses compagnons pour des acteurs en intimidant l'impressario, qui les présente comme tels au gouverneur. Ce dernier homme, d'une bêtise plus qu'amusante, les engage à venir donner une représentation dans sa villa.

Cette habitation, au bord de la mer, dans un lieu fort isolé, sera lestement dévalisée par les étranges comédiens que le propriétaire y a lui-même établis. La Sirène, toujours pure au milieu du crime, comme la Goualeuse des *Mystères*, et transformée cette fois en prima donna, retrouve encore son officier, qu'elle délivre d'un mauvais pas, car Scopetto l'a fait passer aux yeux du gouverneur pour Marco Tempesta, qui, comme on sait, n'est autre que lui-même. Les affaires de Scopetto vont pour le mieux toutefois; il exécute un déménagement complet des marchandises confisquées, quand Scipion revient avec quinze marins. Ici la Goualeuse, la Sirène, veux-je dire, parvient encore à sauver les compagnons de son frère, en exécutant un de ses chants les plus brillants, qui endort la vigilance de l'autorité, désarme les marins, et donne à Scopetto lui-même le temps d'aller dans la montagne reprendre le beau nom de Marco Tempesta.

Aucun douanier n'a protesté dans la salle contre la moralité d'un tel dénoûment. Et n'eût-il pas cédé lui-même au charme? Le gosier de mademoiselle Lavoye roucoulait les mélodies d'Auber, c'était de quoi justifier le titre de la pièce amplement. Cette jeune actrice, un peu froide, assez peu comédienne, a beaucoup des qualités vocales de madame Dorus et de madame Damoreau. La plupart de ses ornements sont pleins de goût, et jamais ils ne furent mieux placés que dans un pareil rôle. Roger s'est fait applaudir dans un rôle difficile, et a fait valoir surtout son *andante* du second acte, ainsi que le duo entre lui et mademoiselle Lavoye, où se rencontre une phrase délicieuse.

C'est ce morceau et un quatuor de voix d'hommes, au premier acte, qui ont surtout impressionné le public. Les chœurs de contrebandiers et le duo de l'introduction, où la voix de la Sirène ajoute des ritournelles ravissantes, ont plu aussi généralement. Mais l'ouverture, dont le motif principal est ramené dans le quatuor que nous venons de citer, est une des plus belles qu'ait données M. Auber; elle rappelle celle de son bel opéra des *Chaperons Blancs*, trop peu apprécié. La phrase mélodique qui revient avec un effet inexprimable est une valse qui se dansera ou se *polkera* bientôt avec fureur. L'orchestre de l'Opéra-Comique est allé, après la représentation, exécuter cette ouverture sous les fenêtres de M. Auber, au Conservatoire.

III

ODÉON

L'hiver n'a pas été favorable à l'Odéon; le voici heureusement qui bourgeonne et reverdit avec le printemps. Son *arbre du 20 mars* est un drame en cinq actes de Royer et de Vaez, joué par madame Dorval. Cet heureux précurseur des jours plus beaux s'appelle simplement la *Comtesse d'Altemberg*. Ici ne sentez-vous pas déjà le souffle pur et vivifiant de l'Allemagne nous arrivant tout parfumé de senteurs sauvages à travers les Vosges ou les Ardennes? Là-bas, là-bas, au delà du Rhin, plus loin encore, au delà du Taunus, où règne une verdure sombre, mais éternelle, au bord de l'Elbe aux eaux tranquilles, il existe encore sans doute un château au milieu des bois. Ce *burg* altier domine le mont et la plaine, et lève bien loin au-dessus des sapins ses donjons de pierre rougeâtre et ses bastions armés de fauconneaux... Vous vous demanderez ici pourquoi cette supposition que le château d'Altemberg couronne une montagne plutôt que de s'étendre en plaine rase, comme bien des châteaux de la Saxe, pays peu montagneux. A quoi il faut bien répondre que son nom annonce sa situation. Nous aimerions tout autant un bon gros château du dix-septième siècle, lourdement bâti dans le style de Mansard et de Vignole, avec des galeries, des terrasses à balustres, des colonnes ornées de bossages et de refends, des grilles, des rocailles et des statues maniérées peuplant les avenues du jardin et du parc; des labyrinthes d'arbustes taillés, conduisant à des pavillons mystérieux, souvenirs d'une époque à la fois galante et sévère, où ce n'était plus le burgrave, mais le margrave, qui dominait et faisait loi. Il nous semble que c'est un de ces châteaux-là plutôt qui doit être la scène du drame, lequel est de l'école de Kotzebue pour le sentiment et de celle de Schiller pour la passion et la terreur.

Songez surtout qu'il nous faut ici un parc pour les rêveries d'amour, un pavillon isolé pour les cachettes et les rencontres mystérieuses, un palais pour les fêtes et les mascarades, et aussi quelque tour sombre où veille un prisonnier centenaire, comme le vieux corbeau des *Brigands;* ajoutez-y des oubliettes, une salle pour les séances d'un tribunal secret, avec sa porte faite d'un quartier de rocher. Tout cela n'appartient-il pas à ce genre que nos pères appelaient bâtard, et qui a fini par détrôner la tragédie et la comédie, et qui, si l'on n'y prenait pas garde, arriverait un jour aux mêmes priviléges d'uniformité et d'ennui.

Car, ne nous y trompons pas, ce succès-là, c'est de la réaction encore, c'est le retour à une forme oubliée, par opposition aux tendances modernes; heureuse épreuve toutefois, comme fut celle de *Lucrèce,* en raison de l'habileté des auteurs, mais ne préparant comme elle que déception aux imitateurs secondaires. Ayant fait ces réserves, nous pouvons maintenant dire quelque chose du sujet, qui a de la grandeur, à travers la couleur mélodramatique que les auteurs lui ont donnée volontairement.

Le comte d'Altemberg a une fort belle femme qu'il néglige et une fort jolie fille qu'il ne surveille pas assez. Pendant que ce seigneur donne des fêtes en l'honneur d'une courtisane titrée, sa fille se laisse aller aux flammes d'un bel inconnu caché dans un pavillon du parc, et qui pourrait être, avec la même vraisemblance, soit un prince, soit un bandit. Mais heureusement c'est un prince, un prétendant au trône de Saxe, caché là par les soins de la belle-mère du comte. La comtesse d'Altemberg apprend à la fois l'action mystérieuse de sa mère et la conduite imprudente de sa fille; elle se rend auprès du prince, et, par une fatalité toute romanesque, est surprise par son mari, qui la croit coupable. La voilà dans l'alternative de sacrifier sa fille ou elle-même; on conçoit qu'une mère n'hésite pas un seul instant. De cette situation neuve et magnifique ressort tout l'intérêt du drame. Le comte d'Altemberg est un prince allemand non encore médiatisé, c'est-à-dire qu'il a droit de vie et de mort dans son château. Or il a déclaré toujours que, suivant l'exemple de son père, lequel avait fait tuer sa femme, il jugerait de même et ferait tuer toute femme de sa famille qui serait déshonorée. C'est donc une question de vie et de mort pour la comtesse et pour sa fille. Cette dernière ignore longtemps le danger où elle a mis sa mère. Le comte d'Altemberg a fait saisir par ses gens le prince et sa complice supposée, et appelé près de lui le même homme dont son père avait fait un bourreau. L'entrevue qu'il a avec cet assassin est une conception toute dans le goût de Schiller. Mais, avant de punir, il veut juger comme souverain, et se fait amener l'inconnu dont on s'est saisi. Cet homme va s'asseoir sur le trône même du juge, et déclare là qu'il est le prince de Saxe; il faut bien le laisser échapper. La comtesse, restée dans les mains de son mari, va périr, quand sa fille, instruite de ce qui se passe, s'accuse elle-même près de son père; elle s'expose seule au même danger. Au moment où l'intérêt est porté à son comble, le retour du prince, qui vient de triompher de ses ennemis, délivre les deux femmes, et répare, à l'égard de la plus jeune, tout ce qu'il est possible de réparer. Un mariage et une réconciliation conjugale viennent sécher les pleurs des spectatrices en leur offrant une double satisfaction.

Nous l'avons dit, nous le devons à nos principes littéraires, ce que certains détails peuvent avoir de suranné, et qui au reste assure le succès populaire du drame, nous semble grandement compensé par la haute puissance des principales situations. Madame Dorval a retrouvé là un de ces rôles où elle est parfaite, et que si peu d'auteurs savent faire à sa taille; elle y rencontre tous les jours des inspirations nouvelles, et se met tellement dans la situation, que souvent il lui échappe des expressions sublimes de mère et d'épouse outragée, que les auteurs acceptent avec reconnaissance et le public avec admiration. La *Comtesse d'Altemberg* sera la *Lucrèce* du drame, et ces deux épouses sans tache auront été les plus sûres colonnes du théâtre de l'Odéon.

IV

ODÉON

Jane Grey, tragédie de M. Soumet.

Le nombre des sujets dramatiques tels que les veut la tragédie, en dehors de tout arrangement de couleur locale et d'action enchevêtrée selon le goût moderne, est nécessairement borné. Puisqu'on discute en ce moment sur la gamme des sons et des couleurs, on ferait aussi bien d'accuser l'infériorité de notre gamme... ou, pour parler selon Fourier, de notre clavier passionnel. Celui-là n'a pas même sept notes, sept nuances, sept touches primordiales bien distinctes. Sur les sept péchés capitaux donnés par l'Église, il en est déjà trois qui échappent au théâtre sérieux. La luxure, ce serait *Don Juan* peut-être ; mais la gourmandise, qu'en faire ? Et la paresse, encore ? Comment donner un développement héroïque à des vices antimesquins ? En opérant sur ce qui reste de nos étroites passions, on obtiendra trois à quatre séries de crimes appuyés sur des motifs peu variés et d'origine patriarcale. Quand on a épuisé toutes les péripéties de meurtres, de rivalités et d'amours entre parents du premier degré, il faut passer aux situations analogues résultant des inégalités sociales, puis aux luttes de politique et de croyances ; c'est à peu près tout, à ce qu'il nous semble... Nous devrions même en être sûr, ayant tracé autrefois, pour notre instruction personnelle, un tableau complet, en vingt-quatre cases, de toutes les combinaisons possibles de passions tragiques, traitées ou à traiter encore. Ce travail terminé, nous nous sommes assuré que rien de nouveau et d'inattendu ne pouvait plus paraître désormais, sous le soleil ni sous le lustre, d'ici à la consommation des siècles, à moins, pour rentrer dans les hypothèses fouriéristes, que notre planète ne passe à l'état de cardinale majeure, ce qui agrandirait sensiblement le clavier de nos passions.

Nous pouvons ajouter dès aujourd'hui un nouvel ouvrage, sinon un nouveau titre, dans celle de nos cases de la seconde série, qui pourrait s'intituler : *Rivalité de reine et de sujette*. Celle-là est une des plus remplies, surtout pour les époques féodales : cela commence par Brunehilde et Chrimhilde, du grand poëme des *Niebelungen*, qui a fourni une belle tragédie à l'Allemand Ranpach ; puis Frédégonde et Brunehaut, Roxane, Blanche d'Aquitaine, Marie Stuart, Christine, Élisabeth, Marie Tudor, etc., toujours deux femmes, l'une puissante, l'autre faible ou opprimée, qui se disputent un amant inconstant par ambition ou perfide par amour. Le coup de hache est au bout de tout cela ; frappera-t-il l'amant ou la rivale, ou tous les deux encore? Voilà la question. N'attendons, par conséquent, l'intérêt et l'imprévu que de l'étude des caractères et des combinaisons de détail que l'époque peut nous fournir.

Aussi bien n'y a-t-il pas plus de mérite même à tirer de l'intérêt d'une situation cent fois traitée? Nous trouvons seulement que la tragédie est moins propre que le drame à déguiser et à déplacer des actions banales ; le caractère, les costumes, les détails de la vie, changent avec les époques, les passions générales restent les mêmes ; qui songe, en voyant *Hamlet*, que c'est *Oreste* sous d'autres habits? En voyant *Roméo et Juliette*, qui jamais a songé que cette action est scène pour scène celle de *Pyrame et Thisbe?* Ne reprochons donc pas aux poëtes modernes de traiter des sujets vieux comme le monde : c'est le monde qui se répète, c'est l'homme qui tourne dans le cercle abstrait indiqué par Vico, et, quand on dit : N'y a-t-il rien de plus neuf? autant vaudrait dire : N'y a-t-il rien de plus ancien?

Non-seulement la *Jane Grey* de M. Soumet n'est que l quatrième en date sur notre théâtre, mais le style même de M. Soumet, l'un des aigles de l'école moderne, ne nous paraît guère en progrès sur celui de la Calprenède, auteur de la plus ancienne *Jane Grey;* on va voir par les vers suivants, cités déjà par un critique, que nous n'entendons pas mettre un reproche dans cette observation :

> Après des mouvements de tendresse et d'amour,
> D'un pas majestueux elle sort de la tour ;
> Certes jamais mon œil ne la trouva si belle :
> Sa grâce surpassait toute beauté mortelle,
> Son front était serein, son port plus glorieux,
> Un éclat tout divin faisait briller ses yeux,
> Et, dans la vanité de la pompe romaine,
> Jamais le plus superbe et plus grand capitaine
> Sur un char triomphant ne se vit emporté
> Avec tant d'assurance et tant de majesté.
> Elle marche à la mort comme au but de sa gloire,
> Regarde un échafaud comme un champ de victoire,
> Et monte ses degrés avec un front égal
> A celui qu'elle avait sur le trône royal.
>
> LA CALPRENÈDE, *Jane Grey.*

La notoriété du sujet nous dispense de donner une analyse détaillée. Il suffit de dire que Jane Grey a des droits au trône d'Angleterre, occupé par Marie Tudor. Le duc de Northumberland lui fait épouser en secret son fils Guilfort, et profite du passage de Marie dans son château pour la faire prisonnière et proclamer les droits de sa belle-fille. La rivalité des deux femmes, à l'occasion de Guilfort, fournit tout l'intérêt de cette intrigue, et c'est une scène saisissante que celle où Marie, entrant sur la scène, voit Jane couronnée et trônant à sa place. Celle-ci la sauve des fureurs de ses partisans; mais Marie, bientôt triomphante à son tour, se montre moins généreuse. En frappant sa rivale, elle doit aussi frapper son amant; voilà ce qui donne aux deux derniers actes des alternatives puissantes de passion et de terreur. Guilfort finit par s'empoisonner, et Jane marche seule à l'échafaud. Par une ingénieuse combinaison qui rappelle la dernière scène d'Egmont, M. Soumet a pu montrer aux spectateurs, comme dans un rêve, le tableau de la *Mort de Jane Grey*, de Delaroche, peintre qui a le privilége de fournir des dénoûments aux œuvres de l'école romantique moderne. La *Mort des enfants d'Édouard* et celle d'*Élisabeth d'Angleterre* avaient déjà paru sur la scène française. C'est, après tout, un artifice théâtral dont le talent de M. Soumet pouvait se passer.

Cette tragédie est encore une bonne fortune pour l'Odéon, et fera de beaux lendemains à la *Comtesse d'Altemberg*. Mademoiselle Georges y a joué Marie Tudor en vers sans faire oublier son illustre création de Marie Tudor en prose. Nous préférons encore cette dernière, mais l'autre aura aussi des partisans nombreux. Mademoiselle Naptal a recueilli de justes applaudissements dans le rôle de Jane Grey. Elle rappelle physiquement celle de Delaroche, de sorte que la scène finale est sûre d'attirer la foule. Pour l'Odéon, c'est le grand point.

V

THÉATRE-FRANÇAIS

Jeanne d'Arc, tragédie de M. Soumet.

Le jour où mademoiselle Rachel débutait au Gymnase dans un vaudeville intitulé la *Vendéenne*, nous avons été du petit nombre des critiques qui prévoyaient en elle un talent de premier ordre, et le personnage surtout de cette petite paysanne, vaillante et fière, venant à pied du fond de sa province et bravant mille dangers par dévouement filial, nous donnait l'idée que jamais personne ne rendrait mieux, au besoin, l'idéal historique de la pucelle d'Orléans. Seulement nous concevions le drame de Schiller plutôt que la tragédie de Soumet, et il faut avouer qu'à cette époque, éloignée de nous de sept années, personne n'avait prévu le retour du chef-d'œuvre de l'Empire et de la Restauration.

Soumet lui-même, l'auteur inspiré de *Norma* et d'*Une Fête de Néron*, tenait *Jeanne d'Arc* pour l'une de ses tragédies les moins heureuses, malgré la vogue patriotique qui s'y était attachée. Il savait qu'il ne suffisait plus, pour réussir, de flatter d'un côté l'oriflamme et les lis, de l'autre l'anglophobie et le libéralisme, et qu'il fallait renoncer au système des vers à effet tels que :

> L'air de la servitude est mortel aux Français!

Il savait aussi que rien n'était plus triste que ce compromis littéraire qui consiste à défigurer les chefs-d'œuvre du théâtre étranger, sous prétexte de les accommoder au goût français. Nous pouvons donc constater la médiocrité de cette *Jeanne d'Arc* sans porter atteinte au souvenir si pur et si poétique d'Alexandre Soumet.

Une grande erreur serait de croire que les personnages les plus intéressants dans l'histoire doivent l'être aussi au théâtre. Schiller lui-même n'a pu faire de Jeanne d'Arc un personnage dramatique qu'en faussant la vérité du caractère et des faits. Il a créé un amour qui rabaisse l'héroïne, et la fait mourir dans un combat et non sur un bûcher. Cela n'empêche pas qu'il y ait de grandes beautés dans cette œuvre, en reconnaissance de laquelle l'Assemblée nationale décerna à Schiller le titre de citoyen français. Il est honteux que la France n'ait su faire qu'une parodie de la vie de la Pucelle, et que l'on doive au poëte allemand seul un tableau dramatique plein de couleur et de sentiment français.

Depuis, il est vrai, M. Michelet a consacré un volume admirable de son Histoire à cette touchante chronique, et nous a fait connaître dans Jeanne d'Arc un caractère tout divin d'héroïsme et de simplicité. Ne semble-t-il pas que de tels sujets, à la fois sublimes et familiers, devraient être proposés aux plus grands poëtes d'une nation et exécutés aux frais de l'État, comme des tableaux ou des statues? Nous croyons savoir qu'Alexandre Dumas avait fait, il y a quelques années, la proposition de traduire la *Jeanne d'Arc* de Schiller, en élaguant les longueurs et les inexactitudes, qu'il est facile d'en séparer. Et maintenant peut-être sera-t-il en position d'exécuter de lui-même un monument digne à la fois de l'Allemagne et de la France.

Mademoiselle Rachel aura été séduite, en choisissant ce

rôle, par l'idée de réaliser, sous une armure brillante, la statuette célèbre de la princesse Marie. Elle était fort belle, en effet, au lever du rideau, et sa tête avait un caractère charmant de mélancolie et de dignité. Le rôle est entièrement dépourvu d'action; mais de beaux vers et l'intérêt de la situation en font tout au moins une magnifique élégie. Les ressorts de l'action sont puérils, et l'on ne peut citer qu'une belle scène, où Jeanne d'Arc rappelle à ses devoirs et fait rentrer dans le parti de la France le fils de Jean de Bourgogne. Du reste, dans la donnée de l'auteur, les Anglais sont à peu près innocents du supplice de la Pucelle; Belfort veut la sauver dans les premières scènes, et c'est plus tard le *jugement de Dieu* qui la condamne. Voilà où mènent la convention tragique et le respect de la censure! Mais était-on forcé de tirer cette tragédie de l'oubli?

Toutefois mademoiselle Rachel est belle de physionomie et d'attitude. L'armure d'acier, si invraisemblable qu'elle soit dans une prison, lui sied à merveille. Elle dit avec inspiration et sentiment des vers fort beaux la plupart. Cette reprise ne peut donc manquer d'attirer quelque temps la foule au Théâtre-Français.

VI

THÉATRE-FRANÇAIS

Une Fille du Régent, par M. Alexandre Dumas.

Le Théâtre-Français en est revenu à témoigner, pour le drame moderne, une bienveillance qui mériterait d'être récompensée par un grand succès. La réaction tragique et comique, tentée depuis quelques années, toucherait-elle sérieusement à sa fin? Se serait-on convaincu de l'impossibilité qu'il y aurait à renouer une queue convenable à la perruque étoffée du dix-huitième siècle? Désespère-t-on de M. d'Onquairé pour nous rendre La Chaussée, et de M. Latour pour continuer Campistron? Toujours est-il que, depuis quelque temps, l'ancienne école nouvelle reçoit des avances flatteuses. *Hernani* reparaît quelquefois, et ne trouve pas un mauvais accueil auprès des habitués quinteux de l'orchestre. Madame Mélingue est même fort touchante et fort applaudie dans le rôle de doña Sol. *Charles VII* a aussi, depuis quelques mois, repris possession du répertoire, et, maintenant, le luxe avec lequel on a monté la pièce nouvelle d'Alexandre Dumas fait preuve assurément d'intelligence et de bonne volonté. Jamais, depuis le retour inattendu de la muse économique de nos pères, on n'avait admiré un lever de rideau si splendide et si pittoresque que celui de la *Fille du Régent*. C'est un effet de neige et de clair de lune digne du Diorama : une route déserte à travers la campagne, un sol durci par la gelée et des arbres poudrés à blanc, un pavillon de château, dont la fenêtre basse donne sur des fossés pleins d'eau, et, par un effet très-neuf au théâtre, le fossé même rendu *praticable* pour l'amant, qui s'expose à marcher sur la glace, afin d'entretenir une charmante captive : tel est le tableau romanesque et poétique que nous présente le prologue.

Nous disons prologue, bien que cela s'appelle aujourd'hui premier acte, parce que nous savons qu'il existait dans la pièce un autre acte supprimé aux répétitions, et dont la scène se passait à la Bastille, autre motif de décoration splendide, qu'on a cru devoir supprimer, moins sans doute par une raison d'économie que par une raison de goût.

Eh bien, nous regrettons cette décoration et cet acte, parce que nous sommes persuadé que la pièce était ainsi plus franche et plus hardie, et que ce tableau de la Bastille n'était pas indifférent à la couleur générale de l'action.

Il faut toujours dans le drame un parti pris complet ; ou l'action concentrée et simple qui se passe entre quatre murs, comme dans une pièce de Diderot ou de Sedaine, ou l'action vaste, pittoresque, localisée, abondante en détails et en incidents, comme dans Calderon ou dans Schiller.

Alexandre Dumas vient d'obtenir un trop grand succès avec les *Mousquetaires* pour qu'on prétende que le public est fatigué des pièces à décorations et à mise en scène ; au Théâtre-Français, il est vrai, l'on a toujours accueilli les pièces de ce genre avec une certaine prévention. L'aristocratie des genres nous poursuit encore après deux révolutions ; tous les premiers théâtres de l'Europe représentent indifféremment les pièces simples ou les pièces à tableaux, ne se préoccupant que du mérite et non de la forme. En France, nous jouons Kotzebue sur notre première scène, et nous renverrions Schiller à l'Ambigu si on nous le présentait sous sa forme originale.

Le beau mérite, dira-t-on, d'inventer des décorations, de faire de la mise en scène ! C'est travailler pour la gloire du décorateur, du régisseur, du costumier. Nous pensons qu'en cela l'on se trompe, et qu'il faut peut-être du génie pour imaginer certains effets de pure mise en scène, comme l'apparition de Banquo à la table de Macbeth, comme l'imprécation des seigneurs à la fin du premier acte de *Lucrèce Borgia*.

On nous dira que les auteurs du boulevard en imagineraient bien autant. Cela n'est pas, ou du moins les effets purement matériels n'auraient pas la même valeur. Autant vaudrait dire que tout le monde peut inventer sans peine la composition d'un tableau. C'est un tableau que l'idée de ce champ de bruyères où trois sorcières se présentent à Macbeth et à Macduff égarés; c'est un tableau aussi que la scène de Roméo sur le balcon, ou celle d'Hamlet faisant jouer la comédie devant sa mère et Claudius.

Mais, dans Shakspeare comme dans Schiller, les tableaux se succèdent et s'entremêlent avec les scènes d'intérieur; c'était un désavantage, au contraire, pour l'ouvrage nouveau, de faire succéder à un acte d'effet pittoresque et de couleur locale quatre actes réguliers qui se passent dans des chambres ou dans des salons. Le tableau de la Bastille aurait rompu cette uniformité. Mais prenons la pièce telle qu'elle est devenue, sans tenir compte à l'auteur du dérangement qu'une telle coupure a dû apporter dans les proportions de son œuvre.

Un jeune homme, enveloppé d'un manteau couleur de muraille et qui longe mystérieusement le bord des fossés d'un couvent, se voit arrêté, reconnu, surpris par deux autres, qui auraient toute sorte de raisons de le croire ailleurs. Ce sont tous trois des conjurés bretons conspirant la mort du régent. Ils ont tiré au sort, et le sort a désigné comme instrument Gaston de Chanlay. C'est celui-là qui devrait être loin du lieu que nous voyons et sur la route de Paris.

Mais il est amoureux, et sa faute l'oblige à une confidence. Prêt à se dévouer, il a voulu faire ses adieux à Hélène de Chaverny, jeune fille dont la destinée n'est pas moins aventureuse que la sienne.

Gaston obtient de ses compagnons rassurés le silence et la permission de consacrer une heure à ses amours. Il pose le pied sur la glace, atteint la fenêtre, et trouve là sa maîtresse, inquiète elle-même du sort qui l'attend, car elle ne connaît pas ses parents, et il faut qu'elle quitte le lendemain la maison où s'est faite son éducation, pour aller à Paris retrouver son père; et, pendant qu'ils échangent ainsi leurs secrets, voici la lune, pâle confidente, qui éclaire cette scène d'amour et jette sur le mur l'ombre du jeune cavalier.

Quoi qu'on puisse dire, il y a dans une scène ainsi représentée beaucoup plus d'effet que dans une exposition ordinaire. Cela rappelle un peu Roméo sans doute; mais ce dernier ne rapelle-t-il pas Pyrame? et n'est-ce point le cas de se souvenir même un peu du *Clair de lune* et de la *Muraille* du *Songe d'une nuit d'été*?

Mais tous les amours se ressemblent, comme tous les printemps. Celui-là est, du reste, dans les conditions les plus dramatiques possibles, car on comprend déjà qu'Hélène n'est autre que la fille naturelle du régent, et que son amant a juré imprudemment la mort de ce père inconnu.

Les deux amants se sont entendus pour se rencontrer dans leur voyage, et arrivent dans la même auberge, où Hélène reçoit la visite du régent dans une chambre rendue obscure à dessein. Le récit de cette scène, qu'elle fait ensuite à Gaston, n'est point fait pour ravir entièrement un amoureux. Il ne croit pas trop à ce père qui n'apparaît que dans l'ombre, et persuade à la jeune fille qu'elle est victime d'une machination immorale: elle lui promet alors de s'échapper à la première occasion et d'aller le rejoindre dans l'hôtel qu'il choisira à Paris.

Nous n'avons pas parlé d'un personnage qui épie en silence tous ces secrets, et suit dans tous ses fils cette intrigue assez compliquée de politique et d'amour. C'est Dubois, auquel le régent n'a pas confié le secret de sa paternité, et qui se met au courant de tout en employant divers déguisements. Le plus comique est celui du capitaine Lajonquière, qu'il fait emprisonner et dont il prend les habits. Gaston est recommandé à ce capitaine, qui doit le présenter au duc d'Olivarès, avec lequel s'entendent les conspirateurs. Or le faux Lajonquière présente au contraire Gaston au régent lui-même, qui, averti à temps, a consenti à se faire passer pour l'ambassadeur espagnol. De cette façon, l'on amène Gaston à livrer tous ses secrets, et même il profite de la bienveillance que lui témoigne le faux duc pour mettre sous sa protection Hélène, qui s'était sauvée chez lui. Le régent reconnaît sa fille sans qu'elle le reconnaisse ; mais, instruit de l'amour qu'elle a pour Gaston, il se sent porté à l'indulgence envers ce jeune conspirateur.

On comprend que Dubois l'a déjà fait mettre à la Bastille ; le régent donne un ordre pour le faire élargir, mais Dubois procure au prisonnier les moyens de s'évader dans la nuit, sûr de le rattraper plus tard. Au moment où l'intrigue se croise ainsi, voilà que Gaston paraît devant le régent, qu'il croit toujours l'ambassadeur ; instruit du but tragique de la conspiration, le régent promet au jeune homme de lui faire voir, le soir même, celui qu'il doit frapper. En effet, il donne un bal, et paraît bientôt sous son costume officiel. Gaston de Chanlay, le reconnaissant, laisse tomber son poignard ; il apprend aussi que c'est le père d'Hélène, et abjure son funeste serment lorsqu'on lui dit surtout que le regent a fait grâce aux autres conspirateurs.

La première soirée a été moins favorable que la seconde à cette pièce, où la complication des détails semblait répandre un peu d'obscurité. On y applaudira toujours une foule de scènes énergiques et de belles situations que madame Mélingue, Régnier, Geffroy et Brindeau, ont rendues avec beaucoup d'ensemble et de talent.

VII

ODÉON

Échec et Mat, comédie en prose, par MM. Octave Feuillet et Paul Bocage.

L'Odéon, forcé de remettre à l'hiver prochain la pièce de M. Ponsard, a donné par compensation une fort agréable comédie intitulée : *Echec et Mat*. Ce n'est pas une œuvre à soulever des questions littéraires; mais c'est ce que l'on peut voir de plus adroit, de plus habilement enchevêtré, de plus *réussi* en un mot, au point de vue ordinaire du théâtre. M. Scribe envierait bien des scènes et bien des mots de cet imbroglio comique, auquel, du reste, Alexandre Dumas a quelque peu concouru.

L'action est fort simple, et tire tout son intérêt d'une succession de scènes à tiroir parfaitement disposées pour le jeu des acteurs. Le roi d'Espagne aime une jolie orpheline, et la fait épouser à un vieux général de ses armées. Ce dernier s'aperçoit à temps du rôle ridicule qu'on veut lui faire jouer, et emmène sa femme loin de la cour. On parvient à l'y faire revenir, et de ce moment la lutte s'engage ; c'est l'éternel combat de l'esprit et de la puissance; c'est Figaro, c'est Pinto, c'est le major Palmer; mais tout cela varié, transformé, nouveau, et surtout admirablement rendu par Bocage, qui s'est montré supérieur dans ce genre mixte, où l'ironie obtient de véritables effets comiques, et qu'ont toujours affectionné les grands acteurs.

Le rôle du roi a été rendu avec beaucoup d'esprit et d'élégance par Jourdain. Mauzin a fait plaisir dans un personnage moitié capitaine et moitié espion, qui ne manque pas de fantaisie bouffonne. Ce Castillan a perdu un livret où il note ses observations politiques ; c'est l'adroit mari qui le trouve, et qui fait de chacun des feuillets le prix d'un service que l'espion est obligé de lui rendre, bien qu'il soit naturellement dans le parti de ses ennemis. Ce moyen amène des péripéties fort originales. Le roi, tenu en *échec* jusqu'au dénoûment, devient *mat* par les soins d'un jeune cavalier, qui gagne près de la reine tout le terrain que perd la couronne autre part. A tout prendre, la pièce est une partie d'échecs bien défendue et bien gagnée, où tous les acteurs se sont montrés des pions fort intelligents. Ce succès est d'heureux augure pour la décision de la Chambre touchant la subvention future de l'Odéon.

VIII

THÉATRE-FRANÇAIS

Si Aristophane vivait parmi nous, il serait forcé de se faire vaudevilliste et d'en passer par la censure. Voici cependant une comédie à la manière du grand comique grec qui vient de se révéler. On nous raconte ceci :

« Si deux ou trois mille spectateurs avaient pu assister mardi dernier à la séance du comité de lecture du Théâtre-Français, on ne dirait plus aujourd'hui que la comédie est morte.

« Il est impossible de se figurer les scènes excellentes, et du comique le plus élevé, qui ont signalé cette curieuse séance. MM. les sociétaires ont été les héros et les acteurs de la pièce.

« Cette comédie nous a paru divertissante, c'est pour cela que nous en toucherons deux mots à nos lecteurs; — et pourtant, ce qui fait en ce moment le sujet de notre hilarité a jeté la Comédie-Française dans une perturbation impossible à décrire. Les sociétaires sont consternés.

« Or voici ce qui s'est passé mardi dernier : un jeune auteur d'un talent remarquable, M. Ferdinand Dugué, devait lire au comité une pièce dont il n'avait pas cru devoir livrer d'avance le titre à MM. les sociétaires. — Ce titre devait rester secret jusqu'au moment solennel où l'auteur déploierait son manuscrit. L'auteur avait eu ses raisons pour agir ainsi : le titre, en effet, était à lui seul une énorme hardiesse; il devait, une fois l'heure de la révélation arrivée, retentir comme un coup de tonnerre aux oreilles des sociétaires épouvantés. L'auteur, à ce qu'il paraît, comptait beaucoup sur cette péripétie. Malheureusement un indiscret avait prévenu l'aréopage et dévoilé le titre fatal.

« Or voyez si ce titre était significatif. A peine le comité l'eut-il entendu prononcer, qu'il sentit un frisson lui courir par tout le corps. Quand parut M. Dugué, presque toutes les figures étaient pâles et inquiètes, moins celles des dames, qui étaient charmantes de coquetterie et de grâce.

« L'auteur lut à haute et très-intelligible voix : *Le Comité de lecture, comédie en trois actes et en vers.*

« L'auteur, nous l'avons dit, comptait beaucoup sur l'effet de son titre, qu'il croyait inconnu ; il fut donc extrêmement surpris en voyant que le comité ne bougeait pas.

« Cependant la comédie de M. Dugué renfermait d'assez jolies choses ; car, malgré cet effet manqué, elle ne tarda pas à produire une sensation sur l'assemblée.

« Après le premier acte, MM. les sociétaires se levèrent et protestèrent avec une véhémence incroyable contre l'audace d'un auteur, lequel ne craignait pas de venir insulter le Théâtre-Français jusque dans ses foyers.

« Cependant l'auteur restait parfaitement tranquille et sérieux au milieu de cette tempête. — Les membres du comité criaient et se démenaient de leur mieux. — M. Dugué les laissait faire et buvait de temps à autre une gorgée d'eau sucrée pour se préparer à lire son second acte.

« M. Samson, qui avait cru prudent de ne pas assister à la séance, se tenait dans une pièce voisine, et on lui faisait passer des bulletins qui le mettaient au courant de la discussion. Enfin, quand les sociétaires furent las de crier et de tempêter, M. Dugué prit la parole à son tour : — Pourquoi donc cette fureur, messieurs? dit-il. Vous vous êtes reconnus, tant mieux ; car je vous avoue franchement que c'est vous que j'ai voulu peindre. — Et pourquoi le cacherais-je? Vous m'avez fourni le sujet d'une comédie, — et cette comédie, je l'ai faite ; jugez-la. — Je me trompe : cette comédie, c'est vous qui en êtes les auteurs.

Monsieur Provost, c'est vous qui avez dit ceci. A vous, monsieur Beauvallet, appartient ce détail. — Je dis que M. Samson est un auteur de mauvaises pièces qui en refuse de bonnes, — et vous me trouvez trop hardi ! Cela n'est-il pas plaisant? Il n'y a pas un de vous qui ne déclare l'organisation du comité détestable, — et vous êtes étonnés que je la critique, — et vous ne comprenez pas le courage qu'il y a à venir chez vous vous dire vos vérités? Elles vous blessent, j'en suis fâché ; mais vous ferez mieux de profiter de la leçon.

« Telle est l'amusante pièce que la Comédie-Française a jouée mardi dans son petit intérieur. On ne sait pas si elle en donnera une deuxième représentation. »

En femme d'esprit qu'elle est encore, la Comédie-Française a fini par s'amuser la première de cette fantaisie d'un jeune homme de talent qui a sans doute beaucoup de loisir.

IX

PENSÉES ET MAXIMES

Sur l'AGNÈS DE MÉRANIE de M. Ponsard.

La représentation du second ouvrage de l'auteur de *Lucrèce* n'a point justifié toutes les espérances qu'on avait conçues. Ce n'est pas une raison pour que la critique doive placer trop bas désormais un beau talent qui est parvenu à raviver les vieilles querelles littéraires commencées en 1821 par le manifeste de Stendhal (*Racine et Shakspeare*) et par la réponse d'Auger (*les Classiques et les Romantiques*). Le public prend si peu d'intérêt aujourd'hui à ces sortes de questions, qu'on devait souhaiter de voir rétablir encore, à propos de drames ou de tragédies, un antagonisme sérieux.

*
* *

Cela aurait pu intéresser de temps en temps les gens du monde, moins sans doute que les variations de la Bourse, mais presque autant que les problèmes du *sport*. Et maintenant que gagnerons-nous à voir s'éteindre le dernier espoir de l'art classique, *spes ultima Trojæ*? Scribe et Dennery envahiront le Théâtre-Français ; les questions musicales auront le privilége des discussions de salons..., si tant est que l'on discute encore dans les salons.

Et cependant un étranger qui aurait passé mardi soir devant l'Odéon, qui aurait vu ce péristyle envahi par quatre queues, la place encombrée de voitures, des femmes sorties de ces voitures avec de l'or et des fleurs dans les cheveux, implorant, les pieds dans la boue, la faveur des sergents de ville et le loisir des gardes municipaux, se serait dit : Mais voilà un peuple bien littéraire ! voilà des Athéniens auxquels manque le ciel d'Athènes ! Euripide luttant contre Sophocle n'a pas eu la gloire d'inspirer de tels dévouements.

*
* *

Mais aussi quel public difficile après de tels sacrifices ! Un spectateur qui couve un rhume devient très-froid aux beautés d'un poëme ; c'est un des malheurs de la centralisation.

Agnès de Méranie a été composée dans le pays des troubadours. Il lui faudrait un amphithéâtre romain pour enceinte, une cour d'amour pour public. On viderait ensuite la question littéraire dans un tournoi.

La partie jeune du public se composait de gens âgés. L'enthousiasme des vieillards touche singulièrement à l'enfance.

On s'est étonné du désappointement des admirateurs de *Lucrèce* à l'endroit d'*Agnès*. C'est qu'il y a une grande différence entre un *chef-d'œuvre* auquel on ne s'attendait pas et un chef-d'œuvre auquel on s'est trop attendu.

On se demande pourquoi les hommes d'État actuels, presque tous complices du mouvement littéraire qui, de 1823 à 1829, a renouvelé la littérature, se sont montrés si favorables à la réaction tentée par les amis de M. Ponsard. Mais tout s'explique par la tendance de la monarchie actuelle vers les traditions de Louis XIV. Un imprudent a dit le mot. On voulait avoir la *tragédie du règne*.

Ce n'est pas toutefois M. Duchâtel qu'on accuserait de ces tendances, ni M. de Salvandy, tous deux de l'école du *Globe* et traités si longtemps de *novateurs*. Quant à M. Guizot, voici les phrases que le *Journal des Débats* consacrait autrefois à ses *Essais sur Shakspeare* :

« Il attaque hardiment le genre classique ; il raille agréablement cette froide nation littéraire... qui ne connaît dans la nature rien de plus imposant que les trois unités.

« Il faudra bien un jour, ajoute le critique du *Journal des Débats* (Hoffmann), se décider sur cette grande querelle ; il faudra comparer les coryphées des deux troupes ennemies ; il faudra faire entrer dans l'arène Boileau avec M. Schlegel et Horace avec M. Guizot. En sommes-nous venus au point de souffrir un pareil combat? »

Le même Hoffmann dit plus loin que M. Guizot « aspire à devenir l'Aristote du boulevard du Temple. » Toutefois il lui conseille amicalement de renoncer à ces folies de jeunesse : « Allez, lui dit-il, le bizarre et l'extravagant n'étonnent plus personne ! » Il lui reconnaît, au reste, un certain *bon sens* qui n'aurait besoin que d'être mieux dirigé.

*
* *

Il est dangereux de passer trop tôt pour un écrivain de bon sens : c'est le privilége des médiocrités mûres. Du temps où Corneille n'était qu'un novateur étourdi, c'était Scudéry qui défendait les principes du bon goût et de l'Académie. Du temps de Racine, l'homme de bon goût, c'était Pradon. On opposait à Molière le bon sens épuré de Boursault.

*
* *

Le génie, comme l'a dit Chénier, est la raison sublime. Ce n'est pas un seul ouvrage heureux, ce n'est pas un plaidoyer d'avocat, qui peuvent en décerner la couronne. Cette dernière est le loyer d'une série de travaux honorables dont la valeur est souvent contestée. M. Ponsard a commencé peut-être d'aujourd'hui seulement à s'y faire des droits.

※

Si l'on voulait compter les débuts heureux, acceptés tout d'abord par la foule et par la critique, seulement depuis quelques années, et seulement dans la tragédie, on pourrait citer M. Bis, M. d'Avrigny, M. Liadières, M. de Bonnechose, M. Ancelot, M. Drouineau, M. Pichat ou Pichald, tous proclamés génies dès le début, et dont la plupart n'ont atteint depuis qu'au talent. Casimir Delavigne lui-même n'est plus appelé un génie; c'est un tort peut-être, mais il faudrait désormais devenir plus sobre de ce mot.

※

La liberté, selon l'expression si heureuse de Béranger, veut que l'on puisse aller *même à la messe;* pourquoi donc le progrès littéraire serait-il moins tolérant? Cette pensée a rangé beaucoup de personnes dans le parti de *Lucrèce;* mais, nous le demandons aux artistes, qu'aurait-on à attendre de la confusion des genres?

La tragédie est une des formes impérissables de l'art; mais elle est surtout propre à la reproduction des sujets antiques ou simples : c'est la sculpture. Le drame se prête mieux à rendre la physionomie de quelques actions modernes et compliquées : c'est la peinture. Mais que dire d'une statuaire peinte ou d'une peinture en relief, sinon que ce n'est point de l'art?

※

Gœthe et Schiller ont écrit tantôt des drames, tantôt des tragédies, selon les sujets qu'ils avaient à rendre. *Gœtz* et *Don Carlos* voulaient la forme du drame ; *Iphigénie en Tauride* et la *Fiancée de Messine* s'accommodaient mieux de la forme tragique. Ce ne sont pas seulement les sujets antiques qui se prêtent le mieux à une forme régulière : le *Tasse* est pour Gœthe un sujet de tragédie, comme *Jules César* a été pour Shakspeare un sujet de drame.

Il n'y a pas de tragédie sans logique d'idées, pas de style tragique sans unité de style. Cette forme admirable, mâle dans Corneille, féminine dans Racine, participe dans Voltaire de ces deux natures. Joseph Chénier a brillé encore le dernier de tous en épurant la forme de Voltaire et en s'inspirant des pâles conceptions d'Alfieri. Depuis ces grands poëtes, nous n'avons pas eu un véritable auteur tragique.

※

La pièce nouvelle peint Philippe-Auguste abandonné de tous les siens et tremblant sous les paroles du légat de Rome. Voici maintenant ce que rapporte Dulaure, qui n'est point suspect de partialité pour l'Église :

« Philippe-Auguste, indigné contre les évêques qui avaient approuvé l'interdit lancé par le pape, en chassa plusieurs de leurs siéges, confisqua leurs revenus, mit en fuite les curés et s'empara de leurs biens. L'évêque de Paris et son clergé éprouvèrent un sort pareil. Le roi lui envoya des *hommes armés*, qui firent souffrir à ce prélat des traitements indignes ; il fut forcé, pour en éviter de plus grands, de fuir Paris à pied. »

On a fort bien résumé déjà le sujet de la pièce. Au premier acte, Philippe-Auguste, qui a répudié Ingelberge, adore Agnès, sa seconde épouse. Le légat vient lui ordonner de reprendre Ingelberge. Philippe refuse, et le légat met le royaume en interdit.

Au second acte, même situation. Philippe, abandonné de tous ses chevaliers, ne conserve qu'un seul ami, qui, tout en le désapprouvant, se résigne à lui servir de confident, ainsi qu'à la pauvre Agnès, ainsi qu'au légat. Au troisième acte, même situation compliquée d'un semblant de fuite d'Agnès. Au quatrième acte, même situation avec pleurs et rapprochement des époux. Au cinquième acte, convocation des chevaliers, qui continuent à désapprouver le roi. Agnès s'empoisonne et vient mourir au milieu de cette assemblée.

Les historiens n'ont point recueilli cette scène touchante, et supposent qu'Agnès est morte dans l'abbaye de Poissy

En somme, et quoi qu'on puisse dire de la portée littéraire de l'ouvrage, on ne peut refuser de constater un succès qui promet de longues et fructueuses recettes à l'Odéon. Bocage a donné une physionomie brillante et chevaleresque au rôle de Philippe-Auguste. Un fort enrouement avait contrarié quelques effets de son jeu, sans empêcher qu'on rendît justice à son talent de composition. Il a eu des moments admirables, ainsi que madame Dorval, dans le quatrième acte surtout. Il faut attendre encore pour prononcer définitivement sur une œuvre de cette importance et qui porte tous les signes d'une exécution consciencieuse.

* *

Un spirituel écrivain, souvent bien inspiré, s'est évertué à prouver cette semaine que M. Théophile Gautier était un poëte sans poésie, un conteur sans passion et un critique sans goût. Voici l'acte d'accusation. Il est question des *Grotesques*, un des livres les plus curieux de notre temps :

« Quant au goût de M. Théophile Gautier, le choix même des auteurs qu'il a étudiés ne nous en donne-t-il pas l'exacte mesure ? En vain il est forcé de convenir que sa collection critique ne renferme que des têtes *grimaçantes*, des *difformités* littéraires, des gloires *éclopées*, des illustrations *ridicules;* peu lui importe. Tels qu'ils sont, ces écrivains-là lui plaisent, comme modèles d'excentricité. Ce qu'il aime en François Villon, par exemple, c'est que ce poëte offre justement « tout ce que les aristocrates de « l'art ont dédaigné de mettre en œuvre : le grotesque, le « fantasque, le trivial, l'ignoble, la saillie hasardeuse, le « proverbe populaire, la métaphore hydropique, enfin « tout le mauvais goût avec ses bonnes fortunes, avec son « clinquant, qui peut être de l'or, avec ses grains de verre, « qui risquent d'être des diamants. » A coup sûr, à défaut d'autre mérite, M. Théophile Gautier aurait toujours ici le mérite de la singularité et de la franchise, comme lorsqu'il ajoute : « Ce n'est guère que dans le fumier que « se trouvent les perles, témoin Ennius. Pour moi, je pré- « fère les perles du vieux Romain à tout l'or de Virgile. » A la bonne heure ! Mais, en conscience, n'est-ce pas abuser un peu de la liberté des goûts ?

« Au moins, parmi tous ses défauts littéraires, Villon eut-il quelque qualité solide qui légitime l'enthousiasme de son panégyriste? Une pensée généreuse vient-elle parfois animer sa verve grossière? Pas le moins du monde! La bouteille, la marmite, la fille de joie, telles furent les trois muses de Villon; les filous, les truands, les entremetteurs, les recéleurs, tels sont les héros de ses poëmes; les lupanars, les tavernes, les bouges et repaires de toute sorte, tels sont les lieux décrits et peints par lui avec une inépuisable complaisance, à la grande satisfaction de M. Théophile Gautier. Peut-être vous imaginez-vous que notre biographe, tout en applaudissant à certaines parties du talent de Villon, regrette cependant que ce talent n'ait pas été mieux dirigé et mieux employé? Simple que vous êtes! bien loin d'avoir une pareille pensée, l'auteur des *Grotesques* se félicite que Villon ait été « un mauvais gar-« nement » digne de la potence; car il aurait pu arriver que Villon, honnête homme, ne fût pas poëte, « et les poëtes, « selon M. Gautier, sont plus rares que les honnêtes gens. » Ne voilà-t-il pas une idée profonde et une belle considération! »

Tout beau, monsieur le critique, ne faites pas de la vertu outre mesure. Sommes-nous au prêche ou lisons-nous le journal? La vertu en action, passe encore, nous l'aimons de tout notre cœur; mais la vertu en phrases! Sérieusement, ne serait-il plus permis en France d'avoir de l'esprit et d'habiller gaiement le paradoxe?

X

EXPOSITION DE L'ODÉON

Depuis le déluge, il faut le reconnaître, les entr'actes au théâtre ont toujours paru une chose fâcheuse et déplaisante. On a beau, comme au parterre de l'Odéon, inventer mille jeux innocents, imiter le cri des bêtes sauvages et lancer aux premières loges des flèches de papier, tout cela ne paraîtra jamais que médiocrement joyeux au public ennuyé. Et puis les divertissements de cette nature ne sont pas à la portée de toutes les intelligences et de toutes les pruderies. Pour combler le vide des entr'actes, quelque chose était donc à trouver. Le nouveau directeur de l'Odéon, qui connaît ses hôtes de longue date, n'a pas voulu confier uniquement aux plaisants du parterre le soin de distraire le reste de la salle. C'est agir prudemment. Certes, l'esprit de ces messieurs est du meilleur goût et ne se laisse pas arrêter par les entraves vulgaires; ils sont jeunes, ils sont gais, ils ont des quolibets imprévus. Pour nous et pour tous ceux qui, retenus à la ville, sont depuis longtemps sevrés des bruits charmants dont la campagne s'emplit le matin, les cris des animaux tels qu'on les imite à l'Odéon, et surtout le chant du coq, ont, il faut l'avouer, des douceurs secrètes. Mais enfin tout le monde n'est pas comme nous d'humeur pastorale, et la bonne volonté de ces comédiens sans le savoir se trouve parfois en défaut. L'ennui, le grand ennemi, menaçait d'entrer par les portes à peine ouvertes, quand M. Bocage a conçu l'heureuse idée de transformer en musée une partie du foyer solennel et glacial de l'antique Odéon : féconde pensée, hardiesse qui méritait de réussir, et qui a réussi. La peinture est une chose admirable et toujours bien accueillie ; il faut en embellir toutes les murailles, en orner les plafonds, en décorer les escaliers ; il faut en mettre partout et ailleurs. Ne voir des tableaux modernes qu'une fois par an, au Salon, c'est n'e pas assez. Encore si nous avions au Luxembourg toutes les œuvres que nous aimons ; mais le musée du Luxembourg est, pour l'ordinaire, presque aussi fermé que... l'Odéon, par exemple. Il a d'ailleurs des rigueurs et des exclusions à nulles autres pareilles. En fait de paysage, le Luxembourg ne connaît que M. Watelet ; pour la peinture de genre, il n'admet que les toiles de MM. Beaume ou Gros-Claude. Il ignore Roqueplan aussi bien que Corot, Decamps comme Marilhat, Dupré, Rousseau, Diaz, Cabat, Leleux et dix autres encore, qui, s'ils ne sont pas illustres aujourd'hui, le seront demain.

L'Odéon ne prétend pas, que je sache, faire concurrence au musée du Luxembourg ; mais l'Odéou a des amis parmi les artistes, et, grâce à leur concours bienveillant, il peut montrer une galerie curieuse, une petite exposition où les meilleurs noms modernes se trouvent réunis. M. Ingres n'y est pas, mais nous avons M. Delacroix. Nous avons aussi, hélas ! un tableau de M. Abel de Pujol, étrange fantaisie qui saura consoler les spectateurs du plaisir que lui promettent plusieurs tragédies imminentes. La marine de M. Eugène Sue (vous le voyez, tout le monde s'en mêle, et même les gens d'esprit) appartient à un sentiment plus sévère ; elle est contemporaine des fameux romans nautiques de l'auteur de *Mathilde* : on se propose de la faire graver pour illustrer la prochaine édition de la *Salamandre*. Mais la gloire de l'art tente l'audace des grands cœurs. M. Théophile Gautier, qui a commencé par faire de la peinture, s'est souvenu de son amour pour « cette sœur jumelle de la poésie. » On connaissait de lui quelques eaux-fortes, mais la critique n'avait pas été appelée encore à juger ses tableaux. Il a bien voulu consentir à ce que l'Odéon en exposât un, intéressant spécimen de sa première manière. M. Théodore Chassériau a envoyé une *Daphné poursuivie par Apollon*, dont l'*Artiste* a publié la lithographie. Ce tableau a toutes les qualités de l'auteur : composition audacieuse, grand style, quoiqu'un peu tourmenté, goût antique de nouvelle interprétation, coloris d'une harmonie étrange, dessin d'une hardiesse sûre d'être correcte, ce mélange de fougue et d'austérité qui font du jeune peintre un des plus certains espoirs de l'école moderne. La blancheur de ce corps qui se fond en laurier par des teintes insensibles rayonne au milieu de l'or et de la pourpre des embrassements d'Apollon d'une manière fatale et poétique. On comprend que, lorsque le génie peut saisir l'idéal, il n'étreint que la rude écorce d'un arbre ; en poursuivant une femme, on n'atteint qu'un tronc et que des branches. — Leçon éternelle, pensée amère et mélancolique; et d'ailleurs, les feuilles du laurier ne contiennent-elles pas du poison ?

M. Delacroix est le peintre inspiré par excellence, l'homme du drame et de la vie. Ses moindres ébauches trahissent je ne sais quelle fièvre intérieure, toutes ses œuvres ont de l'accent. Nous avons de sa main, à l'Odéon, un petit Christ crucifié d'un effet terrible, un *Saint Jérôme* aux pieds duquel se joue un lion dont la tête étincelle de cette grâce féroce qu'ont souvent les jeunes chats. N'oublions pas l'*Hamlet* pâlissant à la vue du spectre paternel. On connaissait la lithographie de M. Delacroix; son tableau ajoute au mérite de la composition la splendeur sourde d'une couleur harmonieuse.

Au-dessus du tableau de M. Delacroix, voilà celui de M. Adolphe Leleux, le *Départ pour le marché*. On a applaudi au Salon dernier cette touche adroite et fière, solide et spirituelle à la fois. Pour les gens du métier, c'est de la peinture savante, c'est de la peinture charmante pour tout le monde. Soit qu'il reproduise une chaumière éclairée par le soleil, soit qu'il nous fasse entrer dans une forêt où le rayon pénètre par brusques échappées, c'est toujours une excellente façon d'interpréter la nature. La vérité a sa poésie comme le mensonge, et M. Adolphe Leleux doit à son heureuse audace d'être déjà le chef d'une jeune école dont on parlera. — M. Armand Leleux sait aussi qu'il faut avoir le courage d'être vrai. Son *Forgeron* n'est qu'une simple étude sans prétention; mais la lumière est habilement jetée dans ce triste atelier. N'est-ce pas là le poëme ou plutôt l'élégie du travail isolé?

M. Diaz est un coloriste; il est difficile d'être plus aimable, plus souriant et plus vif qu'il ne l'a été en peignant cette jolie fille couchée dans l'herbe, dans les fleurs, sous ces arbres que jaunit l'automne. Son pinceau a des finesses qui charmeraient les plus exigeants. Bien différent de Diaz, M. Corot abonde dans ses procédés en gaucheries toujours nouvelles, et qui lui réussissent toujours; il a exposé plusieurs tableaux: c'est bien là la grâce vivante de la nature, les attitudes des bois mystérieux et les silences des prairies.

Il ne faudrait oublier ni M. Colin, qui a pour lui la

conscience et le travail, ni MM. Isabey, Roqueplan, Wattier, et tant d'autres encore qu'on connaît et qu'on aime. Toutes les écoles sont représentées au foyer de l'Odéon, même celle du vénérable M. Granet. M. Bocage n'a pas de préjugés et pas d'antipathies, il jouerait l'*Agésilas* comme l'*Attila*; il exposera des tableaux pour toutes les curiosités, et dès aujourd'hui il réalise le rêve des cœurs honnêtes : une exposition de peinture moderne sans jury et sans portraits!

De temps en temps les tableaux seront sans doute renouvelés, et l'exposition changera d'aspect sans cesser d'être intéressante. Avoir une galerie, c'est une fantaisie de grand seigneur, et nous n'avons plus que des banquiers. Les marchands de couleurs n'achètent guère que les petits chefs-d'œuvre qu'ils peuvent louer à quinze francs par mois. La peinture contemporaine n'a d'asile qu'au Louvre, mais on ne la garde en pension que si peu de temps! Grâce au directeur de l'Odéon, voilà qu'une exposition permanente est fondée, où nous verrons se succéder toutes les renommées et tous les talents. Quand on ouvre sa porte au succès, la chance serait bien mauvaise s'il n'entrait pas bientôt. Où pourrait-il se réfugier, ce juif errant de l'art moderne, si ce n'est à l'Odéon? Mais qu'on y prenne garde, il ne faut pas que le foyer soit plus attrayant que la salle; il ne faut pas non plus que, partagé entre le plaisir de regarder de fraîches comédiennes en écoutant de beaux vers, et celui de contempler des peintures admirables, le public hésite et balance, comme autrefois l'âne de la scolastique entre deux boisseaux de philosophie.

FIN

TABLE DES MATIÈRES

La Bohème galante. 5

La Reine des poissons. 101

La Main enchantée. 107

Le Monstre vert. 157

Mes Prisons. 165

Les Nuits d'octobre. 177

Promenades et Souvenirs. 253

Le Théâtre contemporain. . . . .

www.ingramcontent.com/pod-product-compliance
Lightning Source LLC
Chambersburg PA
CBHW060644170426
43199CB00012B/1668